孙凤毅 著

RESEARCH ON

B

财经报道
研究

USINESS
NEWS REPORTS

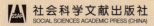

社会科学文献出版社
SOCIAL SCIENCES ACADEMIC PRESS (CHINA)

前　言

　　财经报道研究是研究财经新闻的产生、发展、特征、范畴、类型、传播方法与报道规律等的一门应用学科。它对于如何搞好财经新闻的本体研究、提升财经报道的艺术以及探究财经报道的类型等均有极其重要的现实意义与理论研究价值。财经报道研究经历了从传统经济新闻学的日渐完善到财经新闻学的产生这一演变过程。从经济新闻转向财经新闻，绝不是简单的名词转换，有其历史必然性与现实意义。

　　"财经新闻"与"经济新闻"到底有怎样的区别？为什么要将二者进行严格的区分与界定？这样的澄清或者界定究竟对于新闻理论与实践的发展有何意义呢？这是《财经报道研究》一书重点要论述的内容。对于经济新闻，我国新闻界并不陌生，有关这方面研究的书籍较为丰富。不过，随着我国经济的飞速发展，原有的新闻理论已经无法适应今天的实践与理论发展的需要。新形势提出新的发展要求，自然，财经新闻的提出不但是因时而出，更是因需而起。"财经"一词在我国的流行还是 20 世纪 90 年代后期的事情，被认为是"财政"和"经济"的简称。"财政"一词的英文对应词是"Finance"，也可以译成"金融"。因此，"财政"和"金融"是相通的。经济（Economics）被定义为"生产、分配产品与服务和人的福利"等。然而，近年来，也有人将"Business"一词译为"财经"。例如，中央电视台将《中国财经报道》栏目译为"China Business News"，中央人民广播电台将《经济之声》译为"China Business Radio"，将《财经时报》译为"China Business Post"等。媒体就将"Business"作为"财经"来解释。其实，金融和经济的含义，与商业的含义相去甚远。"商业"一词的英文为"Business"。美国兰登书屋出版的《韦氏简明英语词典》将金融（Finance）定义为"银行和投资公司的资金管理以及资金来源"。而商业（Business）则包括交易、贸易、创业、商店、公司、项目、活动以及与此相关的其他事项，范围广泛。美国人几乎把所有的活动都归为商业活动，不管是提供产品还是服务，都可以讲是从事商业活动。根据这一说，几乎人人都是商人，因为几乎人人都是产品和服务的提供者。1913 年至 1921 年，时任美国总统的托马斯·伍德罗·威尔逊（Thomas Woodrow Wilson）就说过："商业支撑我们国家生活的每一件事情，包括我们的精神生活。"国内从事财经新闻媒体的人们，习惯于提及美国的《华尔街日报》，常常以将自己所办的媒体办成"中国的《华尔街日报》"为追求的终极目标。然而，《华尔街日报》并不认为自己是一家纯粹的财经报纸，而称自己是世界著名的商业出版物（World's Leading Business Publication）。《华尔街日报》将自己定义为主要报道商业和金融的新闻与事件（Business and Financial News and Issues），并把"商业"放在金融的前面。其报道范围从资本市场发展到货币与投资领域，再扩大到健康、技术、媒体、销售行业，又深入个人金融、旅行、电子、汽车、天气预报和体育等领域。这与我国财经媒体的新闻报道范围有很大的区别。这种差异产生的主要原因在于对金融的概念和商业的概念的理解差别较大。在中国，人们并没有注意到"财经"、"商业"与"经济"之间含义的差异，使得我国的经济新闻与财经新闻二者的区分并不明显，这不但妨碍了财经新闻的发展，而且也制约了财经媒体的正确发展方向。在我国，"财经"一词的英文翻译也是多种多样，折射出人们观念上的差异。国内的一些财经大学将"财经"翻译为"Financial and Economic"。译文的多元化反映了人们的认识的不一致性，"商业"与"财经"这两个词概念的不同直接影响了办媒体的思路。从现实来看，"Business"一词更接近目前国内媒体所提到的"财经"的概念，也更有利于我国财经新闻的良性发展。

其实，财经报道与传统经济报道在报道内容上没有差异，都是报道经济活动与现象。二者的差异在于报道的主体、客体、受众等要素发生了根本变化。传播主体观念发生了变化，从以"传者"为中心转变为以"受众"为中心；传播对象发生了改变，从"消费者"转变为"投资者"，中国进入了大众投资时代；报道方式发生了变化，传统经济新闻的报道方式开始向现代市场经济下的财经新闻演变，传统的经济新闻模式越来越难以反映急速变化的经济现实。在这种情况下，"财经新闻"这个概念应运而生。可以说，"财经新闻"这个概念，是对传统经济新闻的一种否定、一种扬弃。随着我国改革开放的进行，中国财经媒体行业蓬勃发展，财经新闻已成为媒体核心竞争力的组成部分。如何提高财经报道的整体质量，如何满足受众对财经信息日益强烈的现实需求，成为摆在中国财经媒体面前的一个亟待解决的问题。无法否认的是，目前国内的财经报道存在诸多不足。譬如，内容上普遍偏重大众化、生活层面和社会层面的经济报道，而有借鉴意义的国际财经报道，特别是关注中国市场、具有国际视角、出自国际权威专家的专业报道与评论比较少。但是，随着我国财经媒体从业者的不断探索与实践，财经报道终将会日渐完善与成熟，并为我国广大的财经受众提供更加深入、专业、权威、有价值的财经资讯与财经分析。

《财经报道研究》一书从我国财经媒体理论与实践发展的最新成果出发，以中国与国外财经媒体相互参照为研究对象，以国际知名财经媒体和中国财经媒体的发展变化为背景，重点对全球化背景下中国财经新闻的发展路径进行深入研究，并紧密结合了当前中国财经新闻媒体发展的实践经验，力图以全新的思路，从宏观层面的观照到微观层面的操作，阐述和介绍我国财经新闻媒体研究的理论与方法。全书由财经报道本体研究、财经报道艺术研究、财经报道类型研究三部分组成，另外，财经基础理论知识研究也是其不可缺少的重要组成部分。它从探讨财经新闻的本体理论研究出发，经过对中外财经媒体的解析以及对财经报道类型的研究，解决我国财经报道的理念问题，开阔人们的视野。研究国内外著名财经媒体是为了更好地借鉴其所长为我所用，财经报道类型研究重点解决我国财经新闻从业者在实践中的具体操作问题。该书既有对财经新闻基础理论的探讨与思考，又有对财经报道艺术、财经报道类型的分析与研究，将理论问题的阐述和介绍融入大量的现实案例中，在阐释理论的同时又增加了国内外鲜活案例的介绍，突出知识性、理论性，既可以使阅读者掌握基本的财经理论知识，又可以使阅读者通过大量典型的中外财经媒体案例的分析与介绍加深对财经理论知识的理解。在众多出版的相关书籍中，独辟蹊径，在注重对国外财经媒体的介绍与分析的同时，更加注意与中国的财经新闻发展的实际情况相融合，实现了实用性与前瞻性、理论性与实践性的有机结合。

我们知道，英国于1622年在伦敦创办了历史上第一份财经报刊《伦敦报》。出于海外贸易和证券交易的需要，该报纸刊登的有进出口商品种类与价格、股票以及其他证券价格等信息。财经报刊在中国的出现则是鸦片战争以后的事，最早的是1857年面世的《香港船头货价纸》（《香港中外新报》的前身），其内容以船期、货价、行情和广告等商业讯息为主，是中国第一家以商业新闻为中心的报纸，内容和风格与 17 世纪的英国同类报刊相似。财经报刊的产生与中国整体的经济发展水平密切相关。在经济相对发达的上海很早便涌现出了一批商业性报纸，像《上海新报》《申报》《字林沪报》《新闻报》《商报》《大众报》等。这些报纸普遍重视财经报道，十分关注货币汇兑、股市行情、期货交易以及内外贸易等内容。党的十一届三中全会提出了改革开放和以经济建设为中心的发展路线，经过 40 多年改革开放的洗礼，中国的经济实力和综合国力大为增强，人们的经济观念也随着生活水平的显著提高而改变，中产阶层的队伍正在不断扩大。与此同时，中国经济全球化的步伐加快，随之带来了一系列国际经济规则的变化。越来越多的人利益受到牵动，越来越多的人会参与到各类经济活动中。面对新的政治经济环境和纷繁复杂的市场经济，人们不仅需要通过媒体及时准确地了解财经信息和产经动态，而且需要媒体能够从宏观、中观、微观多层次、多角度地解释新规则、分析市场变化、挖掘信息背后的内涵，从而充当起大众投资顾问的角色，帮助、引导大众正确有效地投资理财。所有这一切都为财经媒体的崛起创造了前提与条件。随着媒体业的不断发展，财经报道已成为媒体核心竞争力的组成部分。成长中的中国财经媒体，在审视自身发展的同时，越来越重视对财经报道的研究。财经媒体的迅猛发展，一方面反映了中国经济作为全球增长最快地区的发展现实和其巨大的发展潜力，另一方面也说明了广大受众的需求强度在不断增加。然而，与经济发展和读者需求不相匹配的"供给瓶颈"使一些财经报道在满足需求方面还缺少鲜明的政策与理论坐标，报道泡沫现象比较突出。目前，在财经报纸功能日趋专业化、杂志化，并且面对共同的报道资源的条件下，成功财经传媒的竞争优势注定在于能够以财经报道的专业水准，提供具有市场竞争力的差别化产品，也就是能够从理论与政策的高度发现、分析、梳理经济运行中的新闻事实，做到理论、政策与实践的完美结合，以理论和政策指导实践，以实践丰富和发展理论、调整政策。与财经媒体实践快速发展相比，我国财经新闻教育的发展明显滞后，无法及时为当下崛起的中国财经媒体发展提供足够的人才支撑。本书是在中央电视台财经频道记者编辑培训讲义的基础上整理而成，不但对新闻专业的学生有所帮助，对那些希望从事财经新闻工作的人来说也是有益的。

　　财经报道研究作为一门新兴的应用新闻学科，目前仍然处于不断发展之中，新的学科体系还在探索，有许多理论和实践问题尚在摸索之中。加之作者水平有限，请各位专家、读者对本书的内容予以批评指正。

孙凤毅

2019 年 9 月 15 日

内容简介

　　从经济报道转变为财经报道，绝不是简单的名词转换，而是随着我国经济的快速发展及改革开放步伐的不断加快形成的；作为全面、系统地对中国财经报道理论与实践进行研究的应用新闻学论著，本书开创性地建构了由财经报道本体研究、财经报道艺术研究、财经报道类型研究三部分组成的财经报道研究体系。其中，既有对财经报道基础理论的探讨与思考，又有对财经报道艺术与财经报道类型的分析与研究。本书的许多数据资料来源于中国财经媒体与中国研究财经媒体的权威机构，具有极高的价值。

　　本书研究视角独特，内容兼具前瞻性与实用性、理论性与可操作性，曾作为中央电视台新闻频道、财经频道及海外中心财经记者的培训教材使用，对财经报道一线的编辑记者以及财经报道领域的研究者、学生等都具有很高的参考价值。

目　录

上篇　财经报道本体研究

中篇　财经报道艺术研究

下篇　财经报道类型研究

上　篇
财经报道本体研究

第一章 财经报刊的演变与发展

第一节 财经报刊的产生与发展

一 财经报刊的诞生

（一）海洋贸易刺激了大众对财经知识的渴求，也为财经报刊的产生奠定了基础

1492 年哥伦布发现美洲大陆。16 世纪初，西班牙和葡萄牙便开始了大西洋贸易，开发美洲大陆。英国真正加入海洋贸易、建立北美殖民地还是 1600 年前后的事。但在随后的一百多年里，海洋贸易改变了英国和整个西欧。那时开始的海洋贸易不仅为报纸等大众传媒的诞生奠定了基础，而且为经济学的诞生播下了种子。

英国在 16 世纪末加入大西洋和印度洋贸易后，1665 年伦敦便出现了英国历史上第一份报纸《牛津公报》，后改名为《伦敦公报》（*London Gazette*），随后也出现了诸如 *Collection of the Improvement of Husbandry and Trade*（1692 年创刊）、*The Course of Exchange*（1697 年创刊）和至今还存在的 *Lloyd's List*（1734 年创刊）等财经报刊，[1] 当时这些报刊的出现完全是出于海外贸易和证券交易的需要，刊登的只是各海港离港航船的目的地、进出口商品的种类与价格、股票以及其他证券的价格信息等，仅提供

---

① 参见 Wayne Parsons, *The Power of the Financial Press: Journalism and Economic Opinion in Britain and America*（Camberley: Edward Elgar Publishing, 1989）。

纯粹的商业、证券信息和刊登广告，没有经济评论。当然，到 1720 年英国南海股票泡沫时期（The South Sea Bubble），英国已有大量财经报刊，许多人认为那些报纸的过度渲染在很大程度上促成了金融史上的第一次股市大泡沫。那次泡沫促使英国议会通过一项著名的《泡沫法案》（The Bubble Act），规定任何企业在没有得到议会的特许之前不能成为股份公司，其股份不能上市交易。该法案在相当程度上使英国股市的发展停顿了长达120 年。

这次股市泡沫带来的间接结果是英国从此有了相当规模的财经报刊业，而且培养了相当大的读者群和报刊销售网。股市泡沫破灭之后，以股票信息为主的财经报刊日益萧条，但已经习惯于每天读财经报刊的读者群却仍然存在。成熟的报刊受众的存在，对此后经济理念的传播极其重要。

到 18 世纪中叶，英国的海外市场扩张已达到相当规模，除了在美国的13 个殖民地外，它还拥有加拿大、中美洲众多岛国、印度为其殖民地。在16 世纪时英国人还不知道有白糖、烟草、茶叶、咖啡这些东西，但到 1700年英国人均年消费白糖 2.6 公斤、烟草 1 公斤。这些都是从美洲和亚洲进口的东西。从印度进口的棉布和印花布也改变了英国人的时装偏好，从羊毛制品慢慢转向棉织品。特别是从 18 世纪 60 年代开始的机械化棉纺与织布技术使英国依赖中美洲国家，从那里进口棉花到英国加工纺织，然后又将棉织品出口到欧洲大陆和其他国家。18 世纪中叶英国的海外贸易规模已相当大，其国内的经济结构也发生了很大变化，比如，1700 年，其农业、工业和服务业的就业人数分别占总就业人数的 56%、22% 和 22%，到1820 年，这些产业的比例分别为 37%、33% 和 30%。[①] 这些海外贸易以及本国产业的发展也给英国相当规模中产阶级的产生创造了条件。那时，人们不仅已看到海外贸易对本国市场发展的好处，也看到了要为海洋贸易付出的代价。为了维护其海外贸易利益，在当时没有成形的世界秩序的情况下，英国不得不建立并维持世界最强大的海军，经常发动或加入战争。到18 世纪末，英国已多次跟法国、西班牙、荷兰作战；18 世纪七八十年代，为维护美国殖民地与美国作战长达数年。海外贸易给英国经济的发展带来了种种错综复杂的政治、社会、商业与经济问题，给英国社会的转型带来

---

① 引自 Angus Maddison，*The World Economy：A Millennial Perspective*（Paris：OECD Development Centre Studies，2001）。

极大的冲击，人们渴望有更清楚的经济理论框架帮助他们厘清繁杂的经济现实，为他们未来的发展导航。这种对经济知识的渴望在中产阶级中最为突出。可是，到 18 世纪中叶并没有"经济学"这回事，更谈不上有什么成熟的经济理论。于是，海外贸易刺激出的对经济知识的渴求和"经济学"的不存在之间形成了巨大的反差。

（二）社会思想的交锋不但推动了财经知识的普及，而且使经济学进入了专业研究领域

18 世纪，财经报刊第一次成为经济理念的辩论平台。一方面那时英国的中产阶级已经较成熟，可担任经济思想辩论的"裁判"；另一方面通过阅读不同思想理念的交锋，报刊读者也可获得正规学堂里学不到的经济理论。第一次思想交锋发生在《重商者》和《英国商人报》之间。在 1720 年前后，《英国商人报》刊登了亨利·马丁的一系列专栏文章，大力宣扬自由贸易的好处，而《重商者》则登文反对自由贸易。在报刊上登出经济论争的作者一般是具有分析头脑的财经记者或评论员，比如公认的经济学祖师亚当·斯密和古典经济学家大卫·李嘉图。亚当·斯密于 1776 年出版的世界经典《国富论》首先起源于财经报刊的"大众化"经济论争。李嘉图的价值论也是先以"书信"形式刊登在当时的《晨报》上，随后于 1817 年出版了他的著名作品——《政治经济及赋税原理》。穆勒（Mill）以及麦考罗克（McCulloch，人们称他为第一个真正的"经济学家"）等也是当时著名的由财经记者转变而成的"公众经济学家"。以大众媒体作为探究经济原理、传授经济知识的途径，最大的好处在于它的灵活性和新闻相关性。根据每天发生的事件和热点经济问题，报刊可以边报道、边评论，同时也讲解其背后的经济道理，或者请有造诣的专家做相关的剖析解释。另外，媒体间的竞争是公开的，这也可帮助改进这些评论报道的质量。

19 世纪初创刊的《爱丁堡评论》是当时影响最大的刊物之一，它不仅成为向大众传播亚当·斯密和李嘉图等经济学家的市场经济理论的主力，而且还倡导了以数据和事实为基础的经济分析方法，其基于数据的经济分析给人们耳目一新、清晰易懂的感觉，使依赖大众媒体的经济讨论又上升到新的高度。另一份最有影响的刊物是今天还发行的《经济学家》杂志，它创刊于 1843 年，其宗旨就是向人数众多的中产阶级和商人以通俗易懂的形式传输深奥的经济理念与商业知识，"把那些看起来像迷宫的经济理论

与理念变成社会大众的普通常识"。《经济学家》的定位是严肃的政经新闻加评论，半学术性和半常识性。公众报刊媒体和活跃于其中的大众经济学人一起改变了英国与美国社会的大众文化，它们的努力不仅促使经济学成为一个独立的学术领域，而且从根本上培养了英美社会的商业文化，使自由市场以及相关理念成为英美大众文化的重要核心，使几乎所有受过教育的人都能对自由市场有所了解。这种市场文化的培养对随后英美经济的发展贡献巨大，让社会更能支持建立与产权保护相关的市场制度架构，也为证券金融市场的发展提供了必要的土壤。

直到美国《华尔街日报》和英国《金融时报》创立，以大众媒体为平台的经济研究与理念传播的时代才正式告一段落，财经报刊转向以新闻与金融信息为主，经济学则成为一门独立的学科进入象牙塔。转折的背景大致如下。第一，到19世纪末，英美社会已基本领会并普遍接受自由市场理论，亚当·斯密的《国富论》已深入人心。除了专业人士外，大众对经济理念的兴趣开始减少，远不如18世纪和19世纪上半叶，于是大众报刊不再愿意投入太多的篇幅给理念论争性的文章。第二，由于铁路技术在1860年后越炒越热，大众对铁路股票的兴趣猛增，对炒股的热情远远超过对经济理念的热情，人们更感兴趣于"如何赚钱""如何选好股票"，而不是"私有制好还是公有制好""自由贸易好还是贸易保护好"的问题。第三，经过早年的努力，经济学体系到19世纪末已基本成形，专业化程度已很深，也慢慢建立了自己的一套话语体系。正是这一时期，经济学院系开始成立，比如英国皇家经济学会、伦敦经济学院相继创立，剑桥大学经济学系于1903年创办。与此同时，经济学专业学报也第一次出现，比如哈佛大学的《经济学季刊》于1886年创办，英国的《经济学学报》在1890年发刊。这些专业系科和学报的设立标志着经济学已成为一门独立的学科。经济学不仅进一步建立了自己的一套分析范式和专业话语，其研究主题和兴趣也不再完全受当时当地的热点新闻问题支配，而是更多地由专业经济学家的研究所推演出的问题决定。换言之，从此以后，经济学研究的不只是现实问题，还包括纯学术的问题，以此使经济学理论不断深化。第二次世界大战之后，数理逻辑逐步由美国经济学界引入经济学，成为美国时代的核心经济分析方法，并开始出现"数理"和"计量"两类主要"证明"（或者"证伪"）经济理念的研究方法，使经济学向科学靠近。[①] 其结果是经济学研究越来越细，专业化程度越来越高，"外行经济学家"与"内行经济学家"的区分也越来越明显。以大家熟悉的经济学大师为例，亚当·斯密、李嘉图、凯恩斯等都是从财经记者转入经济学研究领域的

二　财经报刊在中国的产生与发展

（一）中国财经报刊的产生与财经知识的普及

财经报刊在中国的出现，则是鸦片战争以后的事。最早是 1857 年面世的《香港船头货价纸》（《香港中外新报》的前身），内容以船期、货价、行情和广告等商业讯息为主，是中国第一家以商业新闻为中心的报纸，其内容和风格与 17 世纪的英国同类报刊相似。1861 年在上海也出现了它的分报——《上海新报》（其英文名为 *The Chinese Shipping List & Advertiser*，直译为《中文船期广告纸》）。这些报刊均为外商所办。

中国报刊业开始得很晚，初衷是为了传教等。1815 年，外国传教士创办了中国第一份现代报刊——《察世俗每月统计传》，后又有 1833 年在广州创刊的《东西洋考每月统计传》以及同年创刊的《澳门杂文编》。首批报刊的内容以宗教教义、伦理知识、科学文化为主。基于当时国人受教育面的限制，那时媒体的受众规模可想而知。1872 年由英商美查在上海创办了《申报》，为了把《申报》办成适合中国人看的报纸，美查聘请华人主笔，让他们按照中国的文化习俗、兴趣爱好、语言文字表达习惯来办报，这大大扩展了《申报》的读者面和影响力，在中国培养了第一批财经读者。《申报》在传播经济学知识方面起着主导作用。特别是在 1872 年轮船招商局等华人公司的股票开始交易之后，《申报》每期刊载股民关心的股市与经济信息，而且不断刊登经济理念和公司经营类的文章，公司治理在 1880 年之后也成为《申报》《上海新报》等报刊的热门话题。

1902 年严复翻译亚当·斯密的《国富论》（原版叫《原富》），把经济知识在中国的传播推向另一高潮。到中华民国时期，经济学教育与研究总体上进展很快，特别是像《东方杂志》（1904 年创办）等报刊贡献非凡。1927 年由耶鲁经济学博士何廉先生创建的南开大学经济研究所，一方面为

---

① 陈志武：《解读经济学在中国的现状》，《经济观察报》2005 年 6 月 25 日，第 2 版。

中国培养了第一批经济学研究生，促进了经济知识的传播；另一方面开创了用计量方法研究中国社会经济问题的先例。同一时期，章宗元、陈岱孙、巫宝三、马寅初等先生在中国推广现代经济理论。但是，前辈的经济知识的传播与研究在20世纪50年代基本停止，《申报》《东方杂志》等报刊均于1949年前后停刊。直到20世纪80年代初期，人们能接触到的经济学知识基本不超出政治经济学的范畴。

改革开放之后，厉以宁、张培刚等教授努力启动经济学的恢复工作，编著出版了一系列宏观经济学、微观经济学以及其他西方经济学教材，这些教材成为"文革"之后第一批"非政治经济学"著作。20世纪80年代初出版的"走向未来丛书"也起到了突破性的市场经济启蒙作用。此后，陆续有翻译或编著的经济学书籍出版，专著类包括商务印书馆在20世纪80年代出版的"汉译世界学术名著丛书"中对二战前特别是20世纪之前的古典经济学名著的翻译，上海人民出版社和上海三联书店出版的"当代经济学系列丛书"中的"当代经济学译库"，1989年汤敏与茅于轼主编的3册《现代经济学前沿专题》，1993年田国强主编的、由上海人民出版社出版的14册"市场经济学普及丛书"，等等。这些经济学名著的翻译和编著工作对国内学者的经济学研究产生了很大的影响。教材的翻译出版包括20世纪90年代初期萨缪尔森的《经济学》、范里安的《微观经济学：现代观点》以及列入"经济科学译丛"的斯蒂格利茨的《经济学》、平狄克与鲁宾费尔德的《微观经济学》、多恩布什等的《宏观经济学》、曼昆的《经济学原理》和《宏观经济学》等，这些西方大学流行的经济学教材也慢慢成为中国大学生和研究生的主流教材。但是，到目前为止，这些著作只是作为经济学专业的教材，而且在许多院校还只是在"西方经济学"名义下出现。虽然翻译的著作可以帮助经济学专业的人士学习与研究，但对于企业、政府决策层以及社会的众多人士来说，这些著作可能太抽象，也不一定对他们在现实经济中碰到的具体问题的解决有直接帮助。相比之下，大众报刊对于经济知识的普及起到了极大的推动作用。大众媒体根据今天的热点问题去查找相关的经济理论，采访"公众经济学家"，以非常具体的形式和内容边报道评论，边传授经济学理念，成了真正的传播与普及财经知识的重要途径。

（二）改革开放之后，中国财经报刊迅速发展起来，财经新闻概念的提出

1990年11月上海证券交易所成立，1990年12月深圳证券交易所成

立，一大批国民经济支柱产业、重点企业、基础行业、企业和高新科技企业纷纷上市。中国股市推出后，在资本市场发展的同时，广大人民群众也非常急于了解这个新兴的市场以及学习有关股票方面的知识。基于这种需求，全国各地广播电台及时创办传递股市信息、讲解股票知识的栏目。随着中国股市的发展，几千万人有了对经济、管理、法律知识的需求，这为财经媒体提供了一个前所未有的施展才华机会。20 世纪 90 年代初出现了第一批证券财经报刊，包括《证券时报》《中国证券报》等。1993 年 11 月，在十四届三中全会上通过的《中共中央关于建立社会主义市场经济体制若干问题的决定》确立了社会主义市场经济体制的基本框架。公众对于"市场经济的基本理念是什么""计划经济与市场经济各自的优劣"等关系中国改革方向的重大问题都十分关注，有着强烈的知识需求。在此背景下，一些部委创办的经济类报纸开始出现。1994 年，当时的国家体改委创办《中国改革报》，国家计委创办《中国经济导报》，国务院发展研究中心创办《中国经济时报》，中国市场经济研究会创办《中国市场经济报》。这些报纸虽然因为重复而浪费一些资源，但在当时确实起到过重要作用。它们不是以新闻报道见长，而是以理论为主题，刊登了许多学者的激烈争论。到 20 世纪 90 年代末，社会和学界对中国要建立市场经济达成共识，大家的关注点基本转移到"如何建立"的题目上。

从 1998 年起，我国从经济短缺转为过剩，同时，为消除亚洲金融风暴的影响，我国采取了一系列宏观调控的货币政策。在这一背景下，我国的财经报道进入了一个新阶段，金融作为现代经济的核心，地位开始凸显，老百姓开始关注财经新闻报道，特别是金融证券新闻的报道。这一年，《人民日报》开设了财税金融专版，首次在党中央机关报上刊登股市 K 线图。此后，各家报纸开始在这一领域争夺读者，纷纷创办各种名目的金融证券专版或附属周报。同时，各广播电视台也纷纷开设金融证券的专题节目。

1998 年推出的《财经》杂志是另一个里程碑，它不仅通过专栏和深度报道为读者传达令其耳目一新的市场理念，为"如何改革开放"出谋划策，而且以它的独立调查报道树立了一种全新的中国媒体人风格，由此带动财经媒体的发展更上一层楼。2001 年启动的《新财富》则独创另一种风格，以公司案例和数据为基础的深度分析为特点，以务实精神剖析公司"如何创业致富"的策略。《新财富》的风格也影响了其他媒体。2001 年创办的《经济观察报》以务实性和建设性定义风格，为读者提供深度政经新闻，把握新的财经理念潮流。还有《21世纪经济报道》和《中国企业家》等报刊，通过将经济理念与新闻、数据、案例相结合，让国人的经济与商业知识日益剧增。所有这些都为中国财经媒体的发展奠定了坚实的基础。

《中华工商时报》在1989年的创刊，标志着中国财经报纸的市场化开端，它一诞生即以日报形态示人，虽然经历了短暂的辉煌，享有盛极一时的声誉，但终究没能取得市场化经营和报纸影响扩大的双重成功，至今它唯一的美名便是被业界称誉的"财经媒体的黄埔军校"。从传播系统的变化规律来看，《中华工商时报》的日报经营没能成功的重要原因便是它的办报形态超前了。社会形态、大众传媒、社会公众价值的转变存在一个时间序列和互动影响过程，社会形态的转变先于大众传媒，大众传媒又先于社会公众，并且三者在转变的过程中相互影响、相互作用。以2001年1月1日创办的《21世纪经济报道》、2001年4月创办的《经济观察报》和1985年创刊并转型成功的《中国经营报》为代表，再加上新近加入的两份日报类财经报纸《第一财经日报》和《每日经济新闻》，中国已经有了一批新兴财经类报纸。新兴财经类报纸指的是在充分细分受众和市场的基础上，以新闻和财经双重视角审视财经新闻，并且在新闻理念、市场观念、报道方式、运作模式等方面皆有别于传统经济类报纸，是具有鲜明时代特征的新型经济类报纸。

2003年，原上海电视台财经频道和上海东方电台财经频道统一对外呼号为"第一财经"，第一财经传媒有限公司成立。这家由上海文广新闻传媒集团全资控股的子公司谱写了中国传媒业的诸多纪录，它的挂牌成立普遍被业界人士看作是中国传媒业的重要事件之一。2004年，由上海文广新闻传媒集团、北京青年报社和广州日报报业集团联合打造的一份面向全国的财经类日报《第一财经日报》正式问世，标志着第一财经跨媒体平台主架的搭建基本完成。可以说"第一财经"是中国传媒业第一次真正意义上的跨媒体、跨地域的尝试，是第一次将电视、广播以及报纸捆绑在一起发展的成功尝试。2004年11月，《第一财经日报》创刊，并在上海、北京、广东三地区同步上市。作为中国第一张跨地区、跨媒体的全国性财经日报，它的出炉打破了广电与报业两大系统之间的界限，完成了第一财经跨媒体财经资讯传播平台的初步搭建。《第一财经日报》是中国经济最发达的三大城市沪、京、穗的最强势媒体第一次合作的产物，是真正的强强联手，此举在中国报业可谓是前无古人。上海文广新闻传媒集团（2009年更名为广海广播电视台）、广州日报报业集团、北京青年报社都是中国传媒业的执牛耳者。从 2003 年广告收入来看，上海文广新闻传媒集团超过 21 亿元（仅次于央视），广州日报报业集团超过 15 亿元，北京青年报社超过 9 亿元，三方的年广告收入总额超过 40 亿元，《第一财经日报》母体的实力之强大可见一斑。如果说《新京报》是中国报业开始突破区域壁垒、由区域竞争向跨区域竞争转折的一个标志性产物，那么《第一财经日报》的问世则同时突破了地域界线、媒体界限这两个壁垒，是中国传媒走向跨区域跨媒体发展的一个标志，为中国传媒业打破地域界线、媒体界限，整合资源，壮大实力进行了有益的探索。"第一财经"的诞生和它身上诸多的第一，也代表了中国传媒业发展迈出了具有历史意义的一步。从 2006 年下半年开始，中国股市大步走进牛市，到 2007 年底，沪深两市投资者开户数过亿，基金投资账户数超过 9000 万。特别令人振奋的是，党的十七大提出让"中等收入者占多数"，强调"发展各类金融市场""优化资本市场结构"，并首次提出"创造条件让更多群众拥有财产性收入"。以此为标志，中国真正进入大众投资时代，服务于大众经济生活的广播电视也迎来了新的发展机遇！

　　我国的新闻变革始于经济报道。在计划经济条件下，经济新闻报道更多地服务于政府、企业。在计划经济向市场经济转轨的过程中，我们的新闻媒体开始关注受众，从为政府、企业服务开始转向为读者服务，特别是在确立我国社会主义市场经济体制的目标后，这一特点表现得尤为明显。时代在变，社会背景在变，新闻报道的内容在变，处于中国经济从计划经济向市场经济转轨阶段的新闻媒体同样应当顺势而变。"财经新闻"的概念从 1998 年起快速被新闻业界接受，并在业界取得相对主导地位。此后国内经济新闻出现了一些新变化：以新闻文体、版式设计、版面分类、图片使用等各类新闻文本为表现形式的新闻样式发生了改变，财经新闻样式的改变并不仅是技术性改变，还包含着理念、意识形态等深层改变。传统经济新闻更倚重新闻所具有的社会动员价值，即"宣传价值"，而财经新闻力求还原新闻告知的"新闻价值"。财经新闻通常以上市公司为报道主体，提供直接面对普通消费者的产品或服务的大型企业在财经媒体上的能见度要远高于其他企业。以往经济新闻中很多是经验或典型报道，其消息源绝大多数是政府部门。而财经新闻的消息源包括政府部门，但从数量上说则主要是各类企业的营销部门以及服务于各类企业的公关公司。

财经媒体的迅猛发展，一方面反映了中国作为全球经济增长最快国家的发展现实和其巨大的发展潜力，另一方面也说明了广大受众的阅读需求在不断增长。然而，与经济发展和读者需求不相匹配的"供给瓶颈"使一些财经报道在满足需求方面还缺少鲜明的政策与理论坐标，报道泡沫现象比较突出。目前，在财经报纸功能日趋专业化、杂志化并且面对共同的报道资源的条件下，成功的财经传媒的竞争优势注定在于以财经报道的专业水准提供具有市场竞争力的差别化产品，也就是能从理论与政策的高度发现、分析、梳理经济运行中的新闻事实，做到理论、政策与实践的完美结合，以理论和政策指导实践，以实践丰富和发展理论、调整政策。

第二节 财经报刊发展与财经教育

一 财经报刊的发展有赖于财经知识的普及

财经报刊的发展与经济学知识在大众中的普及程度是密切相关的。财经报刊的产生与经济发展、经济学知识的传播之间存在相互依存、相互促进的关系。经济学知识的普及为财经报刊培育广泛的受众群，而财经报刊的发展同样又为经济学的深化提供了丰富的素材。

（一）财经报刊的繁荣与经济知识普及密切相关

新中国成立前，经济相对发达的上海很早便涌现出了一批商业性报纸，像《上海新报》《申报》《字林沪报》《新闻报》等，这自然与上海的经济发展状况是密不可分的。这些媒体普遍重视财经报道，十分关注货币汇兑、股市行情、期货交易以及内外贸易等内容。1948年8月国统区进行"币制改革"，以《申报》《新闻报》等为代表的上海新闻舆论界纷纷秉笔直书，采写了一批颇有见地的报道，连一贯对国民政府"小骂大帮忙"的《大公报》也本着"不党、不私、不卖、不偏"的态度客观报道了这一金融动态。这些都显示出当时我国财经报道队伍的专业、职业水准。财经报刊的崛起，是和整个中国社会经济的发展同步的。党的十一届三中全会提出了改革开放及以经济建设为中心的发展路线。财经报刊也迎来了自己的春天，整个报业的格局有了一个很大的改变。当时比较早的财经类报纸有《经济日报》《经济参考报》等。而在此之前，财经报刊非常少。因为在计划经济体制下，财经报刊很难发挥出它的作用，既没有市场环境，也没有这方面的读者需求。随着我国经济改革步伐的加快，人们的市场经济意识越来越浓，财经报刊也逐渐多起来。人们对经济的逐渐关注，决定了财经媒体的受众也在逐渐扩大。经过 40 多年改革开放的洗礼，中国的经济实力和综合国力大为增强，人们的经济观念也随着生活水平的显著提高而改变，中产阶层的队伍正在不断扩大。成功加入世界贸易组织后，中国经济全球化的步伐加快，也带来了一系列国际经济规则的变化，越来越多人的利益受到牵动，越来越多人会参与到各类经济活动中。面对新的政治经济环境和纷繁复杂的市场经济，人们不仅需要通过媒体更加及时准确地了解财经信息和产经动态，而且需要媒体能够从宏观、中观、微观多层次、多角度地解释新规则、分析市场变化、挖掘信息背后的内涵，充当起大众投资顾问的角色，帮助、引导大众正确有效地投资理财。有"新锐财经报纸"之称的《21 世纪经济报道》《经济观察报》《第一财经日报》等首先出现在经济比较发达的地区，那里有着广泛的受众群，而且，这些地区财经知识的普及率也远远高于其他地方。在经济高速增长的时代，财经报刊理应繁荣发展。事实上，财经报刊是国民经济的一面镜子，是一个晴雨表，也是一个加速器。经济繁荣时期，财经报刊也同步发展。许多经济学家在普及经济学知识时，除了用学术化的语言与学者们进行交流外，还用浅显易懂的语言叙述经济学的理论，对大众进行经济学启蒙。

（二）财经报刊进行财经知识普及，这不仅是发展的需要，也是生存的必需

财经报刊不可避免地出现大量的专业性术语与图表数据，如果没有一定的财经知识，就难以有很广泛的受众群体。在中国没有财经知识的广泛普及，财经报刊就没有生存与发展的土壤。而普及财经知识，财经媒体责无旁贷。财经媒体并不是专业的学术期刊，只为少数的专家学者服务。它是大众媒体，在某一个特定的历史阶段，财经报刊还需要承担起"经济学教育"的职责。如果过去英国的经历有任何借鉴意义的话，那么随着中国经济的进一步市场化，媒体读者对经济理念的需求和耐心也会逐渐减少，人们对如何赚钱和商业信息的兴趣会逐步胜过对经济理论的兴趣。迫于生存的压力，财经媒体会慢慢减少其"经济学教育"的角色，像《华尔街日报》那样选择更侧重商业新闻与财经信息，而财经知识教育的这部分职责

则需要留给大专院校和中学课堂。但是，从目前中国财经媒体的实际情况来看，财经媒体要想获得生存与发展，还需要承担财经知识普及的任务。这一点，至少在时下来说还是非常必要的。

在市场经济中，懂点儿经济学是每个公民必须具备的素质。经济学能从无到有，发展为今天的"显学"，这说明其是有用的。从我国目前的情况来看，经济学的普及程度还相当低。建立市场经济的改革是一场革命，需要广大民众的参与和支持。在改革中，所有人都要转变观念，而普及经济学知识有利于观念转变。现如今，财经报道在我国受关注的程度超过了以往任何年代。这为财经知识在受众中普及提供了绝佳的历史时机。当前我们正在不断完善社会主义经济体制，要使市场在国家的宏观调控下对资源配置发挥决定性作用。各种资源配置最终都是要量化为资本的，形成资本市场。不懂资本市场，不了解财经的运作特点、方法和规律，便无法真正进入市场经济。此外，从国际上看，西方发达国家，金融、财税、贸易作为财经报道的三大支柱，早已经在媒体中占据了主流地位。国际发生重大事件时，与其相关的财经报道常常占据报纸、广播、电视、网络等媒介新闻的头条位置。例如，1994～1995年的墨西哥金融危机，当时西方各大媒体的头版几乎天天都有其相关报道。在版面安排上，还常常压倒包括其国内领导人重要活动的其他新闻。1997年7月泰铢贬值，最初几天形势不太明朗，但西方媒体对这一动向非常敏感，反应迅速，比如路透社、《华尔街日报》等机构与媒体都将这一消息放在了突出的位置。重视财经报道是当今国际新闻媒体界的一大潮流。人们的关注，既给财经报刊的发展提供了极好的契机，同时又给财经知识的普及创造了有利的条件。

（三）财经知识的普及是院校的义务，也是媒体的职责

改革开放以来，安定团结的政治环境给经济的发展创造了良好的条件，成功加入世界贸易组织更加快了我国经济向世界先进水平迈进的步伐。人们对财经新闻的期待和关注飞速上升。财经类报刊在市场上呈现兴旺的迹象。同时，在竞争激烈的报刊市场上还涌现了一支以财经内容为主要报道题材的新军，与传统报刊在低点切入市场后再稳步寻求发展机会不同的是，它们一开始就在大量资本和人力资源的支持下，以大版面、广宣传、高价位的强势形象轰轰烈烈地杀入报业市场。这类报刊现在被业界称

为"新财经类报刊",发展迅猛。但是时至今日,这些财经媒体大都出现了生存与发展问题。没有一个成熟的财经传媒受众市场,财经媒体很自然地成为无源之水、无本之木了。如果我们都在期待着高等院校为财经报刊培养大量的受众群,似乎有点"远水不解近渴"了。财经知识的普及是高等院校的义务,更是财经媒体的职责。财经的专业性与大众的普及性并不矛盾。

经济学理论深奥难懂,但一样可以用浅白生动的语言表述出来。而这些经济理论之所以深奥,是因为经济学家为了使理论表述得严谨和科学,在表达方式上,采取了一些比较复杂和规范的手段,如数学推导、统计计量、图表表述等,导致经济学理论抽象化、符号化、形式化。这种表面的"科学化"使得现代的经济学著作越来越让人不爱看,也看不懂。举例来说,如果跟一个没有多少经济学功底的老百姓讲"生产性行为和消费性行为具有完全的排他性",大概没有多少人会懂,但是如果说"一个和尚挑水喝",那就人人都能意会其中的奥妙。"一个和尚挑水喝",是指在只有一个和尚的情况下,和尚除了自己去挑水喝以外,没有别的选择。最重要的是,他是全部劳动成果"水"的享有者和占有者,没有人来占他的便宜。用学术化的经济学语言来表述,就是和尚的生产性行为和消费性行为具有完全的排他性。要想让自己的理论能够被人了解和接受,就必须用通俗易懂的语言进行推介。其实,很多的经济学理论都可以用一些老百姓耳熟能详的俗语或成语来表达。比如,帕累托最优可以表述为"拔一毛而利天下";外部性效应可以通俗地说成是"三个和尚没水喝";信息不对称也就是"三人成虎";博弈论可以通过"田忌赛马"来理解。

一个社会里,懂经济学知识的人越多,在发展经济的道路上走的弯路就会越少。而一个社会里人们的经济学素养如何,与经济学知识的普及程度息息相关。由于社会分工,不可能人人都像经济学家一样花费大量的时间和精力去学习经济学知识。对于大部分人来说,他们只需要懂得经济学的一些基本原理,在自己的经济生活中不要犯一些常识性的错误就可以了。所以,大部分人需要学习和掌握的就是一些经济学的基本常识。为掌握经济学的基本常识,去读经济学家用专业语言和圈内叙述风格写就的学术论文,绝大部分人都是没有这个决心的。即使有心去读,只怕也读不懂。要想读懂,能够花得起这时间的人恐怕没有几个。而一些通俗的经济学读物，却能够很好地满足这部分读者的胃口。经济学家的另一个任务是把经济学知识普及给大众。许多著名经济学家，如美国的弗里德曼、贝克尔、诺斯、克鲁格曼等，不仅是经济学大师，而且是普及经济学知识的高手。要把深奥的经济学道理讲给公众，让他们听得懂、愿意听，不是一件容易的事。这首先要有深厚的经济学功底，其次还要有清新、生动、幽默的文风。普及经济学知识不是在课堂上讲课，而是让公众在轻松、活泼、有趣的阅读中了解经济学的真谛。说到对大众进行财经专业知识的普及，作为大众的财经媒体有着更大的优势，应当在这方面做更多的工作。

二　当前财经传媒教育存在的问题

（一）经济学知识与现代市场经济理念不相符

在我国目前的经济学教学中，经济学知识的供需是不平衡的。从需求方面来讲，学生迫切需要反映现代市场经济规律和经济全球化方面的经济学知识，并且由于信息通过多渠道传播，学生需要具备分析、鉴别和使用信息的能力。在供给方面，我国的经济学教学相对落后。经济学教学还在实行双轨制，尚存在西方经济学和非西方经济学的区分，一些计划经济的课程仍然在继续讲授，经济学教学落后于实际经济转轨的进程，落后于时代的发展，仍处于转轨的过程中。并且，中国目前尚没有一个发育完善的教材市场，出版的教材虽然数量很多，但质量却参差不齐。在师资方面，高水平的师资严重缺乏。政治经济学是目前大多数人受过的唯一正规经济学教育，而政治经济学课中的概念不外乎是"剥削""劳动创造价值"等，有必要加一些精确定义并予以调整。过去二十几年的现实告诉我们，市场交易不是像我们以前所理解的"你赚我亏或我赚你亏"的零和博弈，而是一种双赢的价值交换；民营化和私人产权也并没那么可怕，而是一种增加整体社会福利的制度安排；行政管制不是救世主，反而会增加寻租机会，降低市场效率，政府越不管的行业往往是越兴旺的行业。这些市场经济观念也应当成为新政治经济学的核心。这也要求调整政治经济学和专业经济学的内容，使未来社会人心里掌握的经济学尽量与现实经济逼近。过去，意识形态化的政治经济学教育无法为国人分析、理解变革过程中的繁杂经济现象提供平台，这一局面给大众媒体提供了一次给社会补经济学课的机会，但 EMBA 和大众媒体的补课只能解决"近渴"，并不能从根本上代替正规教育平台。为了满足市场改革的需要，我们必须改变中学和大学政治经济学教材的内容。经济学知识教育已经与当今的时代发展不相适应，陈旧的不是经济知识的传授，更多地表现为思想观念的落后。

（二）新闻教育者缺乏新闻实践工作经验，无法适应财经传媒教育的现实需要

在我国财经传媒教育中，太多并没有财经新闻实践经验的老师走进高等院校，许多授业者无法真正担起解惑的职责。据有关资料介绍，在国际新闻传播教育界，教员通常要有中长期的媒体从业经历。全美五大最佳新闻院校的教授，大多都有 10 年以上的媒体工作经历。考核与评定教授的条件，不单看论文的级别、数量，重要的是强调有多少年的媒体从业经历和过去发表过的报道所获的新闻奖项。美国的大学新闻传播学院，只有 17% 的教授没有当过记者，5 个教授中有 4 个坚决同意要把具有丰富实践经验的记者聘为教授。大部分教授认为，新闻从业经验才是聘任一位新闻教育工作者的先决条件，而不是博士学位。加州大学伯克利分校新闻学院的教员，只有 18% 拥有博士学位；纽约州立大学新闻学院的骨干教师都是有经验的记者；老牌的密苏里大学新闻学院录取博士生时，除了考查学业成绩以外，还要求申请人必须有两年以上的媒体工作经验，院方在这一条件上从未妥协过。我国的新闻院系也有重视教师从业经验的传统，20 世纪 30 年代的复旦大学新闻系就同上海新闻界联系十分密切。从上海新闻界来复旦大学新闻系任教的有黄天鹏、郭步陶、章先梅、樊仲云、夏奇峰等出色报业人。新闻系教师，也积极去报社兼职。系主任谢六逸，在 1935 年主编过《立报》的副刊《言林》，1937 年主编了《国民月刊》。20 世纪 80 年代和 90 年代，各高校也非常重视培养新闻学教师的从业经验。但 20 世纪 90 年代末，特别是进入 21 世纪以来，随着高校竞争的加剧，教员的学历日益成为衡量高校办学水平的一大硬件，高校对教员的学历要求越来越高，新闻传播学专业也不例外。财经传媒教育对从业者有着更高的素质要求。

第三节 财经基础知识：经济学并不难懂

每天翻阅报纸，打开电视，浏览手机自媒体，很难躲得开诸如"本月消费者物价指数较去年同期上涨0.3%""央行宣布将调低贴现率""宏观调控"等经济术语的轰炸。你或许可以选择视而不见，暂时避开这些术语。但是在现实生活中，却很难选择不去面对这些问题。接触更多的通俗经济学知识，叩问更多的通俗经济学问题，不仅是专家和媒体的责任，也是中国社会的特殊需求。

一 经济学并不难懂——从供给与需求入门

自古以来，人类社会就为经济问题所困扰，经济失衡、贫富分化、失业、通货膨胀、经济停滞、国际经济冲突等一直是各国面临的难题。人类经济问题的根源在于资源的稀缺性。一方面，相对于人类无穷的欲望而言，自然赋予我们的资源太少了；另一方面，由于自然或社会的原因，这些有限的资源往往还得不到充分利用。因此，如何合理地配置和利用有限的资源，成为人类社会面临的永恒问题。经济学正是为解决这个问题而产生的。要了解经济学，先要了解人类社会面临的一个永恒问题——稀缺性。

(一) 稀缺性：人类社会面临的永恒问题

生存与发展是人类社会面临的基本问题。生存与发展就是不断地用物质产品以及劳务来满足人们日益增长的需求。需求来自欲望。欲望是一种缺乏的感受与求得满足的愿望。欲望的基本特点在于无限性，即人们的欲望永远没有完全得到满足的时候。一种欲望满足了，又会产生新的欲望，永无止境。人的欲望要用各种物质产品或劳务来满足。物质产品或劳务要用各种资源来生产。这些资源包括人力资源与自然资源。谁都知道，一个社会无论有多少资源，总有一个有限的量。无限的欲望与有限的资源之间的关系就是经济学所说的稀缺性。所谓稀缺性，即相对于人类社会的无穷欲望而言，经济物品或者说生产这些物品所需要的资源总是不足的。这种资源的相对有限性就是稀缺性。这里所说的稀缺性不是指资源绝对数量的多少，而是指相对于无限的欲望而言，再多的资源也是稀缺的。这就是稀缺性的相对含义。稀缺性是人类社会面临的永恒问题。稀缺性的存在是绝对的。它存在于人类社会历史的各个时期。只要有人类社会，就会有稀缺性。经济学产生于稀缺性的存在。经济学的研究对象也正是由这种稀缺性所决定的。

（二）生产可能性曲线、机会成本和选择

稀缺性决定了每一个社会和个人必须做出选择。欲望有轻重缓急之分，同一种资源又可以满足不同的欲望。选择就是要做出用有限的资源去满足什么欲望的决策。做出选择有所得就要有所失，为了得到某种东西而放弃的另一种东西就是做出决策的机会成本。我们可以用生产可能性曲线来说明稀缺性、选择和机会成本。

生产可能性曲线是在资源既定的条件下所能达到的两种物品最大产量的组合。生产可能性曲线说明了稀缺性、选择和机会成本这三个重要概念。举个例子，人的欲望是无限的，用来满足这种欲望的粮食与棉花也应该是无限的。但由于资源是有限的，这个社会不能生产无限的粮食与棉花，即社会存在稀缺性。生产可能性曲线之外是无法实现的产量组合。在存在稀缺性的情况下，人们必须做出生产多少粮食和生产多少棉花的决策。这就是我们所面临的选择问题。生产可能性曲线上的所有的点都是人们所做出的选择。在资源既定时，多生产一吨棉花就要少生产若干吨粮食，或者说为了多得到一吨棉花就要放弃若干吨粮食。所放弃的若干吨粮食正是得到一吨棉花的机会成本。生产可能性曲线的斜率代表机会成本。这里我们应该注意，生产可能性曲线凹向原点，说明随着一种产品的增加，机会成本是递增的。也就是说，是机会成本的递增决定了生产可能性曲线凹向原点，即为了多生产棉花所放弃的粮食是递增的。这是因为，当我们把更多的资源用于生产棉花时，就把越来越不宜于生产棉花的资源用于种植棉花，这时效率就会下降，或者说不得不放弃的粮食越来越多。经济学家把选择概括为三个相关的问题。第一，生产什么物品与生产多少。用粮食与棉花的例子来说，就是生产粮食还是棉花，或者生产多少粮食、多少棉花，即在粮食与棉花的可能性组合中选择哪一种。第二，如何生产，即用什么方法来生产粮食与棉花。生产方法实际就是如何对各种生产要素进行组合，是多用资本、少用劳动，用资本密集型方法来生产呢，还是少用资本、多用劳动，用劳动密集型方法来生产。不同的方法可以达到相同的产量，但不同生产方法的经济效率并不相同。第三，生产出来的产品如何分配，即粮食与棉花按什么原则分配给社会各阶层与各个成员，这也就是为谁生产的问题。稀缺性是人类社会各个时期和各个社会所面临的永恒问题，所以，选择，即"生产什么"、"如何生产"和"为谁生产"

的问题，也就是人类社会所必须解决的基本问题。这三个问题被称为资源配置问题。经济学是为解决稀缺性问题而产生的，因此，经济学所研究的对象就是由稀缺性而引起的选择问题，即资源配置问题。

（三）经济学与资源利用

在现实中，人类社会往往面临这样一种矛盾：一方面资源是稀缺的，另一方面稀缺的资源还得不到充分利用。这种情况就是产量没有达到生产可能性曲线，稀缺的资源被浪费了。而且，人类社会为了发展，也不能仅仅满足于达到生产可能性曲线的水平，还要用既定的资源生产出更大的产量。这样，资源的稀缺性又引出了另一个问题——资源利用。

所谓资源利用就是人类社会如何更好地利用现有的稀缺资源生产出更多的物品。资源利用包括以下三个相关的问题。第一，为什么资源得不到充分利用，即粮食与棉花的产量达不到生产可能性曲线上的各点。换句话来说，也就是如何能使稀缺的资源得到充分利用，如何使粮食与棉花的产量达到最大。这就是一般所说的"充分就业"问题。第二，在资源既定的情况下，为什么产量有时高有时低，即尽管资源条件没有变，但粮食与棉花的产量为什么不能始终保持在生产可能性曲线上。这也就是经济中为什么会有周期性波动。与此相关的是，如何用既定的资源生产出更多的粮食与棉花，即实现经济增长。这就是一般所说的"经济波动与经济增长"问题。第三，现代社会是一个以货币为交换媒介的商品社会，货币购买力的变动对资源配置与利用所引起的各种问题的解决都影响甚大。这样，解决这些问题就必然涉及货币购买力的变动问题。这也就是一般所说的"通货膨胀或通货紧缩"问题。由以上可以看出，稀缺性不仅引起了资源配置问题，还引起了资源利用问题。

（四）经济学与经济制度

尽管各个社会都存在稀缺性，但解决稀缺性的方法并不同。换句话说，在不同的社会中，资源配置问题与资源利用问题的解决方法是不同的。人类社会的各种经济活动都是在一定的经济制度下进行的。当前世界上解决资源配置与资源利用问题的经济制度基本有两种：一种是市场经济制度，即通过市场上价格的调节来决定生产什么、如何生产与为谁生产；

另一种是计划经济制度，即通过中央计划来决定生产什么、如何生产与为谁生产。市场经济与计划经济的差别主要表现在三个基本经济问题上。第一，决策机制不同。在市场经济条件下，决策由参与经济的千千万万的个人和企业独立做出；在计划经济条件下，决策由至高无上的中央计划机构集中做出。第二，协调机制不同。市场经济条件下，由价格来协调千百万人的决策，使这些决策一致；计划经济是个金字塔式的等级体系，用自上而下的命令来贯彻决策，保证决策的协调。第三，激励机制不同。市场经济的激励以个人物质利益为中心，强调"小河有水大河满"；计划经济的激励以集体主义精神为中心，强调"大河没水小河干"。经济学家从经济效率、经济增长和收入分配方面来比较这两种经济体制。应该说，这两种经济制度各有利弊。经济学是一门研究一定经济制度下资源配置与利用的科学。

二　了解经济学的一些基本概念

经济学是一门覆盖广泛的学问，它有两个基本的概念，就是供给与需求。所有的经济学问题都来自基本的生活事实。市场经济最基本的规律是供求规律，它强调的是供给与需求之间的关系决定了商品的价格。供求变动可以引起价格波动，进而调节资源配置。在市场经济中，价格是由供求关系决定的。所以，供给与需求就是最重要的概念。

（一）需求（Demand）的含义

需求是决定价格的关键因素之一，要了解什么是需求，首先要知道什么是需求量。需求量是指在某一时期内，在某种价格水平上，居民计划购买且能够购买的产品与劳务的数量。那么什么是需求呢？需求就是指在某一时期内，在每一价格水平上，居民计划购买且能够购买的产品与劳务的数量。在理解需求的概念时，应该注意以下三点。

第一，需求量与需求的区别。需求量是某一特定价格水平下计划购买且能够购买的量。需求是在一系列价格水平下一组计划购买且能够购买的量。例如，当磁带的价格为每盘 1 元时居民每周计划购买且能够购买的量为 900 万盘，这就是需求量。当磁带的价格分别为每盘 1 元、2 元、3 元时，居民每周计划购买且能够购买的量分别为 900 万盘、600 万盘、400 万盘，这就是需求。

第二，需求与欲望的区别。需求指的是有效需求，是购买欲望和支付能力的统一，缺少任何一个条件都不能成为需求。所以，需求也可以说是居民根据其欲望和购买能力所决定的计划的购买量。需求预测要同时考虑到这两个条件，否则就会做出错误的预测。例如，热门话题"豪华汽车进入家庭问题"。无疑，想拥有一辆豪华汽车是绝大多数人的愿望，对汽车的欲望是普遍而强烈的。但是，豪华汽车昂贵的价格和其他使用条件使绝大部分人不具备豪车的支付能力。对绝大多数人来说，豪华汽车进入家庭仍然是一个梦。何时能圆这个梦，归根结底还取决于支付能力。在分析对汽车的需求时，支付能力是关键的因素。

第三，计划购买量与实际购买量的区别。计划购买量并不一定等于实际购买量。当产量不足时，实际购买量就会小于计划购买量。在经济中，当产量短期不足而价格又受到限制时，就会出现这种情况。当然，在正常情况下，计划购买量与实际购买量相同。所以，在以后的分析中，如果没有特别说明，我们就把需求量（计划购买量）等同于购买量或交易量（实际购买或成交量）。

1. 影响需求的因素

影响需求的因素很多，有经济因素，也有非经济因素，概括起来主要有以下几种。

（1）商品本身的价格。商品本身价格高，需求则少；价格低，需求则多。这是人所共知的。

（2）其他相关商品的价格。各种商品之间存在不同的关系，因此，其他商品价格的变动也会影响某种商品的需求。商品之间的关系有两种：替代关系与互补关系。与此对应，有替代品和互补品。替代品（Substitute）是可以用来代替另一种物品的物品。例如，汽车是火车的替代品、热狗是汉堡包的替代品等。每一种物品都有许多种替代品。如果某种物品的替代品价格上升，人们就要购买这种物品，这种物品的需求就会增加；相反，某种物品的替代品价格下降，人们也会减少这种物品的购买。因此，替代品价格的变动会影响一种物品的整个需求表，并使需求曲线移动。互补品（Complement）是与另一种物品结合起来使用的物品。例如，汉堡包与薯条等。如果一种物品的互补品价格上升，人们也会减少对这种物品的购买；相反，某种物品的互补品价格下降，人们也会增加对这种物品的购买。因此，一种物品互补品价格的变动也会影响该种物品的整个需求表，并使需求曲线移动。

（3）消费者的收入水平。对于大多数商品，消费者的收入水平提高，就会增加对其的需求；相反，消费者的收入水平下降，就会减少对其的需求。

（4）消费者对未来的预期。这包括对自己的收入水平、商品价格水平的预期。如果预期未来收入水平上升或未来商品价格要上升，就会增加现在的需求。反之，如果预期未来收入水平下降或未来商品价格水平下降，就会减少现在的需求。

（5）人口数量与结构的变动。人口结构的变动主要影响需求的构成，从而影响某些商品的需求。例如，人口的老龄化会减少人们对时髦服装、儿童用品的需求，但会增加对保健用品的需求。

（6）政府的消费政策。例如，政府提高利率的政策会减少消费，而实行消费信贷制度则会鼓励消费。

（7）消费者偏好。偏好是个人对物品与劳务的态度，即喜爱或厌恶的程度。随着社会生活水平的提高，消费不仅要满足人们的基本生理需求，还要满足种种心理与社会需求。因此，消费者偏好，即社会消费风尚的变化对需求的影响也很大。消费者偏好要受种种因素的限制，但广告却可以在一定程度上影响这种偏好。这就是许多厂商不惜血本大做广告的原因。

总之，影响需求的因素是多种多样的，有些主要影响需求欲望，如消费者偏好与消费者对未来的预期；有些主要影响需求能力，如消费者收入水平。这些因素的共同作用决定了需求。

2. 需求基本规律

在某段时间内，假设其他因素不变，需求量与商品价格呈负向关系，即商品价格越高，需求量越小；商品价格越低，需求量越大。在所有影响因素中，商品自身的价格无疑是最重要的。商品市场的需求与价格之间存在稳定的反向变动关系，即在影响商品需求的其他因素给定不变的条件下，一种商品的需求量与其价格之间的关系为：价格越高（或提高），需求量越小（或减少）；价格越低（或降低），需求量越大（或增加）。这种关系反映了需求的基本规律。

需要再三强调的是其他因素不变这一条件。事实上，在许多影响因素共同变动、共同作用的情况下，商品需求的变化可能呈现复杂的波动形态。只有在假定其他因素不变的情况下，才能总结出需求量与价格之间如此简单明了的关系。这种把单个因素提取出来进行单独分析的方法具有非常明显的优点，在经济分析中这是一种基本的分析方法。

需求的基本规律是从大量的实践经验中总结出来的，它符合我们在日常生活中的切身体验。在理论上，我们可以用替代效应和收入效应来加以解释。商品价格下降之所以会引起人们对商品需求的增加，是替代效应和收入效应共同作用的结果。例如，如果丝绸的价格下降，而其他纺织品的价格没有变化，那么，消费者会在一定程度上减少对其他纺织品的购买，转而增加对丝绸的购买。也就是说，丝绸价格的下降促使人们用丝绸来替代其他纺织品，从而引起对丝绸的需求增加，这就是所谓的替代效应。另外，在丝绸价格下降而其他商品的价格不变的情况下，同样的货币收入在不减少其他商品消费量的同时，可以购买更多的丝绸。这就是说，虽然消费者的货币收入（名义收入）没有变，但实际收入即实际购买力却增加了。这种因价格下降而带来实际收入增加并导致需求上升的情况，称为对商品需求的收入效应。对于商品价格上升而引起对商品需求下降的情况，可以做完全类似的解释。

（二）供给（Supply）的含义

供给是指在一定时期内一定市场上该商品的生产者愿意提供并有能力提供的该商品的数量。在传统体制下，生产往往与供给相脱离，生产只是为完成产值，而不考虑生产出来的产品是否卖得掉。这就是为生产而生产，造成资源使用上的极大浪费。在现代市场经济体制下，生产是为了供给，即为了把产品拿到市场上去销售。生产必须以市场需求为导向，只有这样，企业才可能实现利润最大化，才能在激烈的竞争中求得生存与发展。从整个社会的角度看，这样也才能实现资源的有效配置。

1. 影响供给的主要因素

（1）商品的价格。商品的价格越高，在其他条件不变的情况下，企业的销售收益就越大，企业的利润也就越高，从而愿意生产、销售更多的商品。

（2）生产要素的价格。劳动力的价格可以用雇员的平均工资水平来表示。劳动力价格越高，企业生产成本就越高，在产品销售价格不变的情况下，企业利润就会减少，从而减少其供给数量；反之，若劳动力价格下降，则会促使商品供给量增加。而资本的价格可以用银行标准利率来表示。资本与劳动力均是企业最重要的生产要素，其他生产要素价格的影响与它们完全相似。

（3）生产技术水平。一般而言，技术水平的提高会导致要素使用效率的提高，从而引起生产成本的降低和利润的增加，使得商品供给量增加。

（4）相关商品的价格。这里的相关商品是从供给角度来考察的，主要是指使用相同资源的商品，与前文需求分析中的相关商品不是一回事。例如，同一块土地既可以用来种棉花，也可以用来种小麦，那么，当棉花价格提高而小麦价格不变时，农民将会增加棉花的种植面积，减少小麦的种植面积。这就是说，棉花价格提高会使小麦的供给量减少。

（5）政府的税收政策。政府增加对某种商品的生产者的税收，会引起企业成本上升，从而减少该商品的供给；反之，若政府给某种商品的生产者以补贴，则会使该商品的供给增加。

（6）生产者对商品价格的预期。这一因素的影响效果较为复杂。如果预期价格上涨，生产者会增加商品的产量，但可能会减少当前的商品供给量，期待未来以更高的价格出售；反之，若预期价格下跌，则生产者会减少商品的产量，并尽量将库存商品销售出去，以减少损失。

2. 供给基本规律

在某段时间内，假设其他因素不变，供给量与货品价格呈正向的关系。简单来说，即货品的价格越高，其供给量越大；价格越低，供给量越小。对商品供给来说，价格同样是所有影响因素中最重要的一种。假定其他所有因素作为给定的参数是不变的，单独考察价格变动对商品供给的影响，即可得到供给量与价格的简单关系，它反映了供给的基本规律。所谓供给的基本规律，即在影响供给的其他因素给定不变的条件下，一种商品的供给量与其价格之间存在正向变动的关系：价格越高（或提高），供给量越大（或增加）；价格越低（或降低），供给量越小（或减少）。

供给基本规律建立在企业追求利润最大化的决策行为上。一般而言，对一个企业来说，当其产品在市场上可以按比原先更高的价格出售时，它就会增加该产品的供给，以获取更多的利润；反之，当产品价格降低时，企业会减少其供给，以使亏损减少。一个行业内的企业数量可以改变，也就是说在企业可以进入或退出该行业的情况下，商品价格上涨会吸引新的企业进入该行业，而价格下跌则会使一些企业退出该行业，从而导致整个行业的供给增加或减少。

三　炫耀性商品与吉芬商品

需求规律指的是一般商品的规律，但这一规律也有例外。最典型的例外是炫耀性商品与吉芬商品。

炫耀性商品是用来显示人的社会身份的商品，例如首饰、豪华型轿车。这种商品只有在高价时才有显示社会身份的作用，因此，价格下降，人们对这种商品的需求反而减少。

吉芬商品是指低档品。在某种特定条件下，这种商品具有价格上升需求反而增加的特点。英国经济学家吉芬发现，在 1845 年，爱尔兰大灾荒时，土豆的价格上升，人们对它的需求反而增加。这种价格上升需求增加的情况被称为"吉芬之谜"。具有这种特点的商品被称为吉芬商品。

吉芬商品是以 19 世纪英国经济学家罗伯特·吉芬（Robert Giffen）的名字命名的。吉芬商品是不遵从需求法则的特殊商品。此外，在投机性强的市场上，例如证券市场和期货市场，人们有一种"买涨不买落"的心理，即价格上涨时反而抢购，价格下跌时反而抛出。这与人们对未来价格的预期和投机的需要相关，也可以作为需求规律的一种例外。

第二章 财经新闻的界定与范畴

第一节 财经新闻的界定

到底"财经新闻"与"经济新闻"有怎样的区别？为什么要将二者进行严格的区分与界定？这样的澄清或者界定究竟对新闻理论与实践的发展有何意义？对于经济新闻，我国新闻界并不陌生，此类书籍也较为丰富。不过，随着我国经济的飞速发展，原有的新闻理论已经无法适应今天的实践与理论发展的需要。新形势提出新的发展要求，财经新闻不仅是因时而出，更是因需而起。我们首先应当明确"经济"与"财经"的基本含义，知道其来源，才能更好地明确经济新闻与财经新闻的区别，而不至于人云亦云。

一 经济与财经的基本含义

（一）经济的含义

"经济"可能是现今社会使用频率最高的一个词，至少在 20 世纪末 21 世纪初，中国的新闻和传播媒介的表现如此。按照《现代汉语词典》的解释，"经济"一词有以下六个义项。①经济学上指社会物质生产和再生产的活动。②国民经济的总称，也指国民经济的各部门，如工业经济、农业经济等。③属性词。对国民经济有价值或影响的：～作物｜～昆虫。④个人生活用度：他家～比较宽裕。⑤耗费较少而获益较大：～实惠的家用轿车｜作者用非常～的笔墨写出了这一场复杂的斗争。⑥〈书〉经世济民，指治理国家：～之才。关于经济一词的来历，众说不一，颇有争议。有人说"经济"是日本人的发明，是日本人从西方语言翻译过来再传到中国的。对于中国人来说，"经济"这个词是"出口转内销"。也有人认为，"经济"一词源自古希腊，原指家庭管理术，最早见于公元前5~前4世纪古希腊学者色诺芬的《经济论》。后来亚里士多德又赋予其谋生手段的意思。我国在隋朝出现经济一词，主要指"经邦济世"。日本借用并发展了古汉语中的原有词语，译为"经济"。可见，经济自古以来就与家庭有着十分密切的联系。

汉语词汇中的"经济"，原指"经国济民"，义近"政治"。《晋书》："起而明之，足以经济。"李白诗："令弟经济士，谪居我何伤。"历史上中国人所称之"经济"，是中国古书中"经邦济世"的简称，后引申为"经世济民，治理国家"。杜甫《上水遣怀》："古来经济才，何事独罕有。"《宋史》："以文章节行高一世，而尤以道德经济为己任。"

现代意义"经济学"当中的"经济"是指国民经济或部门经济以及经济活动，包括生产、流通、分配和消费以及金融、保险等活动，亦有概指其为"社会物质生产和再生产的活动"。经济首先是指人类进行的物质资料生产活动。人类生存的最基本条件是必须满足自身生存的最基本的需要，或者说，人类要生存，就必须满足自己一定范围的需要。近代启蒙思想家、翻译家严复在1901年翻译英国古典政治经济学家亚当·斯密的《国富论》时，称"经济学"为"计学"。任何科学术语都会带有那一术语所诞生的年代认识水平的痕迹。术语，总是从无到有。随着社会的发展和时代的进步，有些术语会与时俱进，逐步发生意义的转变，有些术语则"与时俱逝"，逐渐走向消亡。例如，在清朝末期，曾有术语"生计学""富国策"出现，但是现如今这些词已经被"经济学"代替，极少有人再以"生计学"或"富国策"为术语讨论经济学的问题了。

(二) 财经的译义

"财经"一词在我国的流行还是20世纪90年代后期的事情，被认为是"财政"和"经济"的简称。与此相对应，"财政"一词的英文对应词是Finance，也可以译成"金融"。因此，"财政"和"金融"相通。经济（Economics）被定义为"生产、分配、产品与服务的使用和人的福利"等。然而，近年来，也有人将"Business"一词译为"财经"。例如，将中央电视台将《中国财经报道》栏目译为"China Business News"，中央人民广播电台将《经济之声》译为"China Business Radio"，将《财经时报》

译为"Business Newspaper"等，媒体就将"Business"作为"财经"来解释。国内影响较大的财经新闻类栏目——中央电视台经济频道的《中国财经报道》，对将"财经"一词的英文选择为 Business 做了详细解释，他们认为《中国财经报道》中的"财经"既不是 Economy——广义上的经济，也不是狭义上的 Stock（股票、证券）、Finance（金融），而是 Business。栏目"财经"二字的英文就是用了这个单词。什么是 Business 呢？Business 有生意、交易、平台、公平等多种含义，更有意味的是 Business 还有责任的意思，正好与《中国财经报道》的追求和定位相吻合。在这里，我们可以看到，简单的两个字"财经"，有了更为丰富的内涵，既是财经讯息，又是观点交流的平台，还包含了某种责任，这个责任既是对观众的责任，也是对中国经济发展的责任。关于《中国财经报道》的英文解释——China Business News，可以说，这三个简单的英文单词，远非仅停留在其字面的意思，而是涵盖了更深的含义，融入了制片人和记者们多年来对财经报道的探索与领悟。

其实，金融和经济的含义与商业的含义相去甚远。"商业"一词的英文为 Business。兰登书屋出版的《韦氏简明英语词典》将金融（Finance）定义为"银行和投资的资金管理以及资金来源"。而商业（Business）则包括交易、贸易、创业、商店、公司、交易额、事务、项目、活动以及与此相关的其他事项，范围广泛。美国人几乎把所有的活动都归为商业活动，不管是提供产品还是服务，都可以讲是从事商业活动。根据这一说，几乎人人都是商人，因为几乎人人都是产品和服务的提供者。

国内从事财经新闻媒体行业的人们，常提及美国的《华尔街日报》，并以将自己所办的媒体办成"中国的《华尔街日报》"为奋斗的终极目标。然而《华尔街日报》并不认为自己是一家纯粹的财经报纸，而仅称自己是世界著名的商业出版物（World's Leading Business Publication）。《华尔街日报》将自己定位为主要报道商业和金融的新闻与事件（Business and Financial News and Issues），并把"商业"放在金融前面。其报道范围从资本市场扩展到货币与投资，再扩大到健康、技术、媒体和销售，又深入个人金融、旅行、电子、汽车、天气预报和体育等领域。这与我国财经媒体的新闻报道范围有很大的区别。这种差异产生的主要原因在于我们对金融和商业的概念的理解差别较大。

在中国，人们并没有注意到"财经"、"商业"与"经济"之间含义的差异，使得我国对经济新闻与财经新闻的区分并不明显，这不但妨碍了财经新闻的发展，而且制约了财经媒体的发展。在我国，"财经"一词的英文翻译也是多种多样，自然也折射出了人们观念上的差异。国内的一些财经大学则将"财经"翻译为"Financial and Economic"。译文的多元化自然反映出了人们认识的不一致性，"商业"与"财经"这两个概念的不同直接影响到了媒体的创办思路和发展方向。从现实来看，"Business"一词更接近目前国内媒体所提到的"财经"的概念，也更有利于我国财经新闻的良性发展。

二 从经济新闻到财经新闻的演变与发展

（一）财经新闻概念的提出，符合我国新闻报道的发展实践

改革开放 40 多年来，中国经济保持了令世界吃惊的高速增长，在世界经济中扮演着越来越重要的角色。与此同时，中国社会正处于剧烈的变革时期，人的生活观念也逐步与世界同步。经济发达的城市居民对经济类信息、对投资理财和商业操作的资讯需求日益强烈。经济活动日益复杂化和人们参与经济活动的频繁化，使得整个社会对经济类信息的需求格外凸显。传统经济类报纸已经不能满足市场经济条件下受众的需求，传统经济新闻的报道方式开始向现代市场经济下的财经新闻的报道方式演变。加入世贸组织后，中国经济翻开了新的一页，经济领域的新闻报道也因此有了一个突破性的发展契机。改革开放 40 多年后的今天，居民个人财富得到了前所未有的增长，一个投资型消费者群体正在日益壮大，他们对财经新闻出现了一种新的需求，其需求的多元化，令传统的经济报道境遇尴尬。

1. 需求：投资型消费者的兴起

改革开放 40 多年以来，我国居民个人财富得到了前所未有的增长，各类投资市场方兴未艾，特别是沪深股市从无到有，从试点到全面发展，为个人投资理财提供了一个广阔的空间。如何使自身的金融资产保值增值，已成为居民不得不面对的一个问题。国外的一项人口统计数据显示，40 岁至 60 岁的人群储蓄能力最强，他们一般都有一份稳定的职业，有一定的社会地位，子女也已长大成人，家庭消费支出相对较少。他们这一人群无疑是投资市场的中坚力量。20 世纪五六十年代正是我国的生育高峰期，在这一高峰期出生的人在总人口中所占的比例将会持续上升，他们正经历着由

消费者向投资者转变的过程。由于社会的急剧转型，他们必须通过各种方式为自己寻求投资良机，使自己的金融资产保值增值，以保证退休时，他们的经济状况至少能够维持现有的生活水准。我们暂且将这一群体称为投资型消费者。他们已不再将各类公司仅仅视为产品的制造者或服务的提供者，还将公司看作潜在的投资对象，以期有助于打理好自己的那份金融资产。这一投资型消费者群体的兴起，造就了受众对财经新闻的一种全新需求，而这一需求恰恰是我们传统经济报道所或缺的。

2. 供给：传统经济报道的局限

20 世纪 80 年代后期，随着一批城市类报纸的诞生，经济报道开始关注市民的日常经济生活，但受当时的经济条件所限，与读者切身利益密切相关的经济问题主要局限于消费领域。当时，即使是与人们日常生活相关的经济报道，也不可避免地带上了一些传统计划经济时代的烙印。每逢元旦、春节，这些报上经常会出现这样的报道：某某商业局（或商场）为了丰富节日市场，千方百计组织大批货源以满足消费者的需求，其中有什么紧俏商品，诸如此类。

随着市场化进程的不断加速，尤其是流通领域的改革进一步深化，这类报道迅速在媒体上销声匿迹，代之而起的是提供消费信息、分析市场行情的报道。不可否认，这类报道的确为读者提供了大量咨询服务，它与当时的社会经济发展现状是完全相符的。对于当时大部分居民来说，购买彩电、冰箱是一个家庭最大的经济决策，就像我们今天关注买车买房一样重要。无论是购买彩电、冰箱，还是拎菜篮子，还是买车买房，媒体在做这一类型的报道时，所面对的受众始终是消费者。为了体现心向读者的报道宗旨，新闻报道的视角也是以消费者的形态出现。然而，随着市场经济的全面深入，市场化程度已渗透到社会生活的方方面面。特别是中国加入WTO 以后，我们的经济全面与国际接轨，新闻报道的读者作为一个经济人存在，已经不可能仅仅是一个消费者，他有可能是一个投资者，甚至也有可能是一个求职者。

当一家公司做出某项投资决策时，从一个消费者的角度来看，他只关心是否要购买这家公司即将推出的新产品。然而，仅仅是这些信息，对于今天的读者来说可能是远远不够的，他可能还要考虑是否购买这家公司的股票，甚至考虑是否到这家公司去谋个职位。面对这样一个多元化的读者群，我们的媒体似乎还没有做好足够的准备，显得有些束手无策。大部分财经记者似乎还习惯于面对仅仅作为消费者的读者，因为他们在这方面已经驾轻就熟了。当然，大众媒体对于这部分读者的新需求并非熟视无睹。

20 世纪 90 年代以后，股票作为一种最大众化的投资工具进入了人们的视野。各类民生化的媒体都纷纷推出了有关股市行情的版面和频道。在开始的时候，读者像发现了一块新大陆一样新奇，并由衷地为之欢呼雀跃。对于媒体来说，这一全新领域的发掘，同样令人兴奋不已，《中国证券报》《上海证券报》《证券时报》三大证券类日报的迅速崛起，及时地满足了当时读者对于股市行情信息的强烈需求。然而，近十年过去了，股市得到了前所未有的发展，而我们的媒体似乎还在原地踏步，版面上仍然充斥着证券咨询人员的个股推荐以及各种技术解盘，各种电视频道上股评家的现场答疑，听上去更像是在为那些陷入困境的股民算卦。所有这一切，显然已经无法满足新兴的投资型消费者对于财经新闻的需求。

目前，这些传统意义上的证券报道的一个最大的问题就是定位过于狭窄，似乎它的唯一受众就是股民。这些版面无论从哪个角度来看，都更像是一家证券咨询机构为客户所发的传真，而不像是大众传媒上的财经新闻。如果我们的证券报道仅仅是为股民服务，那么当它度过了最初的兴奋期之后，衰落就成为必然的趋势。我们从三大证券报的发行量从鼎盛期开始回落，就可初见端倪。互联网时代，股民获知股市信息的渠道越来越多样化，即使是专业性的证券媒体，其读者群也在逐渐萎缩，更不要说是那些大众媒体上证券版的读者了。传统的证券报道在逐渐被股民读者抛弃的同时，又无法吸引新兴的投资型消费者的眼球。将财经新闻等同于证券报道，或者干脆叫作股市行情，难免失之偏颇。我们的视角仍然没有触及正在兴起、壮大的投资型消费群体，而它的范围比股民更广泛，所需的信息也更多样。

3. 转变：新兴财经媒体的兴盛

同样一条信息，此一时与彼一时，受众对它的关注程度是不同的，对它的关注角度也是不同的。当受众从消费者向投资者或潜在投资者转变时，经济新闻的报道对象也应相应地向财经新闻的报道对象转变。

我们先来举一个例子，比如长虹彩电降价。几年前，这是一条重大的经济新闻，因为当时彩电是我们每个家庭的大件。几年后的今天，对城市居民来说，这可能仅仅是一条信息而已，因为当他开始考虑买车买房时，彩电已不是他关注的重点，他更关注的是汽车降价和房价波动的信息。同样是这条信息，几年前，人们关注的可能仅仅是它降价的幅度以及与其他品牌彩电价格的比较情况；但是今天，仅仅是这样一条信息，显然已无法激起人们的阅读兴趣，我们还必须告诉读者降价背后的新闻。今天的读者肯定会有不同的疑问：长虹为什么要降价？对彩电市场有何冲击？对公司的财务状况有何影响？因为今天的读者已不仅仅是消费者，还可能是这家公司的投资者或潜在投资者，或是彩电行业的从业人员。财经报道必须考虑到后两者的信息需求，而不仅仅是考虑前者。公司的经营决策、投资并购等信息，无疑应是财经新闻真正的报道对象。

财经新闻的另一报道对象就是明星化的 CEO。正如体育报道越来越倾向于娱乐新闻一样，一些大公司的 CEO 们也正逐渐成为我们这个社会的公众人物，他们以明星化的姿态娱乐着我们的观众和读者。中央电视台财经频道的《对话》节目就是 CEO 明星化的最佳舞台，节目已经逐渐培育了一个以 CEO 为主体的特邀嘉宾群，如联想的柳传志、万科的王石、中关村的段永基等，他们几乎已成为这一节目的符号。观众关注他们，不再仅仅是想了解他们公司的经营状况。当他们以自身特有的魅力出现在电视机镜头前时，就不仅仅是一家公司的 CEO，还是一个大众化的财经明星。人们愿意倾听他们对各种问题的看法。受众在追逐财富的同时，需要大量的榜样，人们喜欢听成功或者失败的故事，这就是财经报道取之不尽、用之不竭的新闻源泉。

财经新闻还有一个可以有所作为的领域，就是传统意义上的消费新闻。人们不再关心菜篮子的行情，不再关心彩电、冰箱的价格，并不说明我们在消费领域就无所作为，比如汽车、房产、旅游、留学等，就是我们受众最关注、最需要花钱的几个领域。在这些新的消费领域，媒体已经有了很大的发展。一些大众媒体纷纷增加了有关这方面的版面，这也是传统媒体应对受众多元化时代到来的一个举措。从某种角度上来说，新闻产品也是一种商品，它必须适应读者的需求，随着受众需求的变化而不断变化。

（二）新形势下，财经报道与经济新闻报道有着明显的不同

我国的新闻变革始于经济报道。在计划经济条件下，经济新闻报道更多地服务于政府、企业；在计划经济向市场经济转轨的过程中，新闻媒体

开始关注受众，从为政府、企业服务开始转向为受众服务，尤其是在我国建立社会主义市场经济体制的目标确立后，这种转变在新闻单位改革进行到 20 世纪 90 年代的时候表现得尤为突出。时代在变，社会背景在变，新闻报道的内容在变，处于中国经济从计划经济向市场经济转轨阶段的新闻媒体同样应当顺势而变。

第一，财经报道绝不仅仅是财政金融领域的报道，还是改革进入建立社会主义市场经济体制的历史新阶段的一种具有新特点的经济报道。有人称之为财经报道，财经新闻应当是传统经济报道的"升级版"：计划经济条件下的是传统经济新闻、传统经济报道，市场经济条件下的是财经新闻、财经报道。

在从传统计划经济向社会主义市场经济转轨的特定阶段，传统的经济新闻模式越来越难以反映急遽变化的经济现实。在这种情况下，"财经新闻"这个概念应运而生。市场经济的最大特点就是竞争和淘汰，以追求利润最大化和效益最佳化为目标，最大限度地发挥市场配置社会资源的作用，通过市场不断重新合理地配置资源。从计划经济到市场经济是一个质的飞跃，它不能不体现在报道上。过去，政府机构为报道的主要对象，而现在，各部委虽然在经济生活中还处于重要地位，但是"看得见的手"更多地让位于"看不见的手"是不争的事实，也是历史的必然。随着资源配置的市场化，经济新闻报道的内容与方式当然要与时俱进。

第二，财经报道与传统经济报道在报道内容上没有差异，都是报道经济活动与经济现象，二者的差异在于报道的主体、客体和受众等要素发生了根本变化。

市场经济最大的特点是以利益最大化为追求目标，那么，新闻媒体自然也必须将自己的报道主体进行转移，"利益"应成为财经报道的核心内涵。相应地，财经新闻要从"利益"视角报道各种经济行为、事件、现象等，以及对不同市场主体的利益产生的影响。需要指出的是，此处所说的"利益"，应限定在经济利益、市场主体的利益范围内。进一步而言，就是经济学中的"效用"与"福利"。如前所述，在我国，"财经新闻"这个概念是随着社会主义市场经济体制的确立、发展而产生的。财经新闻要报道市场经济，就必须回归市场经济的根本要义——以利益驱动为核心的市场机制。"每个人追求自己的最大利益，最终就能达到社会的利益最大化。"200 多年前，经济学鼻祖亚当·斯密深刻地揭示了市场经济制度得以存在、发展的秘密。同样在财经报道中，要想透过各种纷繁复杂的经济现象直达事物本质，必须抓住"利益"这个不二法门，即财经报道应从"利益"角度报道、解剖经济事件与现象，为提升受众利益水平服务。

市场经济充满着风险，生产要素的提供者固然也要不同程度地承担市场风险，但是市场风险首先而且主要是由资本的提供者来承担的，一旦投资失败，投资者会遭受损失，甚至可能血本无归，倾家荡产。可以说，没有资本承担市场风险就不会有市场经济活动，其他生产要素也不可能发挥作用。中国的资本市场正处于不断完善的过程中，资本市场的影响也将日益体现在新闻媒体的报道中。从这一角度理解财经新闻与经济新闻之间的不同会发现，和以往经济报道不同的是财经新闻主要是通过资本市场透视整个经济的发展，其中证券市场占有重要地位，上市公司越来越成为报道对象的主体，与上市公司相关的信息和故事，越来越吸引受众的"眼球"。

第三，财经报道是市场经济大背景下的产物，这是由新闻的历史阶段性特征决定的。财经新闻集中反映了经济发展的阶段性特征。

新闻除具有党性、阶级性等属性外，还具有历史阶段性特征。同样，财经新闻集中反映了经济发展的阶段性特征。当今世界，服务业成为经济社会发展的重要引擎，成为世界经济增长的重点所在，服务业的兴旺发达，是现代经济的重要特征。在西方国家，作为服务业的重要组成部分，金融业占据主导地位，金融、资本市场对社会经济生活的影响无处不在。每个市场主体的利益创造、分配、转移等几乎都离不开金融、资本市场。因此，在欧美国家的财经新闻中，"利益"核心内涵依然处于主导地位。不过，人们可能更多看到了欧美财经新闻与金融、资本市场的高度相关性，忽略了这种相关性是"利益"视角与经济发展阶段两种因素共同作用的结果。于是，"利益"内涵就为金融资本市场的视角所掩盖。

反观我国，服务业占国民经济总量的比重还不足够大，金融、资本市场在经济社会生活中的作用还很有限。在这种情况下，如果过分强调金融资本市场视角，而没有看到背后更深层次的"利益"内涵，必然会降低财经新闻的地位与影响。财经新闻强调的是"透过"资本市场看经济大势，而不是像专业证券媒体那样，只顾解析上市公司的分红状况及投资价值。后者并非不重要，但是就媒体而言，尤其是对综合性媒体和一般读者而言，文章写到这般专业化和艰涩难懂，大概是不会有多少受众认可的。所谓透过，是指一定要站在更高的高度上，把资本市场反映的宏观经济形势、经济运行变动、产业结构变化整理出来，把经济社会中深层次的矛盾揭示出来。我们强调的是，传统信息渠道是不够的，传统的报道思路是不够的，应该加上新的视野和新的角度，应该从市场经济发展的新趋势增添新的报道内容。我国市场经济逐步发展与完善，市场配置资源的力量逐步增强，资本市场特别是股票市场在经济生活中的地位越来越重要。知名的大企业、产业的"领头羊"几乎都变成了上市公司。由此我们可以简单地归纳，财经新闻主要是透过资本市场看经济运行、透过"虚拟"经济看实体经济、透过公司（上市公司）看整体经济和产业经济发展的走势。

总之，经济新闻与财经新闻二者之间既有区别又有联系。在我国，所处的历史阶段不同决定了它们所反映的对象有差异，同时因为我国经济正处在转轨的过程中，新闻媒体的任务自然也应当进行调整。

三 财经新闻的界定

何谓财经新闻？对这个概念的不同理解，将影响对一些基本问题的认识，如哪些应成为报道重点、如何进行报道等，进而影响到新闻报道的效果。目前对于财经新闻，从外延到内涵两方面并无准确的定义。在实践中被广泛接受的界定有：在银行、保险、证券等市场发生的新闻是财经新闻；从金融业、资本市场的角度报道经济活动与现象的是财经新闻。前者称为狭义的财经新闻，后者称为广义的财经新闻。狭义的财经新闻一般是指金融业和证券市场、资本市场等题材的相关新闻报道。广义的财经新闻是涵盖经济新闻和金融新闻的"大财经"。

然而，从财经报道的实践看，以下一些内容近年来一直是财经报道的焦点，却很难被纳入"狭义"和"广义"的财经新闻。或者说，这些内容要产生最显著的报道效果，很难通过金融业、资本市场的角度来实现，原因如下。一是发展经济与生态环保之间的矛盾。当然，这也可以从金融、资本市场的角度报道，如水电站投资资金如何筹集、如何使用、利润如何分配等。但可以想见的是，从这种角度报道效果不显著。二是教育、医疗等领域的改革问题，如《财经》杂志、《21世纪经济报道》等财经媒体，一直关注公共卫生体制的改革。而公共卫生体制改革的大部分问题，与金融业、资本市场无关。三是贸易争端问题。自中国加入世界贸易组织以来，中国与贸易伙伴的重大贸易争端问题越来越成为国内外财经媒体关注的重点。贸易争端的各种形式，如反倾销、反补贴、保障措施、技术壁垄、知识产权争端、反垄断等，也较少与金融业本身、资本市场主体紧密相关。如果单纯从金融、资本的角度进行报道，上述内容是无法被纳入财经新闻视角的。这种在概念认识与报道实践上的差异，表明较为流行的"广义"和"狭义"两种"说法"，或多或少地覆盖了财经新闻概念的部分外延，但未准确揭示出其内涵。可以推理，如果严格遵循"广义"和"狭义"两种"说法"来报道财经新闻，只会自缚手脚，降低财经新闻的地位与影响。那么，财经新闻的内涵究竟是什么？

（一）财经新闻是传统经济报道的"升级版"

财经报道与传统经济报道在报道内容上没有差异，都是报道经济活动与经济现象，二者的差异在于报道的主体、客体和受众等要素发生了根本变化。

1. 报道主体发生了变化

在计划经济时期，新闻传媒机构是国家财政拨款养起来的事业单位，一切由国家负责；而在市场经济时期，新闻传媒机构则成为自负盈亏的企业。单位性质的改变与国家的经济体制变革是紧密相关的。

2. 报道客体（报道对象）发生了改变

计划经济时期，新闻媒体的报道对象是无所不包的全能型政府，即使不时也有其他客体，也是为报道政府服务的。新闻报道是为政府服务的，采取一种自上而下的报道方法，媒体的任务是传达政府的声音，进行政策宣传。但是在市场经济条件下，新闻媒体的报道对象就不但要包括作为市场主体之一的政府，还要包括企业和个人，且后者应是财经报道的主要对象。

3. 受众（读者、观众、听众）发生了变化

计划经济条件下受众很少有市场意识，接受经济报道的主要目的是"学习精神"等；市场经济条件下受众有很强的市场意识，接受财经新闻的主要目的是获取信息，降低市场不确定性影响等。传统信息渠道是不够的，传统的报道思路是不够的，应该加上新的视野和新的角度，应该跟从市场经济发展的新趋势增添新的报道内容。

4. 报道模式发生了变化

和以往的经济报道不同，财经报道主要是通过资本市场透视整个经济的发展，其中证券市场占有重要地位，上市公司越来越成为报道对象的主体，与上市公司相关的信息和故事，越来越吸引读者的眼球。面对报道内容的变化，财经记者、编辑队伍的不适应性日益突出，加快对财经记者、编辑的培训和选拔已刻不容缓。

因此，可以说"财经新闻"这个概念是对传统经济新闻的一种扬弃。正如我们现在还在摸索如何完善社会主义市场经济一样，我们对什么是财经新闻、如何做好财经新闻的认识，也在建立和深化之中。

（二）"利益"应成为新形势下财经报道的核心内涵

所谓"利益"无非有两个层面的含义：利益的创造，利益的转移与分配。明确了财经新闻的"利益"内涵，即可厘清财经报道的主线：新闻事件如何影响利益的创造？如何影响利益的转移与分配？如何更有效率地创造利益？如何更公平地转移与分配利益？等等。

财经新闻要从"利益"视角报道各种经济行为、经济事件、经济现象等对不同市场主体利益产生的影响。利益驱动是市场经济的灵魂所在，"利益"视角是财经新闻的核心内涵。

人们提到财经新闻，首先想到的是分类，现在很多人对财经新闻的分类方法依然是财经新闻、产经新闻。产经新闻是什么？《华尔街日报》没有产经新闻，只有市场新闻和公司新闻。什么是市场新闻？市场新闻是直接融资市场、间接融资市场和相关市场的报道。公司新闻就是相关上市公司价值的报道。不管是国内还是国际财经媒体都是按这样的分类方法进行报道的，这样划分市场新闻和公司新闻可能会很好地说清楚。非银行机构如信托机构等间接融资市场，还有直接融资市场如证券市场，此外还有保险、基金以及其他跟钱有关的市场，比如外汇、期货等。随着经济的发展，人们对财经范围的认识也逐步深入，从内容上看，它不仅仅是财政、金融方面的东西，还包括证券、投资理财、工商贸易等多个方面的内容，有一种泛财经的观点认为，凡是与经济有关的内容都可以归到财经里去。当然，随着时代的发展，财经新闻的定义也必将在实践中不断发展丰富。

综上所述，我们对财经新闻做了如下界定。一是从形式上，"财经新闻"这个概念的提出，是对传统经济新闻的一种扬弃，是伴随着市场经济体制的确立、发展而产生的。二是从内容上，它是指以市场经济为主导、从市场角度对于发生在人们经济生活中的经济事件与现象所进行的报道与解析，以提升受众利益水平为其传播目的。

第二节　财经新闻的报道范畴

一　财经新闻的报道范畴

财经新闻的信息源和原来的经济新闻也有所不同，其中最显著的特点是，来自上市公司的消息占有重要地位，除此之外，资本市场中其他一些领域，如债券、银行、期货、大宗产品等，也被纳入财经报道的视野。其报道范围大致有以下几个方面。

（一）资本市场以及上市公司信息

1. 证券市场

在这个领域，股票市场和债券市场无疑是最主要的两方面。在发达国家，债券市场融资的重要性远远超过股票市场，二者的比重大约为 7:3，但在中国，债券市场，尤其是公司债券市场，尚处于起步阶段，债券总量低得可以"忽略不计"。因此，中国的证券市场主要说的是股票市场，而在股票市场中，上市公司则是主角。

2. 银行业

在国外，有"银行是百业之首"的说法。银行业务的走向是国民经济的风向标。比如，在宏观调控中，有关部门首先关注那些投资和贷款过多的领域，而采取的措施和银行业息息相关——对于要"切一刀"的行业，首先的动作就是减少或不给贷款。还有外汇交易，也主要是通过银行来提供信息和从事具体操作的，这也是一个在国际上影响很大又涉及国家和企业巨大利益的资本市场领域。

3. 保险业、信托业、基金业等

值得关注的还有期货及其衍生产品市场，期货交易代表着投资者对未来走势的一种判断，对于生产者、贸易者甚至消费者而言都是一种指示器。此外，民间金融机构，如当铺、高利贷公司等，虽然受争议颇多，但是由于其能在一定程度上满足企业或个人的融资需求，特别是中小企业的融资需求，因而也有广泛的发展余地，也需要予以关注。

4. 上市公司信息

上市公司信息成为财经报道的重要信息源，这首先是由企业会计制度决

定的，同时也是股票市场公众性的要求。主管机构对上市公司各种信息的定时、定向发布都有严格的要求，或者说并不是企业本身"道德水平"高，自愿向社会公布本期信息，而是一种法律制约，强迫其说真话、报真账。其实，最大的矛盾也正在这里，财经新闻的大卖点往往也在这里。一些上市公司往往利用信息披露上的制度缺陷，或是有意造假，或是刻意隐瞒，达到牟取暴利的目的。所以，财经记者和编辑首先要懂得各类报表和企业信息发布的基本常识，从最简单的公开信息入手，了解企业运作的深层次规律。

（二）各种专业性的中介机构

中介机构是财经报道信息的重要来源，一些证券公司、金融公司等，都拥有专业水准很高的研究机构，拥有国内外知名的经济学家。它们掌握的专业信息丰富，数据可靠，专业分析说服力强，因此，是可以作为财经报道信息的重要来源的。如世界知名的高盛、摩根斯坦利等公司，其见解在资本市场上具有十分重要的影响力。我国的相关中介机构虽然现在还达不到这样的水平，但是，对国内市场、国内上市公司的研究与分析也相当专业，因而它们在财经报道中的地位也不容忽视。在资本市场领域，各种专业性极强的中介机构必不可少，有些领域对资本市场的发展至关重要，同时，也是我们财经新闻的重要信息源，媒体从它们那里得到的信息甚至比报道对象本身（如上市公司）还要客观、准确、及时。但由于专业性强，这些中介机构也隐含着某些黑幕操作的潜在可能性。实际上，从国外到国内，一些企业的违规行为往往是在中介机构的帮助下得以完成的。这些中介机构包括信用评级机构、律师事务所、会计师事务所等，对于这些领域的采访，要求新闻采编人员具备一定的专业基础知识，否则将难以展开最基本的"对话"。

（三）政府经济主管部门

随着改革的深入，我国主管经济的部门越来越少，工业部委减少到几乎为零，但是金融监管得到了强化，除了原有的中国人民银行外，还设立了证监会、银保监会。可以说，资本市场的各个方面，都有了监管机构。这些机构是另一大信息源，许多重要的监管内容是很有价值的新闻要素。管理机构的信息发布也是重要消息源。我们首先要了解管理机构的功能和监管职能，有针对性地知晓一定时间内、一定范围内监管或管理的重点，然后可以对它们的信息发布作符合财经报道需要的取舍。应该强调的是，信用是资本市场的生命，是资本运作的基础，是企业成败的关键。财经报道要伸张和弘扬的就是信用无价、信用第一。褒扬诚信守法企业，揭露欺诈、违规违法企业，是财经新闻工作者的社会责任。

二　财经报道的分类

财经报道总体上有狭义与广义之分，狭义的财经报道一般是指对金融和证券市场、资本市场等相关新闻的报道，广义的财经报道则是指涵盖经济新闻和金融新闻的"大财经"，目前综合类报纸的经济版与都市类报纸的经济版走的就是广义财经新闻的路子。按照财经报道的领域、内容、新闻处理方式等，财经报道大致可以有以下分类。

（一）按照财经报道的领域分类

1. 宏观财经报道

（1）政经报道：重点关注国家宏观经济制度变迁以及宏观经济政策变化的政经报道。任何国家的、世界的重大政治事件背后都存在某种经济动因，而且会对世界和中国的经济产生直接或间接的影响。

（2）财经报道：针对国家的金融市场、证券市场、资本市场所进行的财经报道。

（3）产经报道：着重从产业经济领域角度对国家的重要产业（如汽车、房地产、工商业以及IT行业等）进行报道。任何企业都不是孤立的，它是在某个行业中的。行业竞争度是投资者进入某个行业前必须参考的决策因素。行业内竞争对手的动态和竞争策略是每个企业的决策者和企业的重要成员在企业运行中都会时刻关心的。

（4）世界经济报道：在全球经济一体化的形势下，从全球化视角进行的世界经济报道。主要是以国际视野观照国内经济变化，站在全球的高度揭示一个地区、一个国家所发生的事件将对其他国家和地区的经济、商业产生什么影响，对全球性经济动向做出全面、透彻的报道。

2. 微观财经报道

（1）国有企业报道：侧重于报道国有企业的经营与管理经验，通过对政策和规则的分析与解释，帮助企业把握运行规则与经营环境。

（2）财经人物报道：对经济活动主体中的人物所进行的报道。这类报道在国内外的财经报道中日益占有重要的比例。

（3）上市公司报道：在市场经济条件下，上市公司的经营业绩以及与此相关的行业前景的报道会越来越受到人们的关注与重视，同时对上市公司的财务报表的解读也将成为上市公司报道的主要内容。

（二）按照报道内容划分

按照报道内容，财经报道大致可以分为如下几类。

1. 政策性新闻

这类新闻主要是要报道政策后面的东西。第一，政策出台的背景。政策性新闻要捕捉到政策出台的逻辑线索。第二，政策对市场、对行业的影响。这是对政策影响的前瞻性分析，是政策性新闻的主体部分。第三，市场有关主体对政策的响应和评论。政策性新闻首先要关注与报道那些制定政策的关键部门或关键人，也可以采访政策影响到的市场主体；其次要对政策所产生的影响或反响进行分析评价。

2. 公司新闻

全国性的大公司和区域性的重要公司的变动对市场的影响显而易见。公司新闻既要关注公司的动态新闻，同时也要关注某一公司的长久变化，总结出规律性的东西。公司新闻只要抓住公司"做了什么""怎么做的""为什么这样做"这几个要素，新闻要素就相对完整了。如果能抓到公司的主要人物出场，就更妙了。不管你从哪个角度写，只要透过公司新闻写出其后面隐藏的企业的商业逻辑，就可能是好文章。公司新闻虽然是单个企业的新闻，但它不应是孤立的。要善于对动态的公司新闻进行总结分析，找到它与整个行业的联系、与市场变化有关的内在的逻辑联系。公司新闻不一定都是大公司的新闻，但应该是大的公司新闻。你跟踪的公司可能不一定是最大的，但如果你的视野放大了，将公司与整个市场、整个行业的脉动连接起来了，就有可能发现被别人忽视的新闻价值。

3. 人物新闻

人物新闻不要都写成发财致富的财富故事，要把人物还原在一定语境下，写出他最具个性的东西来；也不能写成这个人物作为创始者的企业发展史，企业只是人物的陪衬；可以通过企业发展过程的几个关键性节点来写出人物的主要性格。人物新闻要通过一些细节，给我们"人物在场"的鲜活感觉，通过一些小故事，照出人物的灵魂来。人物新闻最讲究语言了，要干净、漂亮、有灵气。

4. 事件新闻

事件新闻就是要讲一个相对完整的故事，故事要有自身的逻辑，结构要有关联性，或是气贯长虹、奔涌而下，或是婉转曲折、千回百转，或是暗藏机巧、骤然爆发。当然，语言的流畅是基本要求。

值得强调的是，不管是写政策性新闻、公司新闻、人物新闻还是事件新闻，都要让我们有一种财经的感觉，要有财经的视野。财经的视野就是用财经的眼光去看待财经新闻领域里所发生的新闻。

（三）按照媒体财经新闻的基本处理方式划分

就媒体财经新闻的基本处理方式划分，大致呈现以下几种类型。

第一种类型是综合性日报。它们擅长一般经济环境与形势的新闻分析，习惯对宏观经济走势、影响宏观经济走势的一般因素、不同产业的运行态势等按照自己掌握的信息和理解给予分析。

第二种类型是一些经济报纸，也称为泛经济型财经媒体，如《经济日报》《市场报》等。它们擅长做政策解说与宏观经济分析，从国民经济整体运行、资本运营、企业经营的视角观察经济现象及影响经济运行的因素，对政策施行效果做出报道和分析，对诸多变量的变化做出一定的预测，从而更能让经营者与决策者引做参考。

第三种类型是行业依托型财经媒体，如《中国经济时报》《中国经济导报》《中国产经新闻》等。这是一些按更细分的市场定位的财经媒体。它们一般紧密依托于某一个领域或行业，并以这个领域或行业的需求、价值判断标准与分析手法，对它们所关注的发展趋势、经济现象、经济政策、经济故事、经济人物等用自己特定的分析工具按特定方式解说，比如证券类媒体。

第四种类型是新锐财经报纸，如《财经时报》《21 世纪经济报道》《经济观察报》等。它们主要擅长做财经分析和财经预测。面对同样的政策发布、同样的经济环境，它们往往会对相应领域较长时期的发展动向、特定政策的相应影响做纵向分析，对未来的走势给出判断。它们更注意以国际视野用国际通行的对财经新闻的处理方式。它们也擅长报道财经故事。正是因为它们的观察视角、处理方式与传统相比是另一种切入方式，其对读者群的影响反而呈现跨层次的特点，即专业读者从中见到对投资机会的分析，一般读者从中见到戏剧化的财经故事，或者是参与做发财梦。

第五种类型是一些面向普通市民的都市类报纸。它们擅长做微观经济介绍与报道产品故事，从帮助读者认识市场的角度吸引读者，帮助读者从更经济地消费的角度进行微观经济分析，用与某种产品的消长有关的故事体现记者对经济和社会的一种认识。

第六种类型是一些其他专业媒体，对财经新闻进行独特的介入。这些专业媒体是从自己的需要与理解出发深深地介入财经新闻，并在某些方面出现超越传统财经专业媒体的迹象。比如，《计算机世界》本来是一个非常典型的计算机专业媒体，但从 1999 年开始，它开出了专栏——《企业方法》。它对企业管理和企业经营的报道与分析往往超出了长期进行企业报道的人的认识。媒体从自己独有的认识出发，把决策线理出来，把选择过程与后来的评估理出来，从而受到更多的启发。这样的报道方法就使原本枯燥的题材显得鲜活起来。把企业竞争过程做成故事，把故事做成具有方法论意义的典型案例，这也许就是企业报道今后的取向之一。

第三节　财经基础知识："GDP""CPI"是怎么一回事？

一　理解"经济指标"

GDP、CPI 是一种经济指标。经济指标是由政府或民营机构的各种各样的代理机构出版发布的金融及经济数据，这些统计数据是定期告知公众的。在金融市场，几乎每一个人都会依赖这些数据。例如，您应当知道用哪一种指标判断经济增长（GDP）、判断通货膨胀率或就业率，跟踪这些数据后，您会熟悉每一经济指标的细微差别，熟悉它们正在判断经济的哪部分情况。

二　经济指标的分类

大多经济指标可以分为领先指标和落后指标。领先指标是经济要素，它们会在某一经济模式或趋势之前变动。领先指标是用来预测经济变化的。落后指标也是经济要素，它们是跟随某一特定经济模式或趋势变化。

国民生产总值（GNP）——一定时期内一国国民生产并销售的所有产品及服务的总和。GNP比GDP更能反映一个国家真实的经济状况，反映的是一种内生性增长模式。GNP显示一个国家经济增长（或下降）的步伐，并且被认为是一个代表经济增长力的最重要的指标。

生产者价格指数（PPI）——反映某一时期生产领域价格变动情况的重要经济指标，包括制造业、采矿业、农业、电力业，通常用作经济分析的是指那些成品、半成品及未加工品。

消费者物价指数（CPI）——反映的是居民家庭购买消费商品及服务的价格水平的变动情况。CPI通常包括各种使用者的手续费及税费，这些直接与某一特定产品与服务的价格有联系。

三　GDP与CPI等经济指标的解析

（一）国内生产总值（GDP）

1. 国内生产总值的含义

国内生产总值（Gross Domestic Product）是指一定时期内（一个季度或一年），一个国家（或地区）的经济中所生产出的全部最终产品和劳务的价值，被公认为衡量国家经济状况的最佳指标。它不但可以反映一个国家的经济表现，还可以反映一国的国力与财富。一般来说，国内生产总值共有四个不同的组成部分，其中包括消费、私人投资、政府支出和净出口。

2. 如何解读该指标

一国的GDP大幅增长，反映出该国经济发展蓬勃，国民收入增加，消费能力也随之增强。在这种情况下，该国中央银行将有可能提高利率，紧缩货币供应。国家经济表现良好及利率上升会增加该国货币的吸引力。反过来说，如果一国的GDP出现负增长，显示该国经济处于衰退状态，消费能力下降，该国中央银行将可能降息以刺激经济再度增长。利率下降加上经济表现不振，该国货币的吸引力也就随之下降了。因此，一般来说，高经济增长率会推动本国货币汇率上涨，而低经济增长率则会造成该国货币汇率下跌。

（二）通胀率（Inflation Rate）

通货膨胀意味着国内物价上涨，当一个经济体中大多数商品和劳务的价格连续在一段时间内普遍上涨时，就称这个经济体正经历着通货膨胀。由于物价是一国商品价值的货币表现，通货膨胀也就意味着该国货币代表的价值量下降。在国内外商品市场相互紧密联系的情况下，一般地，通货膨胀和国内物价上涨会引起出口商品的减少和进口商品的增加，从而对外汇市场上本币的供求关系产生影响，引起该国汇率的波动。同时，一国货币对内价值的下降必定影响其对外价值，削弱该国货币在国际市场上的信用地位，人们会因通货膨胀而预期该国货币将贬值，把手中持有的该国货币转化为其他货币，从而导致汇价下跌。具体说来，衡量通货膨胀的水平主要用生产者价格指数、消费者物价指数和零售物价指数三个指标。

1. 生产者价格指数（PPI）

生产者价格指数（Producer Price Index），是用以衡量产业生产成本的指标，显示商品在直接销售给消费者之前的价格波动。它主要反映生产资料的价格变化状况，用于衡量各种商品在不同生产阶段的成本价格变化情况。一般是由统计部门通过向各大生产商搜集各种产品的报价资料，再加权换算成百进位形式，以方便比较。例如，我国有 1980 年不变价格、1990 年不变价格两种基期不变价格（可比价格），用于计算国家在不同时期产品产值的某一时期的价格。美国是把 1967 年的指数当作 100 进行比较的。

PPI 显示的是生产成本的变动，当然也会反映到消费者身上，而且由于较 CPI 公布早数天，具有预测 CPI 的功能。值得注意的是，PPI 仅包含商品，并不像 CPI 还包含服务部分，故预测通胀的功能较为有限；扣除食品与能源后的核心 PPI，如同核心 CPI 一般，具有较佳的代表性，但须注意油价所引起的波动是否过大，因油价的变动将导致整体产业成本上升，如果油价上升是长期性的，将减缓产业复苏的速度。因此，生产者价格指数是反映通货膨胀水平的一个先行指数，当生产原材料及半制成品的价格上升，数个月后，便会反映到消费产品的价格上，进而引起整体物价水平上升，导致通胀加剧。相反，当该指数下降，即生产资料价格在生产过程中有下降的趋势，也会引起整体价格水平下降，减轻通胀的压力。但是，该数据由于未能包括一些商业折扣，无法完全反映真正的物价上升速度，有时会出现夸大的现象。另外，农产品价格是随季节变化的，能源价格也会有周期性变动，这对该价格指标影响很大，所以使用该指标时须加以整理或剔除食品和能源价格后才能做分析。如果生产者物价指数较预期高，则有发生通货膨胀的可能，央行可能会实行紧缩性货币政策，对该国货币有利好影响。如果生产者物价指数下跌，则会带来相反的效果。

2. 消费者物价指数（CPI）

消费者物价指数（Consumer Price Index），是对一个固定的消费品价格的衡量，主要用来衡量一般家庭购买各项消费性商品与劳务价格水准的变化，反映出国内一般消费物价的平均水准。它也是一种度量通货膨胀水平的工具，以百分比变化为表达形式。消费者物价指数涵盖食品及饮料、成衣、住宅、交通、医疗、娱乐、教育及通信、其他八大类支出。消费者物价指数是衡量通货膨胀的最重要指标，亦是央行调整货币政策的主要考量因素；当消费者物价指数连续大幅走高时，隐含的通胀压力升高，此时央行可能会采取提高利率的方法抑制价格上涨。又由于食物类与能源类价格容易受季节性因素或突发性事件的影响而产生较大的波动，亦有统计不含食物类与能源类的消费者物价指数，称为核心消费者物价指数（Core CPI），以观察一般消费物价的真正变动状况与走势。

消费者物价指数指标十分重要，而且具有启示性，必须慎重把握，因为有时公布了该指标上升后，货币汇率走势会向好；有时则相反。因为消费者物价指数表明消费者的购买能力，也反映经济的景气状况。如果该指数下降，反映经济衰退，必然对货币汇率走势不利。但如果消费者物价指数上升，汇率是否一定利好呢？不一定，需看消费者物价指数"升幅"如何。倘若该指数升幅温和，则表示经济稳定向上，当然对该国货币有利，但如果该指数升幅过大会有不良影响，因为物价指数与购买能力成反比，物价越高，货币的购买能力越低，必然对该国货币不利。如果考虑对利率的影响，该指标对外汇汇率的影响更加复杂。当一国的消费者物价指数上升时，表明该国的通货膨胀率上升，即货币的购买力减弱。按照购买力平价理论，该国的货币应走弱。相反，当一国的消费者物价指数下降时，表明该国的通货膨胀率下降，即货币的购买力上升。按照购买力平价理论，该国的货币应走强。但是由于各个国家均以控制通货膨胀率为首要任务，在通货膨胀率上升的同时亦带来利率上升的机会，因此，反而利好该货币。假如通货膨胀率受到控制而下降，利率亦同时趋于回落，反而不会利好该地区的货币了。降低通货膨胀率的政策会导致"龙舌兰酒效应"，这是拉美国家常见的现象。

3. 零售物价指数（RPI）

零售物价指数（Retail Price Index），是指以现金或信用卡形式支付的零售商品的价格指数。社会经济发展迅速，个人消费增加，会导致零售物价上升，该指标持续地上升，将可能带来通货膨胀率上升的压力，令政府收紧货币供应，利率趋升为该国货币带来利好的支持。因此，该指数向好，理论上利好该国货币。

（三）利率（Interest Rate）

利率，就其表现形式来说，是指一定时期内利息额同借贷资本总额的比率。现在，所有国家都把利率作为宏观经济调控的重要工具之一。当经济过热、通货膨胀率上升时，便提高利率，收紧信贷；当过热的经济和通货膨胀得到控制时，便会把利率适当地调低。因此，利率是重要的基本经济要素之一。

利率水平对外汇汇率有着非常重要的影响，利率是影响汇率最重要的因素。我们知道，汇率是两个国家的货币之间的相对价格。和其他商品的定价机制一样，它由外汇市场上的供求关系决定。外汇是一种金融资产，人们持有它，是因为它能带来资本的收益。人们在选择是持有本国货币还是持有某一种外国货币时，首先也是考虑持有哪一种货币能够给他带来较大的收益，而各国货币的收益率首先是由其金融市场的利率来衡量的。如果某种货币的利率上升，则持有该种货币的利息收益增加，吸引投资者买入该种货币，因此，对该货币有利好（行情看好）支持；如果某货币的利率下降，持有该种货币的收益便会减少，该种货币的吸引力也就减弱了。因此，可以说"利率升，货币强；利率跌，货币弱"。

在开放经济条件下，国际资本流动规模巨大，大大超过国际贸易额，表明金融全球化有了极大的发展。利率差异对汇率变动的影响比过去更为重要了。当一个国家紧缩信贷时，利率会上升，在国际市场上形成利率差异，引起短期资金在国际移动，资本一般总是从利率低的国家流向利率高的国家。这样，如果一国的利率水平高于其他国家，就会吸引大量的资本流入，本国资金流出减少，导致国际市场上抢购这种货币，资本账户收支得到改善，本国货币汇价得到提高。反之，当一国松动信贷时，利率下降，如果利率水平低于其他国家，则会造成资本大量流出，外国资本流入减少，资本账户收支恶化，同时外汇交易市场上就会抛售这种货币，引起汇率下跌。

（四）失业率（Unemployment Rate）

失业率是指一定时期全部就业人口中有工作意愿而仍未有工作的劳动力占全部劳动人口的比例。通过该指标可以判断一定时期内全部劳动人口的就业情况。长期以来，失业率被视为一个反映整体经济状况的指标，加上它又是每个月最先被发表的经济数据，所以研究者们喜欢利用失业率指标来对工业生产、个人收入甚至新房屋兴建等其他相关的指标进行预测。

一般情况下，失业率下降，代表整体经济健康发展，利于货币升值；失业率上升，代表经济发展放缓，不利于货币升值。若将失业率配以同期的通胀指标来分析，则可知当时经济发展是否过热，是否会构成加息的压力，或是否需要通过减息以刺激经济的发展。

另外，失业数字的反面是就业数字，其中最有代表性的是非农业就业数据。非农业就业数字为失业数字中的一个项目，该项目主要统计从事农业生产以外职位的劳动力人数的变化情形，它能反映出制造行业和服务行业的发展及其增长情况，数字减少便代表企业减少生产，经济步入萧条。当社会经济增长较快时，消费自然随之增加，消费性以及服务性行业的职位也就增多。当非农业就业数字大幅增加时，理论上对汇率应当有利；反之则相反。因此，该数据是观察社会经济和金融发展程度和状况的一项重要指标。

（五）其他指标

除了上面单独介绍的一些重要指标外，还有四个指标需了解和把握。

1. 存货量

存货量是指整体销售行业（包括批发和零售）每个月的存货量。它们可能是原材料、正在生产中的产品或是制成品，作为意料之外的订单的缓冲。存货量是生产数额减去销售量的一个数字。如果生产完成之后，销售快，大众消费能力强，存货量当然就会减到最低程度，商品流转速度快，经济状况良好，货币汇率会呈上升趋势。相反，若存货量堆积，资金积压，有生产无消费，则经济不景气，不利好外汇汇率。

2. 新房屋兴建量

新房屋兴建量又称为住宅开工与许可，是反映住宅开工建设及售出数量的指标，一般被认为是未来经济发展的领先指标。若新房屋建设数字增加，代表整体经济良好或代表衰退的经济将要复苏，利好该货币；相反，若该数字下降，显示经济景气差，或指健康的经济情况将要转坏，不利好该货币。建筑业与汽车业是两个具有代表性的行业，是当经济欠佳时最先衰退的两个部门，也是当经济好转时最先复苏的两个部门。因此，外汇交易市场对该指标极为敏感。

3. 预算赤字

该指标由财政部每月公布，主要描述政府预算执行情况，说明政府的总收入与总支出状况：若入不敷出即为预算赤字；若收大于支即为预算盈余；若收支相等即为预算平衡。一般情况下，外汇交易市场对政府预算赤字持怀疑态度，当赤字增加时，市场会预期该货币走低；当赤字减少时，会利好该货币。

4. 个人收入

个人收入是指个人从各种途径所获得的收入的总和，包括工资、租金收入、股利股息及社会福利等。该指标是预测个人的消费能力、未来消费者的购买动向及评估经济情况好坏的一个有效指标。个人收入提升总比下降好，个人收入提升代表经济景气，下降则代表经济增速放缓，是经济衰退的征兆。个人收入对货币汇率走势的影响不言而喻。如果个人收入上升过快，央行担心通货膨胀加剧，就会考虑加息，从而对货币汇率产生利好效应。

第三章　财经新闻的作用与特点

第一节　财经新闻的作用

新闻的功能，总是被打上深深的时代烙印。改革开放以来，我国财经新闻的功能经历了一个不断调整的过程，其总体趋势是政治色彩逐渐减弱，财经特色逐步增强。从媒体操作的层面看，这种功能调整的过程，体现在我国财经报道领域不断拓展的过程中。这个过程大致可以分为两个阶段，第一阶段是从改革开放到 20 世纪末，我国宣布初步建立社会主义市场经济体制和加入世贸组织。这一阶段我国财经报道领域的拓展主要围绕以下三个方面展开：一是着眼于推动思想解放和观念更新，服务于经济体制改革；二是着眼于推动与国际接轨，对外开放，对内搞活，探索建立和发展社会主义市场经济的思路；三是着眼于贯彻新的经济方针和经济政策，监督偏差，解剖典型，引导和规范经济主体的市场行为。第二阶段是进入 21 世纪后，我国致力于完善社会主义市场经济体制，加入世贸组织也进入实质运作的层面，经济市场化、国际化的步伐明显加快。这一阶段，我国传媒业中财经类媒体不断增多，各大媒体财经报道的分量加重，财经报道的财经特色更浓，有高度、有深度、专业性强的报道越来越多地占据经济报道的主导地位。目前，财经报道相对于其他经济领域的报道更加深入、更加丰富。财经媒体也迎来激烈的市场竞争，甚至面临着国外媒体在品牌输出和内容制作方面的挑战。

一　财经新闻的基本功能

财经新闻逐渐成为每个人在其家庭经济生活经验以外获取财经知识的

途径之一。财经新闻实现了新闻报道的最基本功能，表现在以下方面。

第一，公开、公正地传播高质量的经济信息。公开，不是内部的；公正，是对所有受众，不是专给有支付能力的需要者。新闻是公开发布的。有偿的、专供的信息不是新闻，而是经济情报。高质量的经济信息是指信息必须真实、准确、及时。

第二，准确通俗地描述、解释和剖析经济现象。对某一经济现象的表现、特点、背景、影响、来龙去脉，这一经济现象深层包含的内在规律以及这一经济现象和其他经济现象之间的联系，财经报道都要描述得清清楚楚。对一些涉及全局的经济现象，如通货膨胀、通货紧缩、金融危机、民工潮等，不仅要有局部表现的描述和剖析，还要在不同阶段有全景式的深层剖析和透视。

第三，深入浅出地介绍和评析宏观经济形势。在经济运行的每一关键时刻，要透视全球（全国）商界风云变幻、评析全球（全国）经济潮起潮落，还要分析区域经济的涨落和互动。在介绍和评析宏观经济形势时，不同地区、不同层次的媒体，要回答本地受众所关心的宏观问题。放眼世界，立足自己的读者群。

第四，准确、公正地对经济活动进行舆论监督。舆论监督有四个方面：一是对不法的经济活动进行揭露和批评，如对基金黑幕、银广厦的揭露，显示了媒体的社会责任；二是对不良经济倾向进行针砭，如开发热、重复建设、行政垄断等，体现了媒体的前瞻能力；三是对某些经济政策偏差进行评析，促进政策当局及时矫正，显示媒体的全局观念；四是对经济工作中的认识误区、盲区的矫正和点拨，对有害经济思想的批评，显示了媒体的深度和水平。

第五，准确及时地宣传和解释政策。政策变动对经济活动的影响很大，所以，各类经济活动主体，对宣传和解释政策的需求很强烈。这里说的政策有直接的经济政策（财政、金融、税收、物价等方面的政策），也有与经济相关的其他政策。一些看起来不是经济政策的政策，却对经济活动有影响。如交通管理政策，可能影响汽车的生产、销售和消费；环境保护政策可能影响某些产品的生产；电动自行车能否合法会影响一个产业的兴衰。从非经济政策的变动中看到对经济活动的影响，是对财经记者眼力的考验。

第六，提高全民的经济素养。由于参与了金融市场，出于对利益的关注，许多本来不关心政治经济新闻的读者开始关心财经新闻，这是提高我国公众总体素质的一个绝好的契机。现在多数财经新闻报纸以综合性或行业性报纸的一个专刊的形式存在，报纸的读者总体要远远多于其中的股民读者。吸引非股民读者不仅可以给报纸带来经济利益，还可以提升他们的经济知识水准。

第七，开阔人们的视野，有利于我们把握与了解全球的经济形势。现在国外关于经济和金融的报道已经将信息综合化了，很多国家包括一些发展中国家不再只以与本国关系的紧密与否作为稿件取舍的标准，而是从全球经济角度报道，不单纯就眼下问题讲眼下事情。特别在金融领域，报道内容已不单纯是市场行情及相关信息，还包括各种影响金融的因素，如宏观经济形势和世界各主要企业的经营情况、各国政府的金融政策和年度报告、世界各国的经济状况和各国的货币情况等。

二 财经新闻的社会功能

从 1998 年起，我国从经济短缺转为经济过剩，同时，为消除亚洲金融风暴的影响，我国采取了一系列宏观调控的货币政策。在这一背景下，我国的财经报道进入了一个新阶段，金融作为现代经济的核心地位凸显，老百姓开始关注财经新闻报道，特别是金融证券新闻的报道。这一年，《人民日报》开设了财税金融专版，首次在党中央机关报上刊登股市 K 线图。此后，各家报纸开始在这一领域争夺读者，纷纷创办各种名目的金融证券专版或附属周报。同时，各广播电视台也纷纷开设金融证券类的专题节目。财经新闻的社会作用日渐显现出来。在市场经济条件下，我们不但要清楚地理解财经新闻的基本功能，而且应当对财经新闻的独特社会功能有更深刻的认识。一般来说，财经新闻所具有的社会功能主要体现在以下四个方面。

（一）传递财经资讯，提供决策参考

财经新闻作为一种信息更加直接地影响着受众的行为及自身利益，而不是简单地满足受众的好奇心。财经报道不能等同于业务部门指导经济工作的文件，传媒的责任更多的应是为受众提供"认识的价值"，这就要求财经新闻对一般的受众有用。通过财经新闻得到信息，对消费者或投资者的生活和决策都是至关重要的。一般农民比较关注种植、养殖项目的供求

状况、市场行情、操作技术、销售渠道的介绍等，普通市民则比较关注介绍生活用品以及住房、教育、就业、理财等问题的经济新闻。遇到重大题材时，财经新闻要将宏观问题与读者熟悉的生活、感兴趣的身边事结合起来，从"民生"谈"国计"，从"微观"谈"宏观"。投资者有大投资者和小投资者，大投资者一般具有很强的信息判断、利用能力。他们通过长期关注政经、财税、商贸、金融、证券、产经等财经新闻，一方面从总体上把握宏观、长期的信息，另一方面又关注微观、动态的信息，指导其实际投资行为。小投资者主要包括两类人，一类是小型私营企业的投资者，另一类是人数众多的普通股民。这些人比一般的市民有更强的经济意识，他们所关注的财经新闻主要涉及这样几个方面：即时的盘面信息、专业人士的技术分析、上市公司的真实情况、宏观形势的解读等。这些都需要媒体进行科学的解读以提供正确的经济信息，为读者的决策提供依据。

（二）传播财经知识，剖析经济现象

为了让受众透过新闻的现象看本质，对市场经济的一般规律和各行业内的特殊规律有所理解，培养其敏锐的市场意识和理性的分析能力，从而更好地服务于经济人在当前和今后的市场决策，既"授人以鱼"，更"授人以渔"，从消息到深度报道都应以经济规律作为财经新闻建构的参照系，以此对经济现象进行事实分析、价值评判，从而通过受众对财经新闻的日常"学习"培育理性的市场经济主体，监督市场违规行为，进而促进经济的良性高效运行。经济人作为市场主体，其经济活动一般包括投资、消费；而作为客体，他们则会避免自身利益受到损害，以实现自身价值和自有财产的保值、增值为目标。受众个体因受自身经验和专业知识的限制，需借助财经新闻之类的有效信息辨识真伪，并指导自身参与市场的决策和行动。特别是对直接关系受众利益又具有相当隐蔽性或专业性的经济现象，财经媒体在建构财经新闻时更应为受众提供可操作性强的专业应对方案。

（三）解读经济政策，推进制度创新

财经新闻是政府、企业、个人之间的非正式沟通桥梁，可以促进政府相关经济政策的合理制定、上传下达，最大限度地发挥其对经济的宏观调控作用，同时也能保证三者作为经济人在投资、消费中的理性行为，实现经济利益上的共赢共生。因此，财经新闻要注重对各类政策法规、供求商情的深入分析，从而为经济发展营造和谐的舆论氛围。市场经济是自由的经济，也是政策性很强的经济。它一方面要接受国家的宏观调控，另一方面又要受到国际惯例的制约。优秀的财经新闻作品通过及时、准确地向人们传递这方面的信息，并且举一反三地报道与党的中心工作精神相符、体现各项重大方针政策的新闻事实，以此来发挥政策的导向作用。财经新闻的受众群体中有一类属于财经新闻的高层受众，包括政府管理者和经济学者。政府管理者通过财经新闻寻找市场机会，改善管理措施；经济学者通过阅读财经新闻完善自己的知识体系，为帮助政府更好地制定宏观政策进行学术研究。

（四）守望经济环境，监督经济行为

财经新闻可以揭示经济发展过程中的问题，解难释疑，排除阻力，促使经济得以顺利发展。经济的发展过程尤其是经济改革的过程，是一个不断解决问题的过程。财经报道既要展示成绩，也要反映问题，让受众了解经济发展进程中需要解决的困难，以便增强对于经济改革的风险意识和承受能力。经济改革给人们带来的不只是好处，也会带来阵痛。对于这种压力，财经报道要做"种牛痘"的工作，即把困难、问题向群众讲清楚，解难释疑，阐明道理，增强群众的抵御和承受能力，为经济改革减少阻力，维护社会的稳定，降低改革的风险，使经济改革能够顺利进行。同样，对生活中的经济热点，财经记者要做到及早发现，不盲目炒作，要擅长理性分析，正确引导。财经类报纸应以其专业性给人以前瞻性的引导，从而有利于市场经济的正常运行和人们的生活、工作的正常运转。

第二节　财经报道的特点

财经报道既有与普通新闻报道相同的特点，又有自身的特色与规律；而且，在市场经济发展的今天，这种不同越来越明显与突出。财经报道的专业性特点集中体现在三方面。一是财经报道的领域被细分，主要细分为政经、财经、产经、社经等类型。不同类型的财经媒体，如综合类报纸的经济版等都在围绕这些类型的报道大做文章。二是财经报道的内容更专业，要求记者深入经济细胞，挖掘经济现象背后的内核，甚至在这点上一比高低。三是财经报道的人才更专业，许多媒体的财经记者都有经济学科的专业背景，而且学历越来越高。

一 财经报道的特点

(一) 财经报道主体的特点

从财经报道的角度来看，财经新闻体现出如下几个值得注意的特点。

1. 普及性和专业性

人类的经济活动是普及的，但是每一项经济活动又有相当强的专业性。从事经济活动的多数人并不深懂这项经济活动的专业知识，例如，多数人经常与银行打交道，但不是都懂银行。从事经济活动的个别主体，需要对他所从事的经济活动以及这项经济活动中出现的新情况不断加以解释。

2. 个别性和全局性

从事经济活动的主体是个别的，但经济活动都带有全局性。例如，一家工厂生产一种商品，它的价格是由全局（全国、全世界）的供求关系决定的。炒股票是个人决策，但行情起落是与大局相关的；炒外汇是个人行为，但外汇行情随全球经济波动而起落。因此，从事经济活动的个别主体都很关心经济全局。

3. 决策的内部性和决策信息的外部性

凡有经济活动必有经济决策。买什么、卖什么，怎么买、怎么卖，都有一个决策过程。决策是决策主体内部的事，而决策信息（决策的依据）大都在外部。所以，每一个从事经济活动的人都离不开经济信息，包括投资信息、利率汇率波动信息、政策变动信息等。

4. 经济交易必需的公平性和不公平交易的易发性

等价交换是经济交易的原则。公平交易、权利和义务的对称是经济交易持续的必要条件。但是，经济活动是带有强烈利益冲动的。唯利是图左右着不少交易主体的行为。由于交易的复杂性和利益的诱惑，不公平交易、幕后活动大量存在。为了保证交易的公平，除了在不断的博弈中完善制度以外，还要有有效的舆论监督。

5. 经济活动的时效性和经济运行的连续性

经济活动是有时效的，一项经济活动必须在一定的时间段内完成。但经济运行是连续的。每一项经济活动，每一种经济现象，都只是经济运行长河中的一小段，只是经济运行链条上的一个节点，它要受到整条长河、整个链条其他各段的影响和制约。所以从事经济活动的主体必须在其有限的时效内了解经济运行的来龙去脉，了解它的背景和未来走势。

（二）作为专业新闻的财经新闻的特点

第一，抽象性。大量的财经新闻很难用直接的形象来表达。与其他新闻不同，财经新闻很少是有关人物的、切实可接触的事件的报道，而是有关数字和一些抽象的决策、趋向、预测等的报道。它们通常不能给受众以具体事实的立体描写让其来感受理论研究（文字报道），或者给其带来视觉冲击（图像报道）。人们无法实在地看到利率下降、国民经济状况，只能通过图表、曲线、比喻、举例说明等方式来感知，因而这就要求报道者掌握较高的报道艺术。

第二，相关性。各种财经新闻之间存在密切而无形的联系。一切新闻都有可能变成财经新闻。当下发生着的一切问题，都有可能与正在报道的财经新闻相关。财经新闻与其他新闻之间是没有界限的，关键是用什么样的视角去看问题，如何发现现象与现象之间存在的联系。从这个意义上来说，任何新闻都有可能成为财经新闻。

第三，前瞻性与预测性。当前财经新闻的时态偏重于未来，预测性强，带有很大的不确定性。财经新闻受未来意识的影响大。这是由于象征性资产的流通和交易在市场份额中所占的比重越来越大，因而预测和预言在市场经济体制中显示出其重要性。未来具有发散性，可能有多种方向，财经新闻承担的社会责任也会更大。这正是由于当前时间对于财经新闻太重要了，才引发出在未来领域的竞争。

第四，指示性。财经新闻具有强大的暗示作用。一旦受众接受了，就会有一定的行动，受众接受财经新闻的目的就是确定自己采取何种行动。然而，由于财经新闻的开放性，财经媒体对于财经事实的评价会出现截然相反的报道。好消息、坏消息的标准有相当的主观色彩。这就是一个仁者见仁、智者见智的问题，同样的报道在不同的环境、不同的背景、不同的受众面前产生的影响是不同的。

第五，实用性。由于所涉及的行业和大众的方方面面都密切相连，相对于其他专业类报道，财经报道具有广泛的大众性。因此，财经报道的实用价值是建立在通俗性基础上的。人们对经济的逐渐关注，决定了财经媒体的受众也在随时扩大。这要求财经报道所凸显的实用性必须以最广大受众的需求为着眼点，将实用化信息用生动、通俗的"软"面孔表现出来。

二 我国财经新闻的未来发展变化趋势

我国财经新闻的发展和时代的发展与社会主义市场经济紧密相连。不断进步的科学技术、世界范围的经济合作和我国社会主义市场经济的发展方向，决定了我国财经新闻的未来有五大发展趋势。

一是报道范围扩大、信息量增大。要扩展信息的广度，提高信息的新鲜度，挖掘信息的深度，强化信息的预见度。传统的语言体系、报道方式不能适应互联网时代的要求。"内行看不上，外行看不懂"的现象将得到极大的改变。众多市场媒体、财经分析机构乃至自媒体，纷纷用各自的语言对财经资讯进行重新编码，以满足受众的需求。报纸、PC 互联网、移动互联网、社交媒体平台等多渠道发布、多形式呈现、多媒体互动的立体式财经报道，领域不断拓宽。深度的追求是媒体安身立命的"杀手锏""核心武器"。报道范围的扩大，信息量的增加，使强化财经报道的深度解析成为必然的趋势。

二是报道手段日趋多样。先进的计算机技术、通信技术和信息网络技术使对包含财经信息在内的财经新闻进行加工、处理、存储的方式越来越现代化。财经新闻的查阅和传播也日益快捷化、高速化。要用大数据分析拓展财经报道的内容，拓展分析深度。借助大数据的方式，运用互联网思维，注重在纷繁数据中找出逻辑关系，把握数据与事实的内在联系，发现数据背后的趋势。随着新闻业务的改革，财经新闻记者越来越注重运用故事化的报道手法，通过比喻、精练的场景描述和类比等手段，饶有兴趣地交代新闻事实、表述作者的观点。

三是报道媒介的个性化。如何在竞争中立于不败之地？媒介的定位问题是一个重要的"先天"性的决定因素。媒介的个性化已成为整个新闻行业发展的明显趋势。在新媒体时代，自媒体构建了新的媒介生态系统，具有个性化、多样化的特点。与报纸、广播、电视等传统财经媒体相比，网络媒体的财经报道受到人们的广泛关注，其优势明显，尤其在对外传播中国的经济声音方面，起到了相当重要的作用。新闻报道要针对媒体的个性化特点，发挥各自的优势，创新媒介特有的话语表达方式，适应传播对象的新需求。

四是报道内容的专业化。财经报道专业化的趋向越来越明显，与当前大众传播由"广播"走向"窄播"的态势相适应。财经报道的专业化已成为时代发展的动向。未来财经报道将更加专业，更加注重深度，更加侧重深度报道形式。深度报道将会成为财经报道重要的常规性报道形式，也将成为读者最喜欢的财经报道类型。

五是报道范围的国际化。纵观世界经济风云、表现世界经济联系的新闻报道逐渐增多，各国财经报道在为本国利益服务的原则下，融入了更多的"世界性"，报道范围日趋国际化。财经报道要站在全球的视角，整合国际财经资讯，实现财经信息资源共享；要兼顾全球利益和国家利益，注重财经资讯的价值取向，牢牢掌握财经资讯报道的国际话语权，提升财经报道领域的程序设置权和议题引导权；要借鉴西方财经媒体的成功经验，向世界提供"中国出品"的专业财经报道。

伴随着舆论生态、传媒格局的重大变革，未来我国财经报道的目标也将发生以下值得注意的转变。

第一，由宣传功能向服务功能转移。在未来，服务将会成为财经新闻的主要功能。这种转变减少了财经新闻的主观色彩，使新闻更加真实可信。财经新闻在执行宣传功能时是自上而下、居高临下的，在执行服务功能时和受众是平等的、互动的。财经新闻服务于经济活动，也是经济活动不可分离的一部分。

第二，以政府为报道中心转到以市场为报道中心。随着社会主义市场经济体制的完善，信息传播渠道也会发生改变：由纵向垂直到横向网络。政府行为逐渐相对弱化，政策越来越透明公开。千百万群众在市场上寻求信息，分析信息，独立判断，独立决策，经济充满了活力。在市场经济条件下，没有不能利用的资源，没有无人去填补的需求空白。媒体也会在竞争中寻找和填补社会需求，不断发展自己。

第三，由舆论一律到多种声音。从某种意义上说，新闻工作就是一种选择工作：在众多题目中选择一个题目，在众多的事实中选择一种事实，在同一事件的多个侧面中选择一个侧面。处于不同利益地位的人在报道时会有不同的选择，这就很难避免报道的主观性。怎样防止主观的报道误导受众？这就要求报道要反映多种声音。多种声音可以平衡、中和、冲淡主观选择造成的片面性。

第四，财经报道国际化与地区化相融合。由于经济全球化，财经报道不能局限于一省一市一国，要有独到的全球眼光和更多的全球内容。国际财经报道的内容加重并不否定地方财经新闻的重要性。全球经济的变动是和地方经济变动互动的。虽然报道内容全球化，但全国性的报纸的发行量会缩小，地区性、社区性、行业性的媒体会增加。小型报纸、小型周刊、小型网站，把一个地区、一个行业和全球联系起来，把全球信息落实到自己的地区、自己的行业。媒体让人们从自己的身边变化看到全球的变化，从全球的变化看到身边经济的变化。

第五，财经媒体对经济生活的舆论监督会加强。财经新闻会更加深入地渗透到经济生活中，经济活动的主体会更加重视财经新闻，和经济媒体的互动会更密切。舆论监督不仅是批评和揭露某种行为，还包括对经济生活中某种不良倾向的纠正、对政策偏差的批评，以及对经济工作中的认识误区、盲区的矫正与点拨。

第六，财经新闻的时效更快、更易碎。互联网使得相距万里的大笔金融交易可以在几秒钟内完成。财经新闻舆论监督的广度、深度和力度会加强。经济活动的速度加快迫使财经新闻的时效加快。

第七，对信息进行查询、选择、梳理和分析的财经新闻会处于更重要地位。信息超载，使得对信息的查询、选择、梳理和分析的需求超过了对信息本身的需求。在这方面的服务将成为新闻业的一项重要内容。对信息的查询、选择是服务的一项重要内容，对信息的梳理和分析是财经新闻的深度报道。

第八，注意力争夺更加激烈，原创新闻更加珍贵。由于网络上的信息共享，同一新闻会被多家网站同时转载，纸质媒体也会在网上下载新闻来填充版面。因此，新闻的重复性会更严重。在这种情况下，媒体竞争的成败，决定于原创新闻的分量和数量。

第九，在媒体形式上，非纸质媒体的比重会加大。互联网将会继电视之后进入每一个家庭。但纸质媒体也不可被完全取代，深度分析、思辨性是纸质媒体的优势。纸质媒体将会通过杂志化倾向，发挥这一优势，扩展其生存空间。

第三节　财经基础知识：如何读懂
"经济增长率"？

一　什么是经济增长率？

经济增长率是末期国民生产总值与基期国民生产总值的比较。以末期现行价格计算末期 GNP，得出的增长率是名义经济增长率；以不变价格（即基期价格）计算末期 GNP，得出的增长率是实际经济增长率。在度量经济增长时，一般都采用实际经济增长率。经济增长率也称经济增长速度，它是反映一定时期经济发展水平变化程度的动态指标，也是反映一个国家经济活力的基本指标。

潜在经济增长率是指一国（或地区）经济所生产的最大产品和劳务总量的增长率，或者说一国（或地区）在各种资源得到最优和充分配置条件下，所能达到的最大经济增长率。这里讲的资源包括自然资源，也包括人力资源、技术和管理，还包括制度安排和经济政策等。经济增长只是手段而不是目的，经济增长的目的就是要建立一个经济、政治、社会、文化各方面和谐发展的社会。

二　经济增长以及决定因素

什么是经济增长？经济增长是指一个国家在一定时期内国民财富的实际增加量或实际增长速度。一般用国内生产总值（GDP）的增长率、人均国民生产总值的（GNP Per Capita）增长率或人均国民收入（NI Per Capita）的增长率来表示。随着当今信息时代的发展及未来知识经济时代的迫近，经济增长从主要依靠自然资源、劳动力数量和实物资本积累为源泉正逐步转变为以科学技术的进步、制度的创新、人力资本的积累和盘活为首要源泉。

（一）决定经济增长的因素

没有经济增长，就没有经济发展；但有时也会出现有增长而无发展的情况。经济增长通常是指宏观经济增长，即一国（或地区）在一定时期内产品量和服务量的增加。决定经济增长的因素主要有制度、资源与技术进步。

1. 制度

制度是一种涉及社会、政治和经济行为的行为规则。制度决定人们的经济与其他行为，也决定一国的经济增长。美国经济学家诺思强调"增长的路径依赖"，其含义就是增长取决于制度，适于经济发展的制度是实现经济增长的前提。人类社会出现过多种经济制度，但历史证明，目前最适于经济增长的是市场经济制度。只有选择这种制度，经济的迅速增长才是可能的。市场经济是一个制度体系，包括了多种制度，如保护个人财产的产权制度、降低交易费用的货币制度、规范人们行为的合约制度、组织经济活动的公司制度等。这些制度的建立与完善是经济增长的前提。

2. 资源

经济增长表现为产量的增加，产量是用各种生产要素生产出来的。各种生产要素是资源，因此，经济增长源于生产所利用的资源增加。资源包括劳动与资本。劳动增加指劳动力的增加。劳动力的增加又可以分为劳动力数量的增加与劳动力质量的提高。这两个方面对经济增长都具有重要的作用。劳动力数量的增加可以有三个来源，一是人口的增加，二是人口中就业率的提高，三是劳动时间的增加。劳动力质量的提高则是文化技术水平和健康水平的提高。劳动力是数量与质量的统一。资本的概念分为物质资本与人力资本。经济增长中必然有资本的增加。英国古典经济学家亚当·斯密就曾把资本的增加作为国民财富增加的源泉。现代经济学家认为，在经济增长中，一般的规律是资本的增加要大于人口的增加，即人均资本量是增加的，从而每个劳动力所拥有的资本量是增加的。只有人均资本量增加，才有人均产量的提高。应该指出的是，在经济增长的开始阶段，资本增加所做的贡献要更大一些，但在以后的增长中，资本的相对作用下降了。

3. 技术进步

技术进步在经济增长中的作用，体现在生产率的提高上，即同样的生产要素投入量能提供更多的产品。技术进步在经济增长中起了最重要的作用。而且，随着经济的发展，技术进步的作用越来越重要。技术进步主要包括资源配置的改善、规模经济和知识的进展。特别应该强调的是，知识的进展不仅应包括自然科学与技术科学的进展，而且包括管理科学的进展。管理科学的发展、新的管理方法的应用，在经济增长中起了重要的作用。

（二）决定经济增长的直接因素

一是投资量。一般情况下，投资量与经济增长成正比。

二是劳动量。在劳动者同生产资料数量、结构相适应的条件下，劳动者数量与经济增长成正比。

三是生产率。生产率是指资源（包括人力、物力、财力）利用的效率。提高生产率的提高也对经济增长直接做出贡献。

这三个因素对经济增长贡献的大小，在经济发展程度不同的国家或不同的阶段是有差别的。一般来说，在经济比较发达的国家或阶段，生产率提高对经济增长的贡献较大；在经济比较落后的国家或阶段，资本投入和劳动投入增加对经济增长的贡献较大。

（三）经济增长的主要源泉

经济增长的主要源泉是资本形成、劳动供给和技术进步。

劳动供给对经济增长的影响主要取决于劳动力总量和劳动者的劳动时间。

技术进步对经济增长具有重要影响，它的最直接的作用是提高劳动生产率。技术进步的途径是发明与创新、引进先进技术和增加人力资本投资。

资本形成一直是经济增长的重要影响因素。资本形成过程一般分为三个阶段：储蓄的增加，这取决于人们的储蓄意愿和储蓄能力；动员和引导这些储蓄转化为投资，这主要取决于信贷和金融机构；利用储蓄投资于人力资本和物质资本，这主要取决于投资的效率及水平。

三　经济过热与通货膨胀、通货紧缩

物价或许是衡量经济过热与否的更重要的指标。当经济的发展速度超过资源的承受能力时，就会出现原材料因供给不足而涨价现象。原材料价格的上涨又推动物价走高，于是经济过热显现。社会消费过旺导致总需求远大于总供给引起商品的价格大幅上涨而造成的通货膨胀，被经济学家称为"消费推动型经济过热"。社会投资过度导致总供给远大于总需求引起的产能大量过剩、物价不断下跌而造成的通货紧缩，被经济学家称为"投资推动型经济过热"。随着科技进步和生产能力的提高，社会总需求远大于总供给的现象已经很难出现，经济过热更多地表现为后一种形式。

（一）什么是通货膨胀

所谓"通货"就是货币，"膨胀"就是货币投放量超过商品流通所需要的货币量，这种经济现象被称为通货膨胀。它在经济生活中表现为过多的货币追逐较少的商品，结果是货币贬值，物价上涨。可见，货币投放多了，必然通过物价上涨表现出来。通货超量、货币贬值是因，物价上涨是果，但不能因此把物价上涨等同于通货膨胀。因为导致物价上涨的因素有很多，除了货币投放过量的因素之外，还有许多自然和人为的因素。我国通过宏观调控控制物价过快上涨的长期任务是继续改革体制，具体是要控制住三个闸门。

一是要控制固定资产投资总规模的闸门。若我国不改革传统投资体

制,"投资饥饿症"必然引发投资膨胀、经济超速增长与通货膨胀结伴而行。这是因为固定资产投资在较长时间内只向社会取走劳动、生产资料和生活资料,而不向社会提供任何生产资料和生活资料。它在较长时间内是从"取走"和"不提供"两个方面扩大社会总需求,导致社会总需求过旺,造成经济过热、通货膨胀。

二是要控制住信贷和货币发行的闸门。信贷和货币发行过量,超过了商品流通中所需要的货币量,导致货币贬值,造成通货膨胀。而造成货币供应过量的原因主要是固定资产投资膨胀和消费基金膨胀,其结果是财政赤字增加。要实行适度从紧和量入而出的财政政策,努力增收节支,使中央财政赤字逐年下降,地方财政坚持收支平衡。中央银行必须严格控制货币的超量发行和信贷规模。

三是要控制消费基金膨胀的闸门,这里包括社会集团购买力和工资增长幅度。

(二) 什么是通货紧缩

通货紧缩和通货膨胀是一对相反的概念。通货紧缩是指外生的货币供给低于内生的货币需求,导致有支付能力的消费需求和投资需求不足,经济增长率偏低,社会生产低于生产可能性边界的现象。减少货币供给有可能出现两种情况。第一,如果社会生产处于生产可能性边界之上或者之外,通货膨胀随时可能发生,那么此时突然减少货币供给有可能避免恶性通货膨胀的发生,使经济维持在可持续发展的轨道中。所有国家政府在确认经济过热时都会迅速实施紧缩性货币政策,减少货币供给,并辅之以其他宏观经济政策。这种情况不是通货紧缩。第二,如果社会生产处于生产可能性边界以内,实际经济增长率低于潜在可持续的经济增长率,那么减少货币供给会进一步降低经济增长率,使实际经济活动更加远离生产可能性边界。这就是通货紧缩。通货紧缩通常是内生的,如果政府不及时实施扩张性货币政策抵消其影响,经济就有可能进入通货紧缩螺旋,即货币供给和货币需求循环降低,经济活动萎缩,出现衰退。

第四章　我国财经报道存在的问题与对策

第一节　我国财经报道存在的问题

财经报道正在成为中国新闻媒体报道中的一门"显学"，但传播实践中的许多财经报道并不能让人满意。究其原因，关键在于当下的财经报道和受众实际需求之间存在明显的差距。目前，财经报道中的突出问题主要表现在以下几个方面。

一　同一题材报道雷同，缺乏独立见解，报道整体质量不高

财经报道中常常出现多家媒体同时报道同一问题的状况。报道几乎都是角度单一的简单重复。同一事例、同一观点、同一数据出现在多篇报道中。没有研究经济规律和经济政策的思路和习惯，不讲求财经新闻的财经特色，随意猎奇起哄，是许多财经报道缺乏独立见解的根本原因。财经记者只有善于运用自己的独特眼光审视经济现象，研究经济问题，才能使报道出新。在我国综合类报刊中，财经新闻的发稿量占有较大比例。然而，大多数财经报道只是对当前经济形势的一种直观性报道，最多也只是加一些不痛不痒的分析，其观点人云亦云，既缺乏现实性的指导意义，也没有深度和广度，不足以满足受众的心理需求。

二　缺乏趣味性，语言枯燥乏味，形式呆板拘谨

许多财经报道形式上缺乏灵活性，内容上缺乏趣味性，甚至有些报道整版都是数字性的分析和研究，且这些数字化的分析过程只是一种理论性

的推理，只有术语，缺乏创意，不能被普通公众所理解。此外，存在如下现象：记者在写作过程中只重结果，不重过程；只重术语的堆积，不重通俗化的阐释；只重物，不重人；只重数字，不重数字背后的含义；等等。这些都是财经报道缺乏趣味性，比较枯燥乏味的原因。数字对于财经报道是重要的，但数字后面的故事更吸引人。讲故事并非抛弃数字。财经报道一定要重视数据利用及数据的精确性，但可以在版面上把重要的数字用图表及各种图形表现出来。

三 数字数据、专业术语堆砌，笼统概括

与其他新闻不同，当前财经新闻内容多是数字、图表、统计和一些抽象的专业趋势预测等。简单的数据堆砌，不仅不能增加财经报道的深度，反而会稀释其新闻价值，影响受众对整个新闻的理解。财经报道以数据来说话，但并不意味着只要拿到数据便"大功告成"。在大数据背景下，各种数据资料混杂在一起，令受众真假难辨。在这种情况下，如果财经媒体人缺乏相应的数据分析和辨别能力，就很难充分发挥数据的潜力并展示数据所包含的新闻价值。财经报道必须对所使用的庞杂数据、专业术语进行大众化的分析解读，使其能被公众理解。因为无论如何，财经报道、财经分析和经济评论都要以媒体为信息载体，而受众更多的并不是专家。

四 报道视角错位，信息含量少，宣传成分多

财经报道没有从百姓的角度出发，而是采取单方面的视角进行报道；关注企业物流方面的东西多，关注决策者、主体人的东西少；只侧重报道企业兴衰和产品的价格、市场，而忽视了作为市场最终主体的"人"的需求。不少财经新闻偏重于未来预测，让人感觉遥远。不少报道中会有多种时态，以致人们在阅读时需要为焦点事实寻找确切的时态。如每到春季，就有记者写"空调大战即将上演"，每到年关就写"商场展开价格战"。某些新闻工作者在利益的引诱下出卖了责任感和使命感，将新闻报道蜕化为唯利是图的三流产品。部分媒体在报道时，甚至直接使用企业提供的稿件，所谓的财经报道不过是一种粗俗的宣传，而财经信息则是不折不扣的广告。有些报道站在一个利益集团的角度，或者站在记者或他朋友利益的角度，他们唯独忘记了要站在人民的角度。

五　专业理论色彩浓厚，缺乏理性分析

财经报道的"玄化"，通常是指为了使报道更专业，在报道中过度使用经济理论，或者是不当使用术语，使得财经报道看上去很"累"。毕竟受众不是经济学家，对于"玄化"的经济学理论未必会感兴趣。自《经济观察报》所倡导的"理性、建设性"的办报理念被大家认同以后，各媒体的理论色彩越来越浓，一个芝麻粒大的小事也要请专家来解释。由于媒体太多，高水平的专家不够用，一些南郭先生式的"准专家"堂而皇之地走上了报端，他们在引用了一番大学教材上的理论教条后并没有给出什么真知灼见。有些报道缺乏深度分析，只对一种社会经济现象进行表面陈述，忘记了财经新闻的贴近性和专业性。如此质量的财经报道，既不能为普通受众从事经济活动、生产生活提供有价值的信息，也不能为财经新闻的理论受众群、财经专业人士带来参考。

六　大局意识不强，舆论引导乏力

反映经济政策、经济事件、经济生活的财经报道，越来越受到人们的关注和重视。财经报道也不再是单纯的财经报道，它时时刻刻都在影响着人们对国家经济状况的判断和对经济前景的信心，从而间接地影响着经济的运行状况和社会的稳定。一些财经媒体在重大经济事件或问题出现时，没有发挥应有的舆论引导作用，致使谣言四起，民众恐慌。经济运行中难免会有一些问题产生，新闻媒体应当强化大局意识，厘清问题的来龙去脉，发现问题背后所隐藏的原因，冷静客观地分析，不要以偏概全、以点代面地做出对经济发展造成伤害的错误判断；要站在分析问题、解决问题的立场上，做有建设性的报道。一个国家的经济健康平稳运行是社会稳定的基础，财经媒体在提供舆论保障方面负有不可推卸的责任。财经报道一定要做到对内安民心，为经济发展创造良好的舆论环境；对外维护国家安定、经济平稳发展的形象，促进对外经济交流与合作。

七　记者的专业知识，专业素养亟待提高

记者专业素养的缺乏导致其写出的报道经不起推敲，缺乏说服力。而个别媒体因为缺乏具有专业知识的记者，只能转载其他媒体的报道来完成任务。这样的报道缺乏新意，也不能为受众提供建设性的意见。财经记者

的专业知识缺乏、专业素养不高已经成为制约财经报道深度的最主要因素。在财经新闻领域，任何大事件、大趋势的发生发展都不是偶然的，财经新闻记者应该具有敏感的嗅觉，具有一双善于发现新闻价值的眼睛，能透过表面的经济现象找到问题的本质。而专业知识欠缺，导致其对重要的经济形势变化缺乏判断和思考，对于一些经济现象的报道，也只是做一些表面性的解说，不能深刻揭示其背后的原理和规律。现在有人强调财经报道非财经化或是财经新闻社会新闻化，但在记者的经济专业水准欠缺的现状下，过分强调财经新闻的社会新闻化，可能会造成财经报道的浅薄化、空泛化。只有在保证记者的专业水平的前提下，再强调财经报道的社会新闻化，才会促使其写出既深刻又通俗的财经报道作品。

八　新闻源狭隘、单调，报道面狭小

许多记者现在仍沿袭着传统新闻报道的思路，主要从所谓的行业、政府有关部门寻找新闻。新闻源的狭隘在一定程度上造成了经济新闻的枯燥、抽象、单调。而实际上随着市场经济的发展，上述部门的功能在弱化，其作为新闻源的价值在逐渐减小，更多的新闻源是在市场经济的运动场上。但许多媒体看不到这种新闻源的转移，其报道领域和报道视野狭窄。现在的报道一方面是在传统的第一产业、第二产业这两大领域比较集中；另一方面就是关于"一厂一店""一县一乡"的报道，老百姓关心的东西不讲，老百姓不关心的东西讲一大堆。财经报道的政策性较强，专业性较强，实用色彩突出。市场经济体制和作为新闻受众的生产者、管理者、消费者对财经报道提出了多样化的信息要求。财经记者应当首先重新盘点现代市场经济的诸领域，把这些领域全部纳入财经报道的视野。在发达国家，金融、财税、贸易是财经新闻的三大支柱，而我国的财经报道在这三方面都非常欠缺。

九　专业新闻的采访手段不足，方法简单

这里的手段并不是指现代化的工具，而是指研究经济问题、认识经济问题的方法与方式。许多记者在采写财经报道时基本上采用的是采写社会新闻的方式，认为有几个点跑到位，正反两方面都问到了，就可以写出稿件来了。许多经济现象往往是复杂的，它背后的联系比每天发生的大量的社会新闻要深刻得多。这时往往手段决定结果，简单的采访手段及方式会造成财经报道的肤浅、简单，不解渴、不过瘾。记者要努力地把社会科学

中的许多手段、方式吸收到采写稿件的过程中，把社会科学的一些技术手段转化为新闻生产力，充分认识到财经报道是一门交叉科学。例如，记者可以利用经济学的一些研究手段、统计方法和社会学的一些调查技术，进行财经新闻的采访工作。

十　受众定位不明确，报道风格游移不定

许多财经报道，如果集中看一段时间，就会发现，记者在写财经新闻稿时根本没有明确的目标受众意识，一会儿像是写给官员看的，一会儿像是写给业界人士看的，一会儿又像是写给普通百姓看的，一会儿又干脆像是写谁给谁看的。这样的诉求对象不明确造成了文章视角平庸，找不准切入点，也就形不成鲜明的风格和力量。根据媒体的特点，让每一名记者都明确财经媒体报道的目标受众是谁，然后再根据目标受众的特征，确定报道的主题、观察的角度、语言的表述风格等。

十一　前瞻性不强，缺乏对国家经济形势的正确判断

市场经济条件下要有相适应的新闻报道形式，分析性、预测性报道尤其重要。然而，由于新闻工作者的经济学知识薄弱，站在更高的高度去分析经济热点问题、讨论经济形势、预测经济发展趋势的文章并不是很多见。因此，新闻工作者要提高分析问题的能力，更准确地预测经济形势变化，要有前瞻意识，才能把握总的经济发展形势。受众对于财经报道前瞻性的需求一般集中在以下三个方面：一是对国家经济政策的正确解读，从而获得有益的信息资源；二是对国家经济形势的正确判断，受众总是希望财经报道能反映经济的走势，从而与自己的切身利益联系起来，得到可供参考的分析性信息来做出决策；三是对财经问题的正确分析，受众迫切希望媒体能够对财经问题进行有针对性的分析，为其解惑。诚然，经济形势错综复杂，想要从事件的表面解读出正确的信息确实困难，但这也正是财经报道的任务所在。

第二节　财经报道应采取的对策

一　明确的定位，解决"给谁看"的问题

随着市场经济的发展，财经新闻的报道占有越来越重要的比例。不仅

是在财经类报刊中，就是在综合性的报刊、非经济类的行业报刊中，财经新闻占据的报道空间也越来越大。如何搞好财经报道，成为摆在每一家媒体面前的重要问题。搞好财经报道首先要解决财经新闻"给谁看"的问题，也就是受众定位的问题。

（一）受众定位

财经报道在定位受众时要注意以下三个方面。

一是应该和媒体的整体受众定位相联系。以报纸为例，传统党报的读者一般以党政机关、企事业单位的职工特别是办公室工作人员居多，离退休老人出于一种"阅读惯性"自费订阅的也不在少数。都市类消费类报纸作为报刊新锐，更多的是对准城市新生代。在文本风格上，传统党报比较稳重，而新锐报刊则追求鲜明的自身风格，经常有不按常理出牌的现象。在发行渠道上，传统报纸更多地在扩大订阅面上下功夫，而新兴报刊则一般从一开始就将零售市场作为主攻目标之一。按照这个特点，财经报道在新闻和版面的取舍上，就要和报纸总体定位相联系，有所为有所不为。传统类型的报纸在报道内容的取舍上应当以权威性为自己的第一选择，而其他报纸出于占领零售市场的需要，加上流动人口的阅读取向又比订阅户难把握，因而可以更多地刊登不那么具有官方意味的"参考"性文章。

二是应该和媒体所在的传播区域内的整体经济发展水平相适应。仍以报纸为例，任何报纸的发行都有地域限制，地方报纸更不用说。这样，财经报道就应当考虑某地的经济发展状况，对过于脱离当地发展层面的报道可以舍弃。人均年收入和家庭年收入是两个比较重要的指标。统计学上的平均概念，反映了当地多数人的收入状况。财经报道应当围绕这个人群组织内容报道。

三是应当与媒体自身的价值追求相一致。目前有关报纸广告的"有效读者"问题日益引起关注。简而言之，报刊的发行量与广告的有效阅读量并不一定成正比。因为在目前报纸的低价状况下，看报的未必有消费能力，有消费能力的未必看你这张报纸。如果一张报纸最后仅仅是市民茶余饭后的谈资来源，不能吸引对广告投放有决定权的企业家，则无论发行量多大，其广告来源只能是商业类企业的促销广告等。如何让报纸在服务多数读者的同时，逐步增加对企业经营者和管理者的吸引力？财经报道有必要在跟着读者走的同时，还要适当地引导读者跟着报纸的总体战略走。当前，适当地提升财经报道的层次可能是一条可行的路子。

（二）主动定位

主动定位是说，财经新闻能引导受众参与到财经媒体的传播活动中。

在后工业社会的条件下，受众实际上已成为一种商品。财经报道实际上成为一种联结受众和广告商的"媒介"，诱使受众参与到传播活动中来。在财经报道领域，使新闻成为媒介的核心要素是消费和储蓄。从一般意义上讲，人有了钱之后，一则用于消费，形成需求面，进而刺激生产（供应端），把经济活动带入良性循环；一则用于储蓄，使银行利率相应降低，刺激投资意愿，增加就业机会，把经济活动带入良性循环之中。在《今日美国》的财经版上，一切新闻都能经过这种思维变成消费性的财经新闻。比如一场干旱过后，它就会报道农产品价格上涨及由此引起的进口、股市等方面变化的信息；一项政策出台或一次政府人事变动后，它便立即显示股市、就业等方面的信息；一次气候的突变发生后，它又会挖掘出种种商机。目前国内的财经报道缺乏这样的"联想力"和"深度"，既有我国经济和国际经济的关系不够密切的原因，也有编辑记者自身的综合素质问题。

无论是受众定位还是媒体自身定位，贴近普通受众也好，提高层次也好，说到底就是财经报道给谁看的问题。显然，拿救济金的人一般不会关心美元为什么会下跌，没有存款的人也很难对房产行情有多大兴趣。总之，财经报道的定位需要我们改变观念，因为在受众细分化的今天，办出一个给所有人看的版面本身就是一个超出编辑部能力的要求，对财经报道来说更是如此。对报道对象的选择，对报道所提供的知识层次的确定、信息量的取舍，都应当有一个可操作的参照。

二　正确处理财经报道中的数字

在财经报道中，数字往往是不可缺少的重要组成部分。从新闻事业发展的历史来看，数据在新闻中的运用兴起于公元前 59 年古罗马恺撒大帝创办的《罗马公报》。这份欧洲最早的手抄报纸除刊登一些政治、军事、体育及社会新闻外，还刊有罗马人民大会的公民投票记分情况。[①] 我国新闻报道中的数据运用始于 1833 年创办的《东西洋考每月统记传》。而从我国

---

① 张隆栋、傅显明：《外国新闻事业史》，中国人民大学出版社，1988。

近代新闻的发展史看，数字新闻的雏形始于《申报》。1872 年 4 月 30 日，由英国商人创办的《申报》刊登了大量价格动态、行情等包含大量数据的经济新闻，并在 1876 年在我国新闻史上第一个运用数学和统计原理刊登了新闻图表，奠定了其在我国新闻史上的历史地位。

（一）数字在财经新闻中的地位

1. 数字本身就是新闻

财经新闻很多时候是由一两个数字引出的。每年的全国"两会"，都会有一个全年经济增长预期目标。在年末，这一目标有没有实现，具体的增长速度是多少，则又是一个热点。许多媒体在这些数字上会大做文章，进行深入分析报道。老百姓很关心这些数字，因为通过这些数字，老百姓可以很清楚地知道中国目前的经济发展处于什么样的状况。事关全局的经济数字，是新闻。在某个局部领域里的经济数字，对这个局部领域里的人来讲，也是新闻。地方统计局就是提供局部经济数字的部门，比如地方 GDP 增长、工业经济增长、人均居民可支配收入、居民储蓄、贷款余额等。这些数字在特定的时间、特定的区域，都可以成为新闻。只要留心一下，发生在身边的数字新闻还真不少，比如学费涨了、水费涨了、电费涨了、话费涨了等。抓住身边这些数字的变化，我们可以写出很多鲜活的财经新闻。

2. 数字是为某一个新闻主题服务的

数字本身除了是新闻外，更多是在财经报道中被运用，处于配角地位。以 GDP 增长为例，增长速度是新闻主心骨，但为了把它分析透，还得用另外一些数字来说明，比如国内消费需求数字变化、外贸出口数字变化、国内基本建设投资数字变化等。在产业新闻报道中，为了说明一个企业的业绩，说好也罢，不好也罢，最有说服力的，往往还是数字。

（二）财经新闻中数字的运用误区

1. 数字的简单堆砌

在一些财经报道尤其是宏观经济报道中，经常会看到一长串密密麻麻的数字，就像统计报告一样（有些报道也许就是统计报告的节选）。比如工业经济运行报道，很多记者都是这么写的：实现工业总产值多少，同比增长多少，接下来又是技改投入多少，新产品产值多少，各行业产值多少等。这样的报道很准确，但受众却很难将这些数字与自己联系起来。数字越多，可能越能说明问题，但也让自己的报道与受众的距离越来越远。

2. 数字过于追求精确

在经济发展状况的调查统计中，往往都是精确到小数点后两位，连百分比也是如此。记者如果写稿时也做这样的处理，只会使本来已经够多的数字显得更复杂。对一些不是太重要的数字，一些记者为了追求准确，也往往如实抄录。如果是四位数字以上的数字，受众很难一下子看清楚。精确如果无法达到传播的目的，也就失去了意义。

（三）对财经新闻中数字的处理方式

1. 避轻就重

虽然用了一些数字，可以增加一些说服力，但新闻报道的第一目的是让受众接受。如果用了这些枯燥的数字让受众厌烦，那么宁可不用数字。只要不是作为报道主体出现的数字，总是可以做一些选择的，如哪些一定要用，哪些不一定要用，哪些肯定可以不用。有了这样的选择，我们就能将数字减少到最少。这样一来，报道就会精练起来，可读性也会强起来。

2. 巧做换算

受众怕数字太多，原因就是数字太"虚"，让人有些摸不着头脑。这时候，对数字进行一下"实化"处理、予以换算是必要的。比如中央台《经济半小时》在报道洋医院消费时，说到他们那里生一个婴儿需要6000美元。为了让受众对这一数字有个更具体的认识，紧接着做了一下换算，"相当于普通医院顺产16个婴儿的费用"。这样解释，受众一下子就可以理解洋医院的消费是什么样的档次了。这一作用在这里我们称为数据运用的具象化作用。日常财经报道中经常使用的各种图表、统计列表都起到了这种把复杂事情说简单的作用。

3. 变精确为模糊

在数字太多、太长的情况下，报道完全没有必要去追求精确。比如一些百分比，95.6%完全可以写为96%，80%在必要时可以写为八成；一些长数字，如2983完全可以写成近3000，29836完全可以写为近3万。经过这样的处理，虽然数字精确度下降了，但并未改变报道的准确性，看起来也明了许多。

4. 换个角度说数字

有时候受众不喜欢财经报道中的数字，是因为这些数字都是游离于他们的生活之外的。记者没有找出与他们相关的数字，站在他们的角度去说话。换个角度，重新去审视经济生活中的数字，也许我们的财经报道就不会那么枯燥。

三 财经报道必须注意提供实用的信息

财经报道区别于其他新闻报道的一个特殊性就是它具有更强的实用性，大到传播一项新的经济政策，小到为受众提供一条市场信息，都具有极强的实用性。这种实用性，既说明了财经报道对社会影响的深刻性，也说明了人们对于财经新闻的需要程度。实用性是财经报道提升自身竞争力的关键要素之一。然而，对于财经报道实用性这个功能，新闻实践中表现为两个极端：一个是否定实用性，走向一个极端，出现图解党的有关经济政策的新闻；另一个是由片面强调"实用性"，进而走向另一个极端，出现"有偿新闻"，或者叫"广告式新闻"。这两个极端，归结到一点，就是脱离群众，违背财经报道的基本原则和基本要求。

图解政策的财经报道，是以政治形势的宣传口径为转移的。一旦党的一项新经济政策下来了，记者们便去寻找适合宣传口径的例子加以报道。这种报道背离了经济规律，常常与客观现实不相符。因此，有效地传播新出台的各项经济政策，是新闻媒介不可推卸的职责。财经新闻所传播的信息，必须既具备新闻价值，又具备一定的实用价值。新闻价值是财经新闻存在的基础，实用价值则是财经新闻表现出的一种功能上的属性。财经报道的内容决定实用价值是其最可依赖的重要因素之一。

财经报道的有用性除了所报道的新闻内容外，首先表现在新闻的时效性上，一条时效性很强的财经信息，可让受众有一定的收获。同样，一条过时的财经信息却会对受众产生一定的不利影响，甚至让受众受到经济损失。财经报道的有用性还体现在其新闻的公信力上。一是指报道的事实必须是真实准确的，不能有丝毫偏差。只有真实准确的经济信息，才会对读者有用。二是指报道的财经资讯在当时是真实准确的，时过境迁，可能有了逆转。媒体就应当及时纠正此前报道的不当之处，帮助受众了解情况。

四 财经报道应当求新求活

财经报道的创新有许多条途径，例如新闻价值创新、写作形式创新、思维方式创新等。其中，最直接的创新途径应是认真研究目前财经报道中普遍存在的问题，然后对症下药，有针对性地解决这些问题。

（一）财经报道的创新

1. 报道角度：记者应有全局经济观念，避免孤立地从地方经济出发衡量经济现象

世界市场向中国打开了，但这并不意味着从此我们就可以拥有一个完全自由公平的贸易环境。一些国家为了维护本国利益，不惜设置新的贸易壁垒。与此同时，我们的政府和企业也可以利用世界贸易组织的有关保障条款，借鉴国际上的通用做法，用合法手段保护自身利益。自我国正式加入世贸组织以来，与贸易直接有关的各种新的经济事件就不断出现。在报道这些经济事件时，应该时刻注意与国家经济全局保持一致。2000 年 3 月，美国正式启动限制钢铁进口的 201 条款，对包括中国在内的欧盟、日本、韩国等几个世界主要钢铁出口经济体实施最高高达 30% 的高关税政策。一位见习记者随即采写了一篇稿件，大意是说 201 条款波及钢材市场，但钢材价格下跌给本市相关产业带来新的机遇，是个降低成本的"利好消息"。应该说记者能突破地域界线，用全球性的眼光关注本地经济，有值得赞赏的一面。但美国的 201 条款导致大量低价钢材涌入我国，短短两个月时间给中国企业造成 12 亿美元的损失。我国政府为此成立专门应对小组，对美国实施相应的关税措施，这是我国加入世贸组织后首次利用世贸组织的有关条款解决贸易争端，具有重要的象征意义。这位见习记者的报道就缺乏全局观念，仅从地方经济的小利出发，忽视了整个国家遭受的经济损失。面对复杂多变的国际环境和日益激烈的国际竞争，记者必须大局在胸，权衡轻重，冷静判别，从党和人民的根本利益出发把握报道，树立大局观，要有全国和全球意识，主动引导社会舆论。

2. 报道方式：多做解释性、分析性和调查性报道，拓展报道的思想深度，避免就事论事、泛泛而谈

一项重大经济举措的深远影响远远超过经济本身。全球经济一体化以后，我国公众的价值观念也将受到巨大冲击，人们对新闻媒体提供信息的内容和方式的要求也相应发生转变。过去我们的经济报道偏重于反映个别企业的日常生产、政府的一般工作，动态性和工作性的稿件比较多。加入世贸组织以后，经济环境日益复杂，出现许多全新的课题，人们渴望了解新闻事件背后的深层次原因、症结、出路、对策等，浅层次的、纯动态性的报道很难打动读者。财经报道应该顺应潮流，多做有思想深度，能揭示事物本质的解释性、分析性和调查性的报道，引导受众对新的经济现象、经济活动、经济问题进行思考和分析。温州金属外壳打火机占据欧洲市场95%以上的份额。欧盟欲通过对中国打火机出口欧洲设置技术壁垒的 CR 法规，自然会引起温州打火机行业的高度关注。2003 年 3 月，温州打火机协会组成"中国民间第一团"，在中华人民共和国对外贸易经济合作部进出口公平贸易局有关领导的带领下，前往欧洲交涉。这一重大新闻事件当然是新闻报道的焦点，各媒体都密切关注"游说团"的情况和欧盟关于通过 CR 法规的投票结果。在抓住动态性报道的同时，《温州日报》刊登了深度报道《根本出路在自己脚下》，提出加入 WTO 以后，我们要学会保护自己，同时，适应形势，提升产品质量和档次才是根本出路。经济版记者还以此次事件中温州烟具行业协会走在贸易战的第一线为由头，采写了《加入 WTO 后，行业协会有何作为？》的连续报道，本地的另一家报纸也刊发了《CR 法规为我市打火机产业升级提供契机》《企业自身应尽快脱胎换骨，攻克安全锁技术难题》等报道。这些报道不但提出了问题，而且寻求解决问题的办法，从而给企业、读者以思考和启迪。

3. 报道思路：与时俱进，避免思维定式

财经新闻记者在采写稿件时一定要了解这些文件，避免说"过时话"，引起不必要的麻烦。比如从前有关部门规定，政府采购本地企业产品优先。这就违反了世贸组织的原则之一——无歧视性。世贸组织成员无条件享受最惠国待遇和国民待遇，企业只要在中国土地上，都享受同等待遇，不再有国内国外之分，更别说市内市外之分。其实，全球经济一体化后，相同的危机能否有不同的解决办法，权威的经济学家又有何见解呢？如果报道能跳出窠臼，把此次事件放在新的背景下分析，做出不同的选择，可能会更有深度，更能满足读者的阅读欲望。

4. 写作技巧：增强报道的可读性，避免过多地使用专业术语

涉及专业术语，最好采取典型事例分析的方式来增强报道的可读性。比如温州某企业出口的一批怀表被美国海关退回，而与怀表同装在一个礼盒里的刀具，却顺利过关。原因是怀表违反了 WTO 规则的之一——《原产地规则协定》。该协定规定，进口货物必须标明原产地，而该企业出口的怀表却没有贴上"MADE IN CHINA"（中国制造）的标签。通过

很简单的一个例子，我们就向读者传达了 WTO 的一个规则，给读者的印象也很深刻。

（二）增加贴近性，提升亲和力，探索使财经新闻变得清新活泼的新路径

1. 新闻选题具有一定前瞻性，抓时代前沿的新闻素材

一是要善于抓经济发展中刚刚萌芽的社会苗头，让受众从感性上觉得财经新闻的确无处不在，与自己的生活息息相关。二是善于剖析经济建设中出现的各种新的社会现象。三是善于抓经济工作中大众关心的社会热点问题。提出经济工作中的社会热点不仅能够最大限度地吸引受众的眼球，而且能形成大范围的受众效应。

2. 推出系列报道，并用"国计""民生"方式进行解读

所谓"国计"，是指财经报道的采写，要能找到财经事件背后的政策原因，要能分析今后的经济走向，要跳出拿"财经事件"本身说"事"的常规写法。找出背后的政策根基、制度基础，从而增加财经报道的厚度与知识含量。"民生"是指善于找到经济事件与百姓生活的联系。一个财经事件到底与百姓有没有关系？在哪些方面有关系？如何趋利避害？等等。

3. 采用"故事化"手法处理财经新闻深度报道

为了避免"玄化"，财经报道可以选择"故事化"处理。要在"玄化"与"故事化"二者之间找到一个最佳平衡点，一方面，财经报道需要必要的"玄化"（指需要一定的学术含量），以增加报道本身的"权威感"；另一方面，在避免财经报道"玄化"倾向后，在进行"故事化"处理时，也要有所节制与选择，不能为了追求故事性而写故事，从而将财经报道引向媚俗与琐碎的歧途。

4. 将"视觉新闻"写作手法运用于财经报道

"视觉财经"已经成为财经新闻发展的新方向，用"图片""图像""声音蒙太奇"来建构财经事件，把观点、态度暗含在视觉表现中，将枯燥的财经报道形象化处理，将理性的财经新闻感性化处理，以此来增加财经新闻的"可视性"与"可读性"。这不但能够使财经报道获得应有的广度与深度，更重要的是能够增强财经报道本身的贴近性与生命力。

5. 增加深度分析报道的比例，开设专栏评论，提供分析独到、富于启发性的文章

现在很多的深度报道都会加进记者的评论，这些评论往往能够反映记

者的真实水平。针对同一问题，记者的评论就能做到耐人回味。有这样一句话："作品是掩盖不住一个人的品质和水平的。"好的财经新闻一定会有很多分析性的东西，比如对经济形势的分析、对国家政策的解读、对商业机会的分析。记者要带着自己的头脑去报道东西，一定要有自己的分析，不要只做传声筒，没有分析的文章是不会受欢迎的。

五　让人成为财经报道的主体，多使用人物引语

财经活动始终是人的活动。由于财经报道有用性功能的增强，财经报道中人物的言语将会对目标受众产生一定的影响。因此，人物话语如何被记者有选择性地进行叙述和怎样进行叙述颇为重要，其极有可能会影响到记者传递财经信息、阐释财经的内容，甚至影响目标受众的经济选择。直接引语的使用能够使财经报道增加一缕亮色。

（一）降低财经报道的专业难度，增强报道的可读性，增强受众的新鲜感

使用直接引语时，记者的叙述频率明显放慢，叙述集中于某个时间某个人的说话状态，引语叙述时间基本与实际事件发生时间在频率上同步，而且受众被引入新闻事件发生时的语境。到了间接引语时，由于经过了记者的总结，用词减少了，呈现节俭的特点，叙述速度得到了加快，受众的心态又发生了变化。而一旦转入记者对事件的陈述时，叙述频率和语境又进入起初状态。这种迭变在文中的使用，可以刺激受众的阅读神经，使其产生新鲜感。

（二）表述事件涉及几方的引语，使报道更加平衡、全面、丰富、理性

经济事件常有多层联系，错综复杂，当事的几方都出来说话了，对事件发言的人越多，观点就越多。财经新闻的主流读者以男性、中青年成功人士、学历较高者为主，他们在阅读时往往不仅不会因说话的人多而迷惑，反而会觉得可参考的信息越多，对事件的来龙去脉了解得更为全面，这也间接拓展了报道的深度。同时，多种不同身份的人出来对事件进行表述，可以避免记者直接出来说话而遭反感，使报道更显客观冷静。

（三）可以对记者的观点与分析进行佐证，增强报道的客观公正性

记者往往是财经现象的旁观者，对某一经济事件的涉及难免有限。直

接引语可以原创性地再现人物的讲话，而记者更多地处于一种记载的状态。直接引语实现了一种"同期声"的效果，保真性较强。在财经写作中，适当地保留一些人物精彩、有特色的话语，可以使文章增色，可读性增强。坚持人物话语的真实性是第一位的，在使用引语时，要尽可能不要断章取义，不要因自己的主观意志而不惜使人物话语失真。使用引语的指导原则应是出于叙述的需要和读者阅读的方便。[1]

六　在报刊财经报道中应尽量多配发图片

在激烈竞争中，如何抓住更多受众的"眼球"，将"注意力经济"进行到底，是财经新闻工作者面临的一大挑战。而图片则日益成为财经报道中越来越重要的角色。图文并茂的报道往往会成就引人入胜的版面。比如财经新闻由于其概念的独特限定，常常是内容含量丰富，却容易缺乏灵活多变的形式和吸引更广泛读者的亮点，而直观、生动、准确的图片配发往往能恰到好处地弥补财经新闻的这一缺点，而且还可以与财经新闻的文字稿相得益彰，将其特色发挥到极致。

（一）在财经媒体中配发图片的种类

在新闻报道中，配发图片的类型通常有三种：照片、图画和图表。

1. 照片

新闻报道中最常见的配发图片，主要包括新闻照片和一般生活照片（艺术照片），其中新闻照片是最为常用的。这些照片通常是紧紧围绕着主题，聚焦财经问题的焦点，抑或围绕报道的核心人物、事件发生的建筑物，抑或围绕引人联想的标志性事物以及事发当时当事人或局外人的反应等，可帮助财经读者在瞬间抓住报道的主题。

2. 图画

图画是新闻报道配发图片中包含种类最多的，如插画、漫画、速写、连环画、国画、油画、水粉画、版画、剪纸、雕塑等。其中，以头两种最为多见。插画，又叫插图，是插在文字稿中的图画。它形象地说明文章中的某个或某些重要内容，以增强感染力，加深读者对文字稿的理解。由于插画常常根据文字稿的内容进行"再创作"，因此插画有时还可以具有独立的艺术

---

[1]　倪洪江：《人物引语如何为财经报道增色》，《新闻与写作》2004 年第 7 期，第 15 ~ 17 页。

价值。漫画，作为图画的一种，是具有讽刺性或幽默性的绘画作品。它从现实斗争和生活中取材，通过夸张、比喻、象征、寄寓等手法，表现主题事件或人物。作为世界顶尖级财经类期刊的代表之一，英国的《经济学家》杂志在业界长盛不衰、独树一帜，它的漫画就非常闻名，颇有可借鉴之处。

3. 图表

图表在财经报道中极为常见。财经新闻的专业特点使得报道中必须运用大量的数据进行展示和论证。而图表通过不同的样态，往往可以将抽象的规划具体化，将枯燥的数字形象化，将分散的内容整体化，将平面的文字立体化。比较常见的图表有线图、饼图、柱图、架构图等。

（二）图片配发的作用

1. **恰当的图片可以形成强大的视觉冲击力，增加财经新闻的力度**

"一图胜千言"，能够使版面在各类繁多的财经报道中脱颖而出。随着报业、期刊业改革的不断深入，业内人士在用稿观念上逐步由"重文轻图"向"图文并重"转变。大胆地配发图片，将图片由"配菜"推到"主菜"的地位，尤其在一版上注重了图片新闻的编排，增强了形象新闻的意识和版面的视觉冲击力，吸引了大量的读者，也给读者以美的享受。以《经济观察报》和《21世纪经济报道》为例，从2001年4月16日至2003年4月16日，《经济观察报》有70%的头条新闻配发了图片，其中，照片占58%，图画占30%，图表占12%。同一期间，《21世纪经济报道》有62%的头条新闻配发了图片，其中照片占80%，图画占4%，图表占16%。这两家报纸是运作较为成功的新生代平面财经媒体的代表。通过分析它们配发了图片的头条新闻占所有头条新闻的比例以及配发图片类型占所有图片比例的统计数据，可以看出配发图片在财经报道中的重要地位。

2. **图片有实证作用，从侧面印证财经新闻的可信度**

图片证明了历史和远方的事物的确凿性。语言文字往往在很多时候的实证作用不如图片。在此项功用上，照片的作用最为明显。例如，在金融界出现大的波动时，财经报道常常配以实地照片，生动传神地揭示某股票交易市场内各色人物纷繁复杂的情状。又如2004年5月3日出版的美国《商业周刊》亚洲版封面文章《中国是否面临危机?》（"China Headed for a Crisis?"），文中配发了六张实地照片，分别是北京、上海、宁波的各类购物中心、银行、超市、工厂及正在建设中的建筑物等。此外还配发了五张中国金融界顶级人物的照片。这些照片起到了"百闻不如一见"的作用，为文章提供了丰富的背景材料和客观影像，具有很生动的实证作用。

3. 图片可以有效地突出财经新闻的独特魅力，强调专业性，尤以图表为最强

图表往往为财经报道带来"化腐朽为神奇"的力量，将财经魅力发挥到极致。数字是经济报道最直观、最富说服力和生命力的要素。事实如果通过数字表现出来，能减少偏见和错误，并且引发、刺激受众的兴趣。几乎所有财经报刊都在尊重事实、注重理性分析的基础上，广泛地运用规范化的统计数字和图表来增强文章的说服力和权威性。2004 年 7 月 24 ~ 30日，英国《经济学家》上有一篇题为《令人惶恐的平静》（An Eerie Calm）的文章，谈论的是近期金融市场波动缓慢，建议投资者谨慎出手、静观其变。文中配有一图表，显示 1996 ~ 2004 年金融市场波动指数的曲线发展，不仅为文章提供佐证，而且引发读者思考，极具专业参考价值。

此外，配发图片还可以增加趣味性，增强财经新闻的整体可读性。英国《经济学家》从创刊以来就坚持使用精彩动人的漫画和插图，这些图片凭借其艺术表现力，不仅常常成为照片的替代品，而且具有独到的、发人深省的作用。近年来，国内财经报道也越来越多注意配发图画，使版面越发生动有趣，充满活力，更具亲和力。

（三）图片配发的应用

在实际应用过程中，必须遵循一定原则，保持图片的真实性、思想性、艺术性和实用性，以求将最真实、最直观的主题呈现在受众面前，为主题画龙点睛。

图片必须具有真实性。在编辑过程中必须识别并摒弃拼凑甚至伪造的图片。这一点是支持财经报道真实性的前提，只有这样才能坚持新闻真实性这条生命线。而且图片的使用必须恰当，要防止一切可能的"议程设置"，避免误导受众。

图片要有思想性。要审核图片是否能突出文章的重点，而且图文要丝丝入扣，不可脱节，不能在枝节地方配以枝节的图片，使得重心偏离。为财经报道配发图片更要如此，只有做到宁缺毋滥，才能避免画蛇添足地破坏财经报道的专业性，才能有效提高其可读性。

图片要有艺术性。成功的图片配发绝不仅仅是图解文字或者把文字翻译成图片，而应该是在报道文章内容时进行艺术再创作。财经报道的文字稿规定了图片内容，却不妨碍图片在构图、角度、形象、层次等诸多方面的艺术创作。而且好的图片，尤其是简洁明了的图表和诙谐幽默的配图，往往还能进一步引发人的联想和深思，和文章彼此呼应、相得益彰。

图片还要有实用性。这主要是指在满足以上原则的基础上，从编辑的角度讲，图片的选择还应该便于制版，保证印制出来能获得清晰美观的效果。这一点从报刊的整体美观上讲也是极为重要的。

总之，成功的图片配发可以使财经报道更加深刻、鲜明、生动、朴实，同时还可以帮读者用自己的眼睛去亲自感知财经世界。[①]

七　财经报道的故事化处理

所谓故事化，是指在客观真实地报道新闻事实的过程中着力挖掘新闻事实发生过程中与众不同的细节、情节，并用生动有趣的语言将其表现出来，改变新闻作品长期以来平板无趣的模样，引起受众阅读（收看、收听）的兴趣，进而达到让他们觉得喜欢、可读的目的。也就是说，新闻故事不是一般意义上的故事，它是建立在新闻事实基础上的"故事"，是新闻基本要素俱全的"故事"，确切地说是以故事的手法将新闻事实信息进行处理，将其变成有故事的新闻。

（一）财经报道故事化的几种表现方式

财经报道故事化的现象早已有之，学者倪洪江在《把财经报道当故事来说》中将其方式归纳为以下几种。[②]

1.《华尔街日报》式

《华尔街日报》式即与新闻有关的人物 + 人物所涉及的新闻 + 深化新闻主题 + 回到人物或总结。这种方式已经被广泛运用。这种报道采用微观切入的方式，通过对某个家庭、某个普通百姓的经济生活故事进行叙述，进而引入经济主题的报道。采用这种方式时故事只是主题中的一个现象，与主题是次要关系，没有这个小故事，新闻报道一样可以成立。但有了故事，可增强报道的可读性，出现在文章开头更可以吸引读者阅读。

---

① 曹玥：《浅谈图片配发在报刊财经报道中的作用》，《新闻与写作》2004年第9期，第25~27页。
② 倪洪江：《把财经事件当故事来说》，《新闻与写作》2004年第10期，第31~32、34页。

2. "典型家庭"式

英国学者尼尔·T. 加文认为，在报道国家经济新闻时，由于涉及许多统计数字和专用术语，电视新闻便采用"典型家庭"式，通过反映经济对一个家庭的具体影响，使国民经济向"个人化"转变，与观众的日常生活联系更密切。[①] 他举例说在一则报道英国失业的电视新闻中，记者选择从某商业大街里的一家面包店的故事切入，说明经济衰退正产生了更为广泛的影响，因为此城市商业大街和其他各地一样缺乏自信心。这种报道方式与《华尔街日报》很相似，但不一样的是电视画面的特殊性，观众不可能长时间地听长篇抽象理论分析。在一则财经报道中，典型家庭（人物）的画面往往占了大半的篇幅，而专家或记者对主题的叙述往往简明扼要。抽去了故事，报道几乎无法成立。

3. 财经故事式

新型财经媒体（以《中国经营报》《21 世纪经济报道》《经济观察报》《财经》杂志为代表）很擅长做财经故事。比如说中国电信在香港地区上市、美国发生电信业的大并购时，就有人很专业地写出了吸引人的财经故事。剖析这样的财经故事，他只不过是把并购过程作为一个戏剧过程来写。先写出每一个环节、每一个过程、每一个人所起的作用以及当事人的心理感受，再写出与此相关的其他人可能受到的影响。这类财经报道的全文就是一个故事。故事是报道主题的完全载体，没了故事就没了新闻。故事性成了报道的主要价值之一。从报道题材而言，公司的发展经历、财经人物的风云创业史、企业间的竞争是做成财经故事的好素材。这往往是一种案例式的报道，如果说全局性报道是在广延性上下功夫，那么案例性报道则是抓报道的关键点，并对该点做深层次的挖掘与剖析，从而达到以点及面的作用。比如说，从一个具有典型性的具体案例切入，报道一个行业存在的共性正是《财经》杂志的长处。从其封面文章中，我们可以看到大量的这种报道。

4. 市民财经故事

一些面向普通市民的都市类报纸的财经版也很擅长做微观经济介绍与建构产品故事，帮助读者认识市场，从这个角度吸引读者，帮助读者从更

---

① 〔英〕尼尔·T. 加文：《经济、媒体与公众知识》，陈国雄等译，江西教育出版社，1999，第 97 页。

经济地消费的角度进行微观经济分析，用与某种产品的消长有关的故事体现记者对经济和社会的一种认识。如浙江当地一家媒体采用了讲故事的方式进行报道，如《四个白领的购房故事》《穷人买房》《谁煽动了我们的购房焦虑症》等，形象地分析了杭州房产市场的房价虚高现象。

（二）财经报道故事化倾向的缘由

1. 新闻报道"软"化带来的影响

根据 1998 年美国新闻工作者协会和新闻服务局合作研究《纽约时报》《华盛顿邮报》《今日美国》《洛杉矶时报》在 1977～1997 年共 20 年新闻报道的状况，发现头版新闻中硬新闻从 1977 年的 60% 下降到 1997 年的 30%，软新闻从过去的 8% 上升到 25%。[①] 不少学者指出西方传媒正盛行"新闻故事"，即将新闻尽可能故事化。这种方式尽管可能会使新闻、纪录节目和娱乐节目间的界限变得模糊，一批基于事实加上许多合理想象的杂志性新闻节目纷纷出笼，但不可否认的是，这种新闻的处理方式得到了受众的欢迎。在国内，一些都市类新闻正集中大量注意力在"新闻故事"的挖掘报道方面，这对其他类新闻（包括财经新闻）是冲击也是挑战：各类新闻必须注重形式，要以受众喜闻乐见的形式出现，新闻才能达到更好的传播效果。

2. 故事化手法报道可以增强财经新闻的可读性

大量事实已表明，"新闻故事化"成为记者在新闻采写中运用得越来越多的一种方式，这种方式可以弥补财经报道过于专业化与枯燥的短板，给新闻报道增添趣味性，使人感到妙趣横生，过目不忘。

3. 财经故事能够覆盖更广的读者群

财经故事十分好读，能够满足不同层次读者的需求，使高层次的读者能读出财经故事背后的深层次内涵，获得大量的未知信息，而较低层次的读者则将读财经故事作为一种消遣。财经报道通过讲述财经故事，使各个层次的读者各取所需。如《中国经营报》的《与老板对话》专刊，读者就完全可以从多个层次去解读文章，即专业读者从中见到对投资机会的分析，一般读者从中见到戏剧化的故事或者是参与做发财梦。《与老板对话》的读者群呈现跨层次的特点。

---

① 李良荣：《当代西方新闻媒体》，复旦大学出版社，2003，第 216 页。

（三）故事化的财经报道的注意点

1. 财经报道故事化叙述的适应范围

并非所有财经报道都一定要将其写成有趣曲折的故事。这要考虑到几个因素，首先，是媒体自身定位，如在官方的金融类日报上出现大量故事化的报道是不可思议的。其次，一则简短的财经消息也没必要刻意去找其中的故事，那样会影响报道的时效性，同时让读者觉得报道拖泥带水、冗长复杂。一般而言，那种时效性不是很强，能以通信、人物专访、特写等方式报道，同时注重深度报道的题材，注重其故事化叙述会给报道增色不少。

2. 文学性与新闻性的冲突

故事化的新闻写作手法使财经报道呈现勃勃生机。然而，新闻故事化手法突出强调趣味性、人情化和矛盾冲突，注重新闻事件的画面、细节，重在技巧的运用，这对新闻的真实性无疑构成了一种潜在的威胁。所以记者在运用故事化手法写新闻时，要具有较强的新闻意识，从选材到细节的写作都必须符合事实的真相，而不是杜撰。有些记者习惯以自己的生活经验来弥补新闻事实中的不详之处，这种做法是万万要不得的。记者在追求审美效果的同时，不能忽略新闻报道的基本要求，要使作品更像新闻，而不是文学作品。在写作时，要注意对信息的来源进行必要的交代，采用限制叙事方法。在写作过程中，要老老实实地让读者明白，你是如何获知所讲述的新闻事实的。

3. 故事与主题的关系

在报道一则财经新闻时，记者必须明白讲故事的目的何在：是为讲故事而讲故事，还是为说明主题而讲故事。比如说在写关于某上市公司年度财务报表的新闻时，也许你发现该公司做假账及收买从事审计工作的注册会计师的过程颇为有意思，可将其写成一个故事。如果说该公司已被发现欺骗股民并得到了严惩，则你的报道可以写得曲折动人，可读性强一些，满足读者的消遣需求。但如果你是第一个发现报表有问题并采访到其中一些内幕，那你的故事更多是为了揭秘、揭穿虚假行为这样重大的新闻主题而服务。需要注意的是，在电视的故事报道中，由于画面主要是某个人（个别家庭、商店等）的故事，这很容易使观众认为现在所有现象都是如此，故事的选择不当会造成对一则新闻主题的曲解。另外在写作过程中，有时记者会为追求事件的有趣性而淡化主题，或主题本来故事性不强，记者为求故事性而东拉西扯，出现故事与主题两张皮的现象，这只会影响新闻的真实性、准确性。

4. 时效性与故事性

增强财经报道的故事性使得报道者多了一层任务，即除了采访到新闻的"五个W"① 外，他还要去了解事件中的故事。这就要求记者对一个新闻题材花更多的时间，采访的面更广，采访的人更多。这样一来新闻的时效性会受到冲击。对此笔者认为，首先，毫无疑问这种报道使写出来的新闻更加扎实，可读性强，受众欢迎。其次，并非什么新闻都要讲故事，可以早报道的新闻就先报道。最后，对于故事性强的重大新闻可以采取先短消息报道再进行深度后继报道的方式。

八　坚守客观理性引导，站稳中国立场甄别西方观念

目前，舆论传播的格局已经发生深刻变化，尤其是移动互联网的发展，给财经媒体带来了前所未有的挑战和机遇，也对财经媒体提出了更高的要求。财经媒体虽然主要聚焦经济领域，但是也必须增强政治意识、大局意识、核心意识、看齐意识，坚持正确的舆论导向，以高度的责任感和使命感，成为政策主张的传播者、时代风云的记录者。

坚持客观理性引导，重视正面信息传播。在以新媒体为主的网络传播环境中，"标题党"横行，财经报道娱乐化倾向凸显，以吸引眼球为特点的"伪专家"层出不穷。主流财经媒体，更应当秉持社会责任，坚持理性科学的态度，客观地进行分析性引导，提高公众对财经领域的理性认识。把握好理论正确与实践差异的关系，在舆论引导中，重视正面信息的传播，用自己的专业知识解读国家的各项经济政策，判断经济的发展形势，给予受众具有指导性的意见，稳定市场秩序，提振消费者信心。提倡传播正面信息并不意味着对经济运行中出现的问题进行规避，而是要遵循客观公正、真实准确的报道原则，全方位地解读问题，透过现象找本质，对经济风险予以关注，提供全面的财经讯息，并且清醒地判断我国经济的整体格局与未来发展态势，引导舆论，活跃舆论氛围，激发市场活力，促进经济平稳发展和社会的稳定。这是财经媒体义不容辞的责任。

掌握财经报道话语权，站稳中国立场。财经资讯虽然专业性强、抽象性强，但也要坚持正确地引导舆论。财经报道中的导向意识，既体现在把符合

---

① "五个W"，即一则新闻报道必须具备的五个基本要素：何时（When）、何地（Where）、何事（What）、何因（Why）、何人（Who）。

中央精神的我国经济权威之声、准确之意向国内外传播好上，更体现在对境外专业财经资讯、"老到"观点言论的甄别与把握上。这要求财经报道从业者在知识储备、动态追踪、宏观研究和经验积累上不断提高自身的专业水平。鉴于西方媒体在世界信息传播中的强势地位，我国财经报道要保持怀疑态度，不能遵从西方媒体的观点，要善于从财经报道中挖掘和甄别报道事实背后所隐含的价值观和意识形态，发现有亮点的财经资讯，同时站在国家立场，用正确的价值判断和国家立场进行国际财经报道，传递中国声音。灵活应对国外财经媒体的报道，疏导可能出现的偏颇舆论，用清晰的判断力和批判力机警应对国外财经媒体的预设立场，为国家经济安全和民族的利益保驾护航。

第三节 财经基础知识：你不得不了解的金融术语与常识

金融，是有关货币、信用的所有经济关系和交易行为的总称。随着市场经济体制日益发展与完善，金融在国民经济和人们日常生活中的地位与作用日益突出。每一个机关、企事业单位乃至每一个自然人的日常生活，都与金融有着或多或少的联系。

一 你了解"钱"（货币）吗

现代人的衣食住行都离不开钱，也就是货币。但有多少人真正地了解它呢？

（一）货币的基本功能

交换媒介（Medium of Exchange）、价值尺度（Unit of Account）、价值储存手段（Store of Value）是货币的基本功能。首先，货币是一种交换媒介，是帮助其他货物与服务进行交换的手段。其次，它是一种计算单位，就是说我们用钱来测量货物、服务或时间之间的价格并进行价值的比较。最后，它是价值存储手段，是一种资产。我们可以用它把价值储存起来，在以后的某个时刻再取回。这样我们不必现在就把它用掉，而是可以存着钱，把这种消费能力转移到将来的某个时刻。

（二）货币的特性

货币的特性有可携带性（Portability）、持久性（Durability）和可分割性（Divisibility）三种。

从历史上来看，有很多不同形式的货币都因为不能完全满足这三种特性的要求而逐步被淘汰，让位给新的符合这些特性要求的货币形式。古时候，比如在古巴比伦，小麦被当作实物货币使用。人们在交换其他货物和服务之前先要交换一定数量的小麦。后来巴比伦的祭司们发现，他们可以把小麦保存在一个中心仓库中，然后只需要记录下谁拥有这些小麦就可以了。这样就用不着把小麦搬来搬去了，于是就有了在当时条件下很先进的原始簿记制度，也就是分户账。尽管可携带的问题解决了，但进一步的问题仍然存在，也就是持久性的问题。因为小麦随着时间的推移会腐烂，它不是好的价值储存手段。好的价值储存手段当然是贵重金属，比如金银。因此你很容易理解为什么金银会成为一种货币。但是金银最初的形态，并不容易被分割。你不会总带有确切的钱数，或者你无法获得找零。因此可分割性是货币的一个重要特性。不过，随着我们走入了电子货币的时代，这些货币特性的定义也许又要重新被改写。

（三）名义货币（Fiat Money）

名义货币，也叫法定货币。英文是 Fiat Money。Fiat 是拉丁文，它的意思是法令、许可、批准。名义货币在商品的交换中本身根本没有价值，它拥有的只是法律所赋予它的价值。因此，名义货币从它的本质来说可能一钱不值，它的价值只在于它能够被普遍接受。毫无疑问，名义货币是人类最神奇的发明之一。名义货币实际上是把货币形态象征化，也就是货币的实体与面额价值分离，货币代表的价值大于货币本身材料的价值。这也就是每当出现了金融动荡的时候，人们就会纷纷把手里的钞票兑换成老式的、本身拥有价值的货币（比如金银等贵重金属）的原因。

（四）信用货币（Credit Money）

信用货币也就是信用手段（Credit Instrument），或者说是一种当事人双方或多方都接受的信用安排。它包括用以取得信贷的文件、合同或支票、期票、借据等。信用手段是一种契约。它可以被当作货币使用是因为它也有价值。当然，它的价值是建立在它的信用声誉之上的。换句话说，也就是要看人们能够给予这些写成文字的保证多大程度的信任。这种保证可能会以支票或汇票的方式来体现。

二　M0、M1、M2、M3 的含义

当代信用货币是由现金和存款货币构成的。现金包括了中央银行发行的现钞与金属硬币，在商业银行支付业务十分发达的现代社会，现金的使用量在整个社会的交易额中所占的份额很小，绝大部分交易都是由存款货币作为交易媒介来完成的。存款货币是指能够发挥货币交易媒介功能的银行存款，包括可以直接进行转账支付的活期存款和企业定期存款、居民储蓄存款等。各种存款都代表了一定的购买力，都是信用货币的构成部分。但是对它们不加区别地计算在一起也不妥当。因为它们在购买能力上是有区别的。现金和活期存款是可以直接用于交易支付的，而其他存款要成为现实的购买力还必须经过必要的手续，而且中央银行对现金、活期存款和其他存款的控制和影响能力也不同，中央银行在进行货币量统计时，既要考虑货币量统计的全面性和准确性，同时又要兼顾中央银行调控货币量的需要，因此，对货币量进行统计分析时就要划分层次。

按国际货币基金组织的口径，一般情况下，可以将货币层次做如下划分。

M0（现钞）：不包括商业银行的库存现金，而是指流通于银行体系以外的现钞，即居民手中的现钞和企业单位的备用金。这部分货币可随时作为流通手段和支付手段，具有最强的购买力。

M1（狭义货币）：由 M0 加上商业银行活期存款构成。由于活期存款随时可以签发支票而成为直接的支付手段，所以它是同现金一样最具有流动性的货币。各种统计口径中的"货币"，通常是指 M1。M1 作为现实的购买力，对社会经济生活有着最广泛而直接的影响，因此，许多国家都把控制货币供应量的主要措施放在这一层，使之成为政策调控的主要对象。

M2（广义货币）：由 M1 加准货币构成。所谓准货币，一般是指由银行的定期存款、储蓄存款、外币存款以及各种短期信用工具（如银行承兑汇票、短期国库券）等构成。准货币本身虽非真正的货币，但由于它们在经过一定的手续后，能比较容易地转化为现实的货币，加大流通中的货币供应量，故又被称为亚货币或近似货币。显而易见，广义货币相对于狭义货币来说，范围扩大了，它包括了一切可能成为现实购买力的货币形式。M2 层次的确立，对研究货币流通整体状况具有重要意义。特别是对金融制度发达的国家货币供应量的计量以及对货币流通未来趋势的预测有独特的作用。近年来，许多经济和金融发达的国家，就出现了把货币供应量调

控的重点从 M1 向 M2 转移的趋势。

具体到各个国家，对货币层次的划分殊为相异。我国是从 1994 年开始划分货币层次并按照货币层次进行货币量统计的。目前我国将货币划分为三个层次，具体内容如下。

M0：流通中的现金

M1：M0 + 可开支票的活期存款

M2：M1 + 企业单位定期存款 + 城乡居民储蓄存款 + 证券公司的客户保证金存款 + 其他存款

三 何谓"劣币驱逐良币法则""布雷顿森林体系"

格雷欣法则（Gresham's Law）是一条经济法则，又叫"格雷欣定律"，也称"劣币驱逐良币法则"，是由 16 世纪英国金融家、商人托马斯·格雷欣提出来的。当时，市场上流通的是金属铸币，时间长了，人们发现足值与不足值的铸币可以一样使用，于是就把成色好的足值货币（良币）储藏起来，而把不足值的铸币（劣币）赶紧花出去，结果，劣币把良币赶出了市场。这样，市场上流通的货币所代表的实际价值就明显低于它的名义价值了。

后来，人们用这一法则来泛指价值不高的东西会把价值较高的东西挤出流通领域，如盗版软件对正版软件的冲击等。除了商业和金融，其他领域其实也存在"劣币驱逐良币"的现象。比如，官场上，清官可能会受到贪官的排挤；医院里，拒收"红包"的医生可能被看成另类；等等。如果没有良好的道德环境和有效的约束体制，劣币驱逐良币、稗子战胜水稻的事情就将大行其道，对社会造成恶劣影响。

布雷顿森林体系是指 1944 年 7 月在美国新罕布什尔州的布雷顿森林召开的、由 44 国参加的"联合国国际货币金融会议"，通过了以"怀特计划"为基础的《国际货币基金组织协定》和《国际复兴开发银行协定》，总称《布雷顿森林协定》，这个协定建立了以美元为中心的资本主义货币体系，即布雷顿森林体系。布雷顿森林体系的主要内容是：(1) 以黄金作为基础，以美元作为最主要的国际储备货币，实行"双挂钩"的国际货币体系，即美元与黄金直接挂钩，其他国家的货币与美元挂钩。(2) 实行固定汇率制。(3) 国际货币基金组织通过预先安排的资金融通措施，保证向会员国提供辅助性储备供应。(4) 会员国不得限制经常性项目的支付，不得采取歧视性的货币措施。这个货币体系实际上是美元—黄金本位制，也是一个变相的国际金汇兑本位制。

第五章　财经新闻从业者的基本素质

何为素质？《辞海》中的解释是人或事物在某些方面的本来特点和原有基础。由此可以认为，素质是和具体人的行为、行动相关联的，就是说他是如何为人处世，以一种什么立场、态度、世界观去为人处世。记者的素质，就是一个记者在政治思想、道德品质和知识技能等方面经过长期锻炼和培养所形成的素质和能力。记者素质的高低，决定着财经媒体质量的高低。加强记者素质建设，是提高财经媒体质量的前提和关键。媒体是以向公众传播新闻信息为主的定期出版物，而新闻信息是由记者采访写成的。素质高的记者不仅有敏锐的洞察能力，而且能及时抓住问题，采写出高质量的稿件。反之，素质低的记者则难以胜任本职工作。

第一节　财经记者的必备素质

一　记者必备的素质

（一）高尚的品德修养

新闻事业是党和政府密切联系人民群众的桥梁和纽带。党报是党和政府的喉舌，肩负着宣传党的路线、方针、政策，推动社会经济全面发展的光荣使命，担负着"以科学的理论武装人，以正确的舆论引导人，以高尚的精神塑造人，以优秀的作品鼓舞人"的艰巨任务。经历过 1994 年、

1997 年、2009 年三次修订的《中国新闻工作者职业道德准则》，对新闻工作者提出了多条要求，即全心全意为人民服务，坚持正确的舆论导向，遵纪守法，坚持新闻的真实性原则，发扬优良作风，坚持改革创新，等等。除了遵循国家的法律、法规、职业道德准则以外，更要遵守事实、遵守客观原则和新闻规律。记者在选取事实、报道事实、报道科学技术和传播文化知识的时候，一定要把握这样一个尺度，对国家、民族、人民有利的，能够满足人民的愿望和需求的事实，应客观真实地报道。反之，违反国家和人民利益的事，绝对不做。这就是一种守法的修养。新闻工作者的守德，主要落实在遵守职业道德、弘扬职业精神上，就是要用马克思主义的新闻观来看待新闻工作，来认识新闻现象，来确立符合人民利益、符合辩证唯物主义和历史唯物主义的职业观念，培养符合社会需要和自身规范的职业情感和职业作风。

（二）扎实的写作能力

写作，是记者的基本功。记者写作水平的高低，直接影响着新闻事业的发展。美国著名的新闻理论家梅尔文·门彻在《新闻报道与写作》一书中说："记者的素质包括坚持不懈、公正、知识面广、进取心、勇敢、富有同情心。"随后，他又解释道："记者生活于一个混乱无序、纷繁复杂的世界里。然而，他们努力地通过进取心、机智、精力和智慧接近事实的真相，把他们的认识用所有人都能理解的语言和形式表达出来。"对于那些不喜欢写作的人来说，从事新闻工作是一种不合逻辑的选择。英国《泰晤士报》的主编罗伯特·汤姆森说："想出富有独创性的点子，并以漂亮的文笔写出来。""假如你是记者出身，你就懂得怎样很快地就在与人打交道的时候了解对方，特别是了解对方有没有成为一个好记者的潜力。比如看一篇文章，你总能马上看出作者是不是适合当记者，是不是应该劝他永远放弃成为记者的念头，因为他根本不知道怎么写文章，或者说他能写文章，但不知道怎么写才能让读者觉得有趣。还有些人是永远找不到新鲜的东西。新闻工作的主题就是收集信息，假如你发现对方没有这个本事，那就干脆劝他放弃吧。"《卫报》的主编阿兰·鲁斯布里杰说："追求准确性，这是第一位的。再就是聪明、敏捷、能写文章，这是最起码的条件，你非得能写文章不可，而且要写得机智、容易理解，让大家有兴趣读下去，文笔不能糟糕。"《财富》杂志的执行主编里克·科克兰谈到用人哲学时说：

"我们相信'你不仅要说得确切，还要说得好'。"20世纪30年代《财富》的创办者亨利·鲁斯由于招聘作家担任财经杂志记者而受到质疑，因为当时的普遍看法是他应该从华尔街寻找财经专家，他却说"我可以教诗人学会计，却没法教会计师写文章"。这句话奠定了《财富》杂志的基础。

（三）对新闻职业的执着与喜爱

美国田纳西大学新闻学教授、传播学院荣休院长凯利·莱特尔在《全能记者必备》一书中说："对一个记者来说，最重要的素质——除了写作的欲望和能力外，也许就是永不满足的好奇心、灵活及随和的个性、善于总结经验的本领、在截稿期限压力下工作的气质和接受客观事实的宽容心。记者还必须胸怀大志、生气勃勃、意志坚定，而且首要的是能约束自我。"格里高利·法弗里在担任美国报纸编辑协会主席时对协会成员说："记者是一群热爱语言，一直精益求精、心怀敬畏地使用它的人，他们吃苦耐劳，并随时准备被闹钟叫醒。"一份调查报告——《90年代的报纸记者》的作者们称："大量的事例表明，报纸从业人员不仅辛勤工作，而且奉献着对新闻业的最高理想。"

《金融时报》的主编在回答怎么招到人时说："你只要见了他们就能看出来。不仅要有激情，还要有完成任务的能力、好奇心、积极性和聪明才智，这就是我们要找的最基本的素质。"英国《经济学家》杂志的主编比尔·艾默特说："思路必须清晰，表达必须清晰，也就是高质量的思考，然后是高质量的写作，再有就是非常好奇，总想知道这是怎么一回事，为什么会这样，这样会有什么后果。"对于记者为何需要好奇心，《经济学人》的主编解释得很清楚，那就是有了好奇心才会"总想知道这是怎么一回事，为什么会这样，这样会有什么后果"。老报人范敬宜在《如果有来世，还是做记者》中说："我认为有五种人不可以做记者：不热爱新闻工作的不可以，怕吃苦的不可以，畏风险的不可以，慕浮华的不可以，无悟性的不可以。只有热爱新闻工作你才能心甘情愿地去吃苦。"记者的好奇心，应该是支撑一名记者去探索和前进的最本源的动力。因为，唯有好之，方能久之，方能真正深入。面对一件事情，你想弄清楚的，并不简单的是立马想到这公不公平，而是应该考虑它到底是怎么样的、为什么会这样、为什么会这样发展、可能会导致什么样的结果、有什么样的解决之道等。

（四） 逻辑思辨能力

记者还应有比较好的逻辑思辨能力。记者的思维是一种创造性的思维。拥有独特思维方式的记者就能写出鲜活有分量的报道。思维素质是一个新闻工作者学识、阅历、气质、能力等特征的综合体现。记者思维素质的形成，要在社会实践中靠自我教育、自我醒悟、自我提高，而不是靠天赋、靠别人来帮助。要培养记者的思维素质，就要努力提高记者的文化修养和业务能力。尤其是在新时期提倡学者型、专家型记者的条件下，记者的知识面广博显得更加重要。一名好的记者体现在业务能力上应该是语言表达、才华与学识、组织能力、道德情操、写作水平等许多方面，这样才能在新闻竞争中得心应手，完成日常的和重大的采访任务。要培养记者的思维素质，还要经常深入基层，深入社会的各个层面，了解来自方方面面的消息，掌握大量的实实在在的素材，为思维创造良好的环境。

二 财经记者的必备素质

财经报道在所有的新闻报道中是最具有挑战性的。财经记者在政治素质、专业素质和文化素质等方面都有比较高的要求，想要成为一名合格的财经记者应当进行不懈的努力与奋斗。

（一） 要培养过硬的政治素养

具备较高的政治素质是做好新闻工作、当好新闻记者的前提条件和可靠保证。概括地讲，就是坚强的党性和正确的政治方向，以及高度的敬业精神和责任感。具备较高的政治素质，就是要坚持全心全意为人民服务的宗旨，坚持正确的政治方向。用科学的理论来武装自己的头脑，用先进的思想指导自己的言行，不断加强党性修养，树立正确的世界观、人生观、价值观，无论在任何环境、任何情况下，都能坚持正确的政治方向，都能在思想上、政治上、行动上与党中央保持高度一致，做一个政治合格、思想坚定、跟得上时代潮流的新闻记者；始终保持清醒而冷静的头脑，做到大事面前不糊涂，原则面前不让步，高屋建瓴，写出具有科学性、本质真实性的新闻作品，以正确的舆论引导人。正如著名新闻记者普利策所言："如果把社会比作一条航行在大海上的船，记者就是船头上的哨兵，他要随时指出暗礁。"

（二）要培养健康的文化素养

记者应当是"复合型"人才，是建立在广博知识基础之上的"一专多能"的人才。新闻工作者需要接受广博的通才教育。作为一个新闻工作者，他必须懂得与之谈话的人们谈论的话题，必须理解他"报道"的人们演讲的内容，还应该懂一点音乐、戏剧，因为他有可能报道这些东西。如果他对社会学、经济学、历史学、自然科学、哲学、文学和艺术没有一点粗浅的认识，他就只能抓住一些人人都知道的肤浅的东西，使新闻事业成为文化人口中的笑柄。记者的知识面要宽广，覆盖的领域要尽量广阔。这不仅仅表现在社会科学方面，还表现在自然科学方面，记者要尽量成为一个文理交融的通才。记者不可能做到对每一个学科都十分在行，但至少应知道一个大概。出于报道和个人成长的需要，记者又应当成为某一行业报道的专家，具有该专业精深的知识。财经新闻从业人员必须加强自身文化知识的积累。

（三）要培养良好的社会活动能力

财经新闻从业人员应当拥有较强的社交能力，具备与各方面人士沟通、交流的才能，才能融入经济社会中，才能及时发现经济社会中出现的各种表象问题背后的本质，才能克服种种困难，及时发现国民经济中发生的焦点、热点新闻。沟通技巧在记者的采访报道中很重要。财经记者必须经常和一些企业家、经济学家、管理专家、分析师、官员等专业人士打交道，这就需要记者有较强的人际交往能力。既要说服被采访者接受你的采访，又要在写作中向普通读者靠拢。沟通技巧还表现在与编辑的交流上。编辑是记者的领导。好的财经媒体中，通常编辑和记者都有各自明确的责权范围。所以记者应学会在尊重、服从编辑的基础上掌握说服编辑的技巧，共同寻找最合适的报道方式。财经记者的外语能力自不必说，外语能帮助记者在基础调研、学习中取胜，也是采访的利器。

（四）要具备深厚、扎实的经济学知识功底

一个拥有深厚、扎实经济学知识功底的财经新闻从业人员往往能够运用其独特的财经眼光、立场、新闻敏感度以及判断标准，发掘信息背后深层次的东西。有了专业知识作为基础，我们才能在财经报道过程中对财经信息、经济现象有独特的解读能力，即通过对其占有的经济新闻素材信息

的整合、梳理、分析，解读出经济现象背后更加深刻的信息或规律，通过传播这样的判断力对受众的经济生活、行为起到一定的指导作用。

第二节 财经记者的职业素质

财经记者是一种职业，更是一种事业。既是职业，就要求从业者具有良好的职业道德。此外，财经记者还是特殊的社会角色，担负着传播思想和信息的重任，因此除了遵守职业守则外，还要有立业为公的精神和高度的社会责任感。

一 要有新闻职业理想，这是新闻操作者的职业态度和追求

财经记者在社会群体中要具有一种特殊的素质。一个理想的新闻记者应当具备两个条件：一是对社会主流文化要有永恒的批判态度，二是对一切事物的异常敏捷的理解能力。新闻记者应当属于知识分子的一部分，知识分子最重要的特点之一是要和社会主流文化保持一定的距离，客观地以批判的态度来对待，或者是要有这样一个观察事物的角度，这样才能不断推动我们的社会向前发展。记者如果没有一个批判态度、没有独立精神的话，就不能算是一个记者。记者应当不直接依附于一种权力或利益，这种权力或利益包括政府的、企业的及其他社会团体的等，记者和这种权力或利益应当是保持一种独立的状态。另外，记者也要和投资人保持独立。

再一点就是对一切事物保持异常敏锐的理解能力。这种异常敏锐的理解能力，就是记者的新闻敏感、新闻追求。法国有一位叫卡普费雷的作家曾经写了一本名叫《谣言》的书，他说"谣言就像一块巨大的社会口香糖"。什么意思？谣言就是社会上一个群体、一个圈子里大家感兴趣的话题，而这个话题的来源还没有被证实，或者说还没有通过时间的发展或事件的进展证明它是不是真实的，现在有的报纸、栏目叫"证实证伪"，也是这个意思。《谣言》里面特别谈到了对记者这个职业的理解。作者首先做了大量的案例分析，包括财经新闻，比如证券市场上的各种谣言；社会上的谣言，比如传言要地震了；政界的谣言，比如领导人身体不好了，是不是要下台；等等。他得出一个结论：绝大多数谣言最终都取决于对新闻来源的证实。而记者是干什么的呢？记者的角色就是谣言的追踪者，或者说是谣言来源的破解者。记者就是要每天不停歇地在寻找、发现异常的、变动的事件。

二 要建立一种自己的职业兴趣和职业态度

丹麦的一位哲学家说过，"你怎样选择，就怎样生活"。你要能够从职业中寻找到快乐。新闻记者一定是对某一类新闻事件狂热的爱好者。第一，要有非常浓厚的兴趣发现市场中或者是财经领域中的事件；第二，要有非常强烈的欲望把这个新闻告诉大家。对于记者来说，这种兴趣实际上构成一种职业素养，或者是职业素质的一部分。你的选择决定了你的生活态度，也决定了你作为财经记者到底有没有成功的可能性。作为财经记者，你到底适合哪类记者成长的模式，或者说你适合在什么样的环境里去工作、去学习，你未来的发展方向是日报的记者还是杂志的记者，这是有非常大的差异的。杂志更强调学术性、分析性，深度报道等，日报就要非常快捷。新华社当初创办《新华每日电讯》的财经记者不是给财经报社写稿子的，通讯社做新闻的一个前提是让更多的报纸适合它们，其一，综合性要强；其二，全国性报纸要用；其三，地方性的报纸最好也用，它和《21 世纪经济报道》《财经时报》肯定是不同的。

三 具有优化的专业知识结构

财经报道属于专业性新闻报道的范畴。一个合格的财经记者（编辑），不仅应具备扎实的新闻专业知识、语言才能，而且应具备足够的经济专业知识，能够比较准确地把握经济概念的内涵、经济命题的要义，能够从经济事件深层、经济现象背后洞察、分析出本质的东西，提升经济报道的深度、高度。具体地，一是应具有深厚的知识底蕴。经济全球化大背景下，新经济理论、新金融工具等时代化产物层出不穷，对于财经知识的把握与更新要求做此类报道的记者有完善的知识结构，以便与迅速扩张的信息量相适应。二是应具有复合型的知识结构。由于专业知识欠缺，一些财经记者的报道往往只能停留在文章的写作技巧上，而不能把握经济发展的趋势。三是应具有开放的知识结构体系。这是与财经这类理性报道分析相关联的能力要求，要将之体系化就要加大专业知识在自身结构中的比重。四是应具有主动获取信息的态度。财经记者应是开拓型人才，不能一味接受，需要拓展人无我有的新天地。财经记者平时必须拿出 30% 的时间和精力学习一些东西，不管是查阅新闻背景资料还是学习专业知识，要耐得住这个煎熬。成为一个好的财经记者，最大的考验是你是否有比较多的新闻资源储备或者叫存货,并且能够把它把握住;在掌握新闻资源的基础上,你有没有把握和调度这些资源的能力。从记者的职责来说,一定要考虑新闻资源的竞争和可以长时间保持稳定地提供。

四 要有正确的报道定位,培养良好的思维品质

从事财经报道的记者、编辑们,要对自己的产品有个准确的定位。我们必须明确,财经报道的价值在于用社会上普通读者能够听得懂的语言,把专家们、行业圈子、企业内部的信息传播给他们,把公开信息中蕴含的动向揭示、解读出来。在财经新闻界曾经有一种说法,财经报道大概有两种写法,一种是"为(for)经济而写作",另一种是"写关于(about)经济的"。写一篇财经报道有两种不同的态度,在你采访和写作过程中实际上有两种不同的结果。"为经济而写作",这样的记者一般来说是为了报道而报道,为了写作而写作。记者会比较被动地依附于某个事件本身,基本上是按照新闻来源、按照发布者的口径和目的采访写作;从本质来说,记者与被报道对象关系过于紧密,基本上成为某一个部门、某一个公司、某一种权力的代言人。而"写关于经济的",实际上是"为读者写作",就是受众对什么感兴趣,或者说这个事件对受众有什么样的影响,我们就要去关注什么;当新闻事件发生之后不要直接只注意"第一落点",报道一项政策的发布,首先要去采访那些受政策影响的人。有了"为读者服务"的心态,你采写报道的角度就会比较清楚,就可以有意识地体现读者的普遍兴趣。财经新闻非常专业、枯燥和难做,一个重要原因就是我们经常是为新闻来源、为被报道者而写作。如果是"为读者而写作"的话,至少能够部分地解决财经新闻的专业性或者是枯燥的问题。报纸最重要的是要客观、翔实地报道新闻,反映各种不同的声音。这是为读者的需要考虑,同时也是人性化的财经新闻的一种要求或者趋势。

五 要有培养自己成为"最受人尊敬的记者"的信心与能力

做金融记者,要承担的报道责任是非常重大的。比如在国外,跑银行的记者地位是非常高的,也是非常受尊重的。因为你如果能够采访掌握国家经济命脉的重要人物,有和他们共同讨论、交流的能力的话,可以说你在公众当中、在记者里面都是受尊重的。要做到这点大致可以从以下几个方面进行努力。第一,要培养自己良好的新闻采访习惯和日常行为方式,

包括言谈举止、个人的风格、服装、待人接物在不同场合的规律等。第二，提高个人的业务素质，有意识有目的地培养自己严谨地、冷静地对财经资讯、财经事件进行分析判断的能力。财经报道应该严谨、冷静一些，不能通过简单的标题字号或者煽情的语言来传达信息。第三，有意识地锻炼自己的社会活动能力，社会活动能力也是决定财经记者素质高低的人力因素。因为如果你能够采访掌握国家经济命脉的重要人物，具有与之共同讨论、交流的能力的话，就能及时把握重大经济走势，为自己创作出一篇优秀的新闻报道提供极佳的契机，实现一个记者自身的价值。而且通过这种能力所聚集的人脉资源也是新闻素材的宝贵资料库。此外，要有积极的情感态度，这里说的情感是职业情感的升华与更新，这需要刻苦与坚韧，就是要舍得花精力，做到极致。这实际上是一种追求，即培养一种坚韧不拔、稳定往前做的精神。这要求记者有"向下看"和"向上看"两者皆备的态度，才能完成作为信息桥梁的使命。

第三节 财经基础知识：汇率与人民币的升值与贬值

一 IMF、WTO 与 GATT 的含义

国际货币基金组织（International Monetary Fund）。1944 年 7 月，美国总统罗斯福邀请 44 个国家的代表团到美国新罕布什尔州的布雷顿森林举行联合国国际货币金融会议。在这次会议上成立了两个新的国际组织：国际货币基金组织、国际复兴开发银行［International Bank for Reconstruction and Development，俗称世界银行（World Bank）］。国际货币基金组织有三个主要的目标：在全球范围货币可兑换的基础上重建多边付款秩序；稳定汇率；各国自主确定货币政策和财政政策。

世界贸易组织（World Trade Organization）。世界贸易组织的前身是关税及贸易总协定（General Agreement on Tariffs and Trade），英文简称是GATT。它是在 1947 年由 23 个国家在日内瓦签订的，后来发展到有 100 多个成员。在举行布雷顿森林会议时，各国本打算建立一个与国际货币基金组织并存的国际贸易组织。但这并没有成为现实，因为稳定货币和重建金融体系被认为是当务之急。实际上，直到三年后的 1947 年，关税及贸易总

协定才成为贸易谈判的焦点。作为一个松散的组织和一项各签约国达成的协议，它在组织结构上与国际货币基金组织不同。

1993 年，乌拉圭回合谈判宣告结束。117 个成员共同做出决定，要扩大关税及贸易总协定的规模，成立一个新的组织，也就是世界贸易组织。一个很大的变化就是世贸组织解决争议的安排与原来的关税及贸易总协定大不相同。过去如果发生了争执，一个专门的小组会对争议进行调查，然后向最高机构提出报告。这一报告只有在全体成员一致同意的情况下才能获得接受。这就意味着违规的一方能够阻止（关税及贸易总协定）接受这一报告。乌拉圭回合谈判改变了这一点，使调查某一贸易争议的专门小组的报告现在只能被一致意见所推翻。这是一个极其显著的变化，它赋予解决争执的程序强有力的手段。

二 什么是汇率与外汇？

（一）外汇与汇率的概念

1. 外汇的概念

通常意义上的外汇（Foreign Exchange）是指以外币表示的可用于国际结算的支付手段。其概念有广义和狭义之分。广义的外汇是指一切在国际收支逆差时可以使用的债权。按国际货币基金组织的定义，广义外汇包括外币、外币有价证券、外币支付凭证、其他外汇资金以及可用于国际结算的本币形式资产。狭义的外汇则专指以外币表示的国际支付手段。按照我国《外汇管理暂行条例》规定，外汇由以下几类构成：（1）外国货币：包括钞票、铸币等；（2）外币有价证券：包括政府公债、国库券、公司债券、股票、息票等；（3）外币支付凭证：包括票据、银行存款凭证、邮政储蓄凭证等；（4）其他外汇资金。通常人们是在狭义意义上使用外汇概念的。根据可自由兑换的程度不同，外汇可分为自由外汇和非自由外汇。自由外汇是指不需要外汇管理当局批准可以自由兑换成其他货币，或者可以向第三国办理支付的外国货币及支付凭证。非自由外汇是指不经货币发行国管理当局批准，不能自由兑换成其他货币或对第三者进行支付。

2. 汇率的概念

汇率又称汇价，或称外汇行市，是两国货币折算的比率，或者说是一国货币以另一国货币表示的价格。理解这一定义时应注意：第一，汇率是一种相对价格，反映了两种货币之间的价格对比，换句话说，一种货币本身永远无法表现其自身的价格；第二，汇率表示两种货币的相对价格时，总有一种货币是被表示的货币，而另一种货币是用来表示其相对价格的，因此现实中，汇率有不同的标价方法；第三，汇率的种类很多，根据不同的划分方法得出的各种具体汇率的含义虽有所差别，但并不违背汇率反映的是两种货币之间相对价格的本质。

（二）汇率的作用与影响

1. 对国际贸易及进出口的影响

汇率对国际贸易及进出口的影响可以从汇率的贬值与升值两个角度来考察。我们以汇率贬值为例，升值的作用与影响正好与其相反。一国货币汇率贬值后，其对国际贸易及进出口的影响主要集中在扩大出口与抑制进口两方面。本币汇率贬值，使出口商品的外币价格下跌，有利于增强本国出口商品的竞争力。同时，本币汇率贬值导致进口商品的价格上涨而有利于抑制进口，增强国内进口替代品的需求。但是，要实现上述理想机制必须满足一定的条件。第一，出口商品的需求弹性高。如果本国出口商品的需求价格弹性与需求收入弹性都很低，则汇率贬值只引起价格下降却不会相应地扩大出口商品的需求量。第二，进口商品的性质。如果进口商品是必需品和经济发展所必需的资本品，则价格机制对其需求影响不大。第三，国内的总供给能力。本币汇率贬值使进口品本币价格上涨，引导国内需求从进口品转向进口替代品，国内的生产力水平和产业结构未必能够迅速填补这部分新转换来的市场缺口。第四，国内资源的利用情况。如果此时国内没有闲置资源可用于扩大供给，本币汇率贬值将直接导致物价上涨。

2. 对资本流动的影响

汇率变动对资本流动的影响关键在于人们的预期。如果本币贬值，其对资本流动的影响将伴随人们的预期变化产生三种效应。第一，如果市场上普遍认为本币汇率的贬值幅度不够，汇率可能会进一步贬值，为避免损失，资本将流出本国金融市场，其结果是一国资本流出增加，市场上本币汇率下降。第二，如果市场上普遍认为本币贬值是合理的，使以前高估的本币汇率回归其均衡水平，这种预期可能导致以前流出本国金融市场上的一部分外汇资金回流。第三，如果市场上普遍认为本币汇率贬值过多，使本币的对外价格已严重偏离均衡水平，那么大量外国资本会流入本国进行套汇，从而赚取收益。其市场结果将是资本流入增加，汇率水平如期回升。

3. 对市场价格的影响

本币汇率的贬值有可能通过多种机制导致国内物价水平上升。具体表现为以下几方面。第一，如果进口品是必需品，本币汇率贬值导致其价格上涨，从而抬升生活费用，此时工资收入者的名义工资将相应提高。工资水平的上升会直接导致产品生产成本的上升，促使进一步追加名义工资，进入周而复始的恶性循环，最终使整个市场价格水平上升。第二，如果进口品是主要的生产原料，则会通过成本机制导致物价水平上升。因此，发展中国家在经济发展过程中，都会选择高估本币汇率的做法，一方面可以节约进口成本，另一方面则可有效控制物价水平。第三，通过上述工资机制和成本机制，汇率贬值后将导致货币供给增加，同时，一国政府在外汇市场上购入外汇储备时，也因本币汇率的贬值将支付更多的本币，从而进一步扩大市场上的货币供给量，促使物价水平攀升。第四，如果进出口商品的需求弹性均很低，本币汇率的贬值只可能进一步恶化一国的国际收支逆差，使本币的对外价值继续降低，最终导致其对内价值的相应降低，而货币对内价值的降低直接的表现就是市场物价水平的上升。事实上汇率贬值的结果取决于各种经济因素的综合作用，各种经济变量的变化，甚至人们的心理预期状况都对其有重要影响。

4. 对金融资产选择的影响

汇率变动对金融资产选择的影响是通过影响资产的收益率来实现的。本币升值，将促使投资者更加倾向于持有本币资产；相反，外币升值，则会导致投资者将本币资产转换为外币资产。值得注意的是，除了汇率的实际变化对金融资产的选择会产生影响外，对汇率变化的预期也将影响投资者对金融资产的选择。如果市场上预期外汇汇率上升，投资者持有外币资产的意愿就会增加，相应的会将一部分本币资产转换成外币资产以期获得更高的未来收益，市场上的这种投资行为最终将促使外汇汇率的如期升值。

三　关于人民币升值与贬值的认识

（一）货币升值的含义

货币升值有两种含义，即货币含义与物价含义。

其一，在国际货币市场中提升购买人民币的价格，即提升人民币对于其他货币的价格。此即货币升值的货币含义。其二，货币升值亦意味着提升人民币与实物商品的交易能力。币值在实物意义上等于购买力。提升币值（在物价稳定不变的条件下）即提升货币的购买力。但实际上，货币升值往往伴随着通货膨胀。尤应注意的是，若使人民币升值，不仅意味着人民币对于国际货币体系的价格升值，也意味着以人民币估价的所有资产（包括劳动力）及商品价值对于国际货币的普遍上扬。换句话说，这意味着物价工资水平的普遍提高。因此，货币升值，表面上看，好像这个国家的货币更值钱了，实际上对国家经济发展十分不利。货币升值后，一方面，按外币计价的商品出口价格相应提高了，这就削弱了本国商品在国际市场上的竞争能力；另一方面，却又使进口商品价格降低了，大家都愿买进口货而不愿买本国货，造成本国货在内销上的困难。同时，货币升值还会使外汇储备受到损失，使外汇储备折成的本国货币相应减少了。这种由币值上升引起的物价上扬不同于通货膨胀。通货膨胀发生是由于货币发行量过大，引起货币与商品的比例失调，从而导致物价上升。但这通常是在收入水平（工资）不变或变幅较小情况下的价格上涨。而货币升值引起的价格上涨，则包含着一般工资水平的提高。

（二）怎样理解升值？

一种货币在市场中至少具有三种价格表现：一种货币对其他种类货币的交换价格（即汇率）；一种货币转借他人时的使用价格（即利率）；一种货币对于其他商品的交易价格（以实物衡量的货币价格）。较确切地说，货币在货币市场中与其他货币交换的比例就是汇率。货币在货币市场中转让使用权的租赁价格就是利率。货币在市场中交换商品的比例就是物价。三者密切相关，互相联动，一变则皆变。利率是货币的使用租金，但利率不等于汇率。汇率反映本国货币的国际市场价格，但并不等于实际币值。在一定意义上，汇率只是国际货币供求关系的市场表现，而利率则是国内市场中货币需求的市场表现。一种货币的利率上扬，通常意味着货币间接升值，同时反映着资金市场上货币需求压力增大。当人民币的利率不断上调，而汇率仍维持稳定不变时，意味着利率、币值与汇率发生了价格偏离。利率上升，意味着人民币的国内使用费上升，同时意味着其他商品价格对于货币自身价格的相对下降（货币贵了，因此需用较多商品交换货币）。故作为货币政策，提高利率有助于缓解物价上涨的压力（但利息及税负作为资金使用费用是生产成本的组成部分。近年随原材料、能源、交通、环境等成本费用的不断攀升，成本拉动型通胀也不断加剧）。但由于人民币对其他货币的交易价格并未上涨（即汇率未变），用原比价外币仍可购到同样名义数量的人民币，而所购买的中国国内商品，却可相对增多。这会刺激较多外币进入中国市场套利及购物（包括投资房地产）。于是外资大量进入国内市场，购买人民币。在此情况下，形成了外币对人民币的较高需求压力（购买压力）。当汇率是固定值时，迫使政府增发人民币，从市场上购买外币。否则，就会导致外汇市场上人民币少、外币多从而造成自然升值的压力。然而，人民币的不断增量发行以及向外流动，必然意味着通货膨胀压力的增大。换句话说，单向调高利率而不同步调高汇率的后果是货币名义价格（持平汇率）与实际价格（利率上升）发生偏离，从而为国际货币囤积及炒作提供套利机会，也使得政府欲缓解通胀压力减少国内市场货币需求的政策，实际上难以完全奏效。因此可以说，中国金融政策面对着极其复杂棘手的局面，许多现实问题亟须得到理念的澄清。

（三）决定人民币升、贬值的真正因素是什么？

从长期来说，决定一国货币汇率走势的基本因素还是实体经济。换言之，从长期趋势来看，还是经济决定汇率。我们至少可以从以下四个方面来分析这种关系：一是经济增长率，二是通货膨胀率，三是利率，四是经济、社会的稳定性。如果一国长期保持经济和社会的稳定，而且在国际社会上形成稳定可持续的预期，则该国会吸引外资净额进入，从而推高该国的货币汇率。我们知道，国与国之间的经济交往是非常复杂的，各种因素都在起作用，在经济和金融全球化条件下，各种各样的因素都会影响到各国货币之间汇率的变化。笔者认为，判断人民币的长期走势应当从上面四个方面来分析。如果一定要对人民币的走势做些判断，应当说目前人民币升值的压力大于贬值的压力。但是要注意，我们这里说的只是压力。压力要变成升值的实际结果，还须压力达到足够大，同时还要有其他条件产生。事实上，现在虽然我们能够感觉到有投机的外汇存在，但是这种现象给我们带来的真正问题还是在货币供应方面。这就是我们常说的，外汇储备的高速增长，使得货币供应长期处于增长过快的境地，致使我们不得不想各种办法来"对冲"其不利的影响。而且问题恰恰在于，随着时间的推移，我们的对冲手段是越来越少了。

由于人民币在资本项目下不可自由兑换，我国仅在有限的范围和程度上开放金融市场，以证券投资和银行信贷形式存在的资本不能自由流动，决定人民币汇率变化的主要因素有我国的进出口、外国对我国的直接投资、美元的走势。

从进出口情况来看，在加入世界贸易组织以前，我国可以利用高关税和低配额等方式限制进口，从而可以保持贸易收支平衡或略有顺差。但是，在我国加入世界贸易组织以后，我国不能再利用高关税和低配额等方法来限制进口。尽管我国的出口也会因此而增加，但进口将会出现更大幅度的增加。不论我国今年贸易收支是顺差还是逆差，差额不会很大，进出口对人民币汇率的影响不大。从外国对我国的直接投资情况来看，自我国取代美国成为世界第一大引进直接投资最多的国家以后，由于我国经济增长前景良好，外国直接投资仍源源不断地流进我国。这将使我国的资本项目出现较大的顺差，造成人民币升值的压力。外国对我国的直接投资情况将是影响人民币汇率变化的重要因素。这样，从近期来看，人民币对美元仍存在升值的压力。但是，由于我国对人民币的汇率波动实行比较严格的限制，这种升值的压力要经过较长的时期才能释放出来。因此，人民币对美元会出现一个缓慢的升值过程。从长期来看，可以预期我国经济将持续发展，我国经济实力将不断提升，人民币对美元将趋于升值。从长期来看，较强的人民币总体上说是利大于弊的。但从目前的情况来看，人民币汇率保持相对稳定是适宜的。

（四）人民币贬值的利弊是什么？到底是有利还是有弊？

先说贬值。货币贬值的好处在于，贬值之后，贬值国的产品的外币价格就会便宜，从而产生了价格竞争力。但是要注意，贸易要算的是总价值，贬值是否能达成预期的好处，还要看因应价格的变动而发生的出口数量的变动情况。如果出口数量的增加率足以弥补价格的下降率而有余，一国的贸易额才会有改善。另外，本国货币贬值将使得外国产品的本币价格上升，增加了进口成本，从而在价格上产生阻碍国外产品进入的结果。两方面综合起来看，贬值国的国际收支状况改善了。但是，贬值还有明显的坏处。这表现在对外债务上。如果本国货币贬值，则用本国货币计算的外债价值就增加了。

再来看升值。一国货币升值，使得该国产品的外币价格上升，从而导致该国产品的价格竞争力下降，出口就可能相对减少。此外，本币升值后，外国进口产品的本币价格就下降了，从而产生了刺激进口的效果。两个结果加起来，就可能出现国际收支恶化的状况。但是，本币升值，本国外债的本币价值就下降了，从而在客观上产生了降低外债负担的效果。需要指出，如果一个国家的货币很强并能持续，而且国外对其产品的需求不因价格变动而有明显的减少，则货币强势对该国将产生有利的作用。所谓强势美元政策，其背后就是这个逻辑。

总之，汇率变动的经济影响非常复杂，不能简单地说到底有利还是有弊。一切都要分析，而且要做长期分析。笔者的看法是，如果说我国经济增长的强劲态势能够保持、物价能大致保持在较低的水平上、利率不产生太大的波动，则长期来看，较强的人民币总体上说是利大于弊的。

任何一种货币的升值或贬值都有利有弊，只是在不同的条件下可能利大于弊或弊大于利。如果人民币贬值，有利的方面是人民币贬值使出口商品在国外的价格变得便宜并使进口商品在国内的价格变得昂贵，可以促进出口和抑制进口，从而导致国内生产总值的增加。不利的方面是在我国不得不进口外国机器设备、原材料和原油的情况下，人民币贬值提高了我国的生产成本，从而产生了通货膨胀效应。

相反，如果人民币升值，有利的方面是进口商品在国内的价格变得便宜，有助于抑制通货膨胀。另外，人民币升值使我国相对来说可以用较少的商品与外国交换较多的商品，从而获得了更多的财富。不利的方面是人民币升值将会削弱我国商品的出口竞争力，并刺激我国进口的增加，从而有可能导致我国经常项目收支的逆差，抑制国内生产总值的增长。由此可见，只有在我国出口竞争力较强、经济发展水平较高的条件下，人民币升值才利大于弊。

中　篇
财经报道艺术研究

第六章　报刊财经新闻的报道艺术与写作特点

第一节　报刊财经新闻的报道艺术

当下，财经类杂志在中华大地上呈风起云涌之势，外刊如《商业周刊》《财富》《福布斯》等的中文版，国内如《财经》《环球企业家》《中国企业家》《新财富》《新经济》《新财经》《中国财富》等。如果随便在北京的报摊驻足的话，你就会发现财经类期刊、财经类报纸也同样是种类繁多，但是你会发现人们满意的并不多。除了外界因素外，财经媒体自身的质量也是关键原因所在。

一　提升财经报道质量的路径

（一）把握好对财经新闻价值的判断与捕捉

提高对财经新闻价值的判断能力，关键在于掌握财经新闻价值的几条判断标准。一是显著性，即财经新闻的分量如何，影响力有多大。二是新鲜性，即新近发生的、未曾报道过的新闻。这需要记者凭借自身对财经新闻的敏感性以及独到的分析判断才能获得。三是及时性，即快速。这需要树立强烈的时间观念，否则会留下无法挽回的遗憾。四是接近性，即与受众的接近程度。

对财经新闻价值的判断与捕捉是记者的综合素质的表现，体现着一个记者的政策理论水平、对当时国家经济形势的了解程度以及综合分析能力。因此，财经记者应该要有扎实的经济政策理论功底，要有深厚的社会生活积累，要学会积累有关资料，具有创造性思维，善于思考、勤于思考，培养自己的求异习惯与敏锐的洞察力并形成独特的知识结构，具有更宽阔的视野和更强的分析能力。这是时代对财经记者提出的要求。财经记者不可能也没必要都成为经济专家，但应该有起码的建立在经济思维之上的质疑精神，有自己理解社会经济现象的基本框架。

（二）财经报道应追求"新、深、活"

财经报道来源于经济工作和经济生活，但后者不是前者的全部，财经记者应着眼于经济工作和经济生活中的新情况和新问题，选择其中有新闻价值的东西进行报道。

要让财经报道出"新"。具体可以从以下几个方面进行。从时代高度分析出新主题。善于把握大局，从时代的高度来分析报道题材，提炼主题；用独特视角进行观察，使观察角度出新。"横看成岭侧成峰，远近高低各不同。"寻找最佳的角度来组织报道，增加它的"新鲜度"；以创新手法写作，让写作形式出新。如果报道的表现手法新颖，形式也很别致，就会把受众吸引住。不断创新报道形式也是搞好财经报道的一个重要途径。

要在财经报道中求"深"。记者要有求深意识，这是时代赋予记者的神圣使命。现如今，人们对纷繁的经济现象不再满足于浅层次的直观反映，而要求做深层次的思考和分析。财经报道要有深度，就不可避免地要触及经济工作、经济生活中存在的问题。对待这些问题，报道不能只提出问题，而应探索问题的起因、症结、出路、对策，给人以思考和启迪。

要念好"活"字经。一是要从现实经济生活中捕捞出"鲜货"，二是要把这些"鲜货"烹调出色香味俱佳的"特色菜"。切忌老是从"冷库"里往外掏"新闻"，更不可出售"臭鱼烂虾"。

（三）选择最佳财经报道角度

如果能够选择一个最佳角度，财经报道也会获得较好的传播效果。怎样才能选择最佳的财经报道角度，以下几种方法可以作为参考。

从政治、生活、文化、科技的角度反映经济活动。从经济活动、经济现象中挖掘其政治内涵和影响，从其政治意义的角度立意、选材、入笔。从生活的角度入手，可以增强报道的贴近性。用文化的眼光看待经济活动，分析经济现象。知识的核心是科学技术，高科技领域的一个突破，往往带动一批产业的发展，从科技的角度来报道新产品的问世，分析企业的兴衰得失，透视产业发展轨迹，既能增加报道的深度，又能给人以启示。

采用哲学、经济学、社会学、逻辑学的角度报道经济。用哲学的眼光看待经济现象，增强财经报道的思辨性。用经济学的眼光看待经济现象，增强财经报道的理论性。有人提倡专家型记者，就是说一个行业的记者，要努力成为那个行业的专家。用社会学的眼光看待经济现象，增强财经报道的实践性。用逻辑学的眼光看待经济现象，增强财经报道的严密性。用逻辑学的眼光审视财经报道，还会发现自相矛盾的数字、自相矛盾的提法、识别假新闻等。

从国计民生的角度进行财经报道。何谓"国计"，就是财经报道的采写要能找到财经事件背后的政策原因，要能分析今后的经济走向，要跳出就"财经事件"本身说"事"的常规写法，找出背后的政策根基、制度基础，从而增加财经报道的厚度与知识含量。何谓"民生"，百姓看财经报道的目的就是找到财经事件与自己的那点儿关系。百姓关注的是一个财经事件到底与自己有没有关系？有什么关系？在哪些方面有关系？如何趋利避害？如何能够对纷繁复杂的经济现象不是"雾里看花"而是清晰地了解？这些都是财经报道要解决的。

（四）增强财经报道的理性思维，提出媒体的真知灼见

强调理性思维不是只重术语的堆积，不重通俗化的阐释；不是只重物，不重人；不是只重数字，不重数字背后的含义等。如果既能运用经济学的思维方式观察、分析、评价经济现象、经济事件、经济人物和解读经济政策，又善于用通俗的语言讲出通俗的道理，就更能使新闻增加特色。财经报道仅仅"有趣"是远远不够的，还得保持严肃的本色。保持严肃的本色就意味着实事求是，把事实抓准，把问题说透，提供独家的分析与见解。

财经报道要掘深挖透。财经报道在提供事实的同时，更需要掘深挖透，提供背景和分析，得出自己的独特见解。既要注意传递反映某一经济现象的微观性信息，也要注意传递反映经济发展的趋向、走势和预测的宏观性信息；既要注意传递本地的、国内的信息，也要注意传递海外的信息，尤其是世界各地经济活动与经济行情变化的信息。

政策的解释要做在对策上。政策的解释需从全局角度着眼，要告诉受众怎样利用这项政策，政策规定了什么禁忌，背后有什么投资机会。每一次规则的变化，每一项重大基础设施建设，都是对利益格局和市场格局的

重新调整，各利益集团之间的利益冲突无法避免。

人物的报道体现在决断上。财经新闻人物报道，一定要从专业角度展示他的成长过程、变化过程、决断过程。关心经济主体人，特别是决策者的命运和生存状态，包括成功者、失败者。透过人的变化反映经济走势，从而为受众提供必要的借鉴和信息。

（五）财经报道应当提供有深度的新闻

财经报道的深度就是要以严密的逻辑、深刻的思辨、丰富的材料，从理论的高度对事实发展的内在规律进行探析、综合或预测，使之达到内容与形式的统一与和谐，更好地体现新闻价值。

从宏观高度选材。把报道的一事一时的经济现象，放到整个经济发展趋势、产业政策、经济体制的大环境中进行选题，审时度势，站在更高层次去发现问题。要抓住那些在经济大潮中最鲜明、尖锐而突出的矛盾和问题，最具代表性、最具指导意义的典型事物进行报道，使读者能够对整个形势"窥一斑而知全豹"。

注重调查分析。财经报道的深度是通过一个个有说服力的事例来实现的。这就要求记者在调查研究中挖掘深度，善于越过反映和描述的层面，注重运用恰当的分析方法，赋予财经报道以理性和思辨特色。

体裁创新。"经济时评"是体裁的一种创新，它使财经报道不断向深度和广度发展。这种体裁还能有效地表达数字背后的人文关怀，体现对百姓人生的关注。

运用组合报道。经济现象从来就不是孤立的，而组合财经报道正是契合了这一特点，以某一个大的主题下的"报道群"的方式呈现给受众相对完整的新闻事实。相对于单篇深度报道而言，组合财经报道更注重某个阶段重大经济现象的"完整性"表达。一般来说，深度报道的题材都较为重大，因此必须把报道对象置于全局的整体的大环境中去思考和反映，才能显示出它应有的新闻价值。进行组合财经报道，需要学会以宏观的视野关注经济现象，找出看似风马牛不相及的事件背后的关联性。

（六）财经报道方式应当进行新的转换

财经报道关注当时当地当事人的直接的事件性新闻，这并不是专业财经报刊吸引人的地方；而提供具有宏观眼光的解释性深度报道，提供专业性评析，展示富含科学人文精神的报道风格，方能凸显财经类报刊的独特魅力。

从即时报道转向多方位解释性、深度报道。深度报道成为财经媒体与众多综合性日报和广电传媒财经版竞争的手段。同时，深度报道方式的采用也与当前财经媒体的读者群偏小、报纸出版周期长有关。与日报时新性相比，周报性质的财经媒体周期长，要发挥其优势在很大程度上只能依靠深度报道。

从简单记叙转向专业评析。受众心理期待的变化对财经报刊来说成为获得"稳固读者群"的制胜法宝，财经媒体报道方式因而转向。报道方式由简单记叙向专业评析转变，让时下的财经报刊承担了解"新闻背后的新闻"角色，形成财经新闻特有的"品牌形象"。

枯燥抽象的概念数字叠加转向富含科学人文精神。让财经新闻阅读成为享受，已成为受众的共识。广播电视媒体通过主持人的解读，伴随声音或图像将财经新闻用"说"的方式传达。纸质媒体用故事化的形式来表现抽象的经济事件，财经新闻事件故事化能有效地营造"陌生化"的效果，增强报道的吸引力。用散文化的手法表达经济活动的内容，散文化成为缩小经济与受众心理距离的手段，人文情怀寓意绵长，同时又彰显媒体专业性。

二　搞好财经报道的具体措施

（一）增强财经报道的贴近性与亲和力

财经报道与人民群众生活有着密不可分的联系，有着鲜明的公众性与社会性。财经报道的追求，自然应是最大限度地体现群众性和社会性，以受众满意为标准，以市场需求为导向，贴近时代，面向社会。

1. 选题，从关系受众切身利益的角度进行

首先，媒体要换位思考，把自己当作一名普通消费者，设想消费者的市场需求，确立报道题目。其次，要降低报道起点，选取受众关心的热点问题展开报道。比如，目前的房地产热，大量财经报道不是从受众角度进行报道，常常是站在开发商的立场，自然就少有人问津了。强调财经新闻的"消费指导性"，是要站在消费者的角度进行报道，把商品价格的变化、品种的换代、市场的预测等实用信息告诉受众。

2. 角度，追求"平民视角"，体现财经报道的人文关怀

追求"平民视角"。从百姓生活的角度来加强财经报道的生活性和服务性，抓生活的细节，让财经报道洋溢着生活的气息。从市场、从日常的柴米油盐中找新闻、挖素材，出发点和落脚点围绕一个中心：受众。从市民个体、家庭（社会细胞）折射丰富多彩的经济生活，以较小的视角反映宏观经济的大主题，即所谓的"窥一斑而见全豹"。努力挖掘出普通受众容易接受的、乐意接受的传播内容。

3. 内容，追求贴近性，让财经报道更加贴近受众

贴近性是新闻报道的原则之一。报道受众所关心的内容，既是财经报道的出发点也是财经报道的落脚点。在贴近性方面，美国《华尔街日报》引入财经故事的做法不失为一种好办法。财经故事在财经报道中被广泛地运用的原因在于其能够满足不同层次读者的需求。高层次的读者能读出财经故事背后蕴含的内容，获得大量有用的信息，而较低层次的读者则将财经故事作为一种阅读消遣。

（二）用讲故事的形式报道财经新闻

财经报道"故事化"处理方式让财经新闻变得更加吸引人了。所谓新闻故事化，指的是采用对话、描写和场景设置等方式，细致入微地展现事件中的情节和细节，凸显事件中隐含的能够让人产生兴奋感、富有戏剧性的故事。

1. 故事的角度选择：个人化的生活体验

所谓个人化的生活体验，就是以人们的个人故事、体验为切入点和线索来报道一个重大的新闻事件，或解释新出台的法规政策等。在财经媒体上，人们经常看到文章采取一种"人物语言情景模式""新闻背景""当事人及评述人引语""事实及趋势描述"的形式。他们在报道重大新闻时，总是从某个个人的视角出发，以小见大、贴近读者，从而顺其自然地引出对重大新闻的报道。这样就直接拉近了事件与普通受众的距离，调动受众的阅读兴趣。

2. 故事的看点选择：精英个案与受众心理的契合

财经媒体报道的企业家们一般都是活跃在商界的精英，他们是怎么掘得第一桶金的？如何从一个靠种田吃饭的农民成为一名腰缠万贯的企业精英？在竞争中他们经历了什么样的起伏？为什么名人排行榜上的枭雄会突然倒下？如何竞争与抉择永远会是最吸引人的，因为它会有戏剧冲突，会有成功，也会有失误；其中会牵扯到情感，也会牵扯到方法、对策。任何一个经济事件，记者们都可以像讲故事那样给读者娓娓道来，一般情况下，像是惊险故事甚至是悬疑故事，可以连续报道，每期都留有悬念。这样翻开报纸，就像翻开一本故事集一样，每一个经济故事都能引人入胜。

3. 故事的结构选择：亮点频出的叙事结构

当前财经媒体都很重视对经济信息的深度报道和揭示，文章一般都比较长，为了避免受众产生阅读的疲劳感和不耐烦，记者除了以情节曲折动人外，还可以将故事化手法与倒金字塔结构相结合，利用小标题将文章分割成若干章节，并力求在每个章节的小标题和开端中释放一个亮点，不断调动受众的阅读兴趣，吸引他们一步步地读下去。这种讲故事的报道方式早已为国外媒体广泛使用。"讲一个故事"已经成为国外各大媒体新闻操作的传统，是国外财经媒体报道难以通俗简洁地讲述财经事件或趋势时比较擅长使用的工具。

（三）增强财经报道的服务性，提高财经报道的受众满意度

满足受众需求，就是通过有效的信息服务，帮助受众减少不确定性，在交易中取得相对有利的优势。第一，坚持指导性与服务性并重原则。强调财经新闻的服务性，实际上就是强调所提供信息的有效性和针对性，要从成为"生产者的助手、经济者的参谋、消费者的知音"这一报道视角出发，为经济活动的决策者提供有价值的信息，直接或间接地影响经济决策。第二，坚持实用性和生活性并重原则。各类财经新闻实用性的根基是建立在媒体的生活性方面。要突出财经新闻的生活性，就要用生活的眼光看待身边的经济活动，从生活的角度入手，分析一些经济现象。第三，消除"信息不对称"原则。最大限度地消除"信息不对称"，尽可能地让参与市场交易的人们同质、同量、同时获取与交易有关的信息。信息不对称不可避免，人们对信息透明的追求永无止境，这就使财经报道在使命与责任之间拥有了平台。

（四）提倡将"视觉新闻"写作手法运用于财经报道

随着时代发展，"视觉财经"将会成为今后财经新闻发展的新方向，用"图片""图像""声音蒙太奇"来报道财经事件，把观点、态度暗含在视觉表现中。将枯燥的财经报道形象化处理，将理性的财经新闻感性化处理，以此来增加财经新闻的"可视性"与"可读性"。无论在内容选择还是形式表现上，财经报道本身都应该向立体的方向迈进。将财经事件放置在更大的系统背景中来研究、分析，找到财经事件"背后的故事"；再将其与百姓生活联系起来，寻找小的切入角度，用受众易懂的语言表述出来；最后，用一种更直观、更形象的"视觉造型"来增加财经报道的冲击力与普适性。

第二节　报刊财经新闻的写作特点

一　报刊财经新闻写作的基本原则

（一）财经报道写作的目的

财经报道写作不仅要准确地回答经济领域"有什么"，还得准确阐释"有什么"背后的"为什么"和"该怎样"。

（二）财经新闻的语言形式

财经新闻的语言形式呈现"新闻语言＋财经专业语言＋数字＋图表"的整合系统。其中财经专业语言包括财经专业知识、技术术语、专用名词等，数字和图表则是财经报道中不可缺少的准确、简洁、有力的辅助语言。

（三）财经类报刊写作的基本特点

（1）把自己最想说的、最重要的放到文章的最前面。在开篇就提出新闻事件的最新进展，进而报道其来龙去脉以及记者采访的新发现，从而得出报道结论或观点。把你最想说的放第一句作为导语，可以以新闻人物的一句话或者一个经典的场景作为开头，再对新闻本身进行描述。

（2）多用短句，多分段落，少使用形容词，尽量不使用副词修饰。在遇到专业性较强的经济名词时，使用解释性和大众化的句子，在用到大而空的概念和数据时，用容易理解的身边的实例替换，用形象的描述代替枯燥的数字。

（3）采访中提倡多方求证，所有事实均标明来源，尽量不使用"据悉""目前"等模糊性词句。

（4）提倡公允的写作态度，对经济事件做客观记录。要求具有一定的判别能力，不被采访对象的观点左右。在对复杂经济事件进行报道时，以记者手记的形式对事件做报道或做梳理和评论。

（四）借鉴西方财经媒体的成功经验

（1）尽量避免出现专业词汇，增加报道的可读性。当然，这需要建立在对所采访的东西有足够把握的前提下才有可能实现。

（2）对于新闻事实要多方求证，向合适的第三方求证。国内的财经报道经常找错求证对象，如找经济学家去评价企业，找管理学者谈国家经济政策。国外财经报道中用的比较多的应该是专业分析师，这些人多在研究机构、咨询公司、金融机构工作。

（3）数字说明一切，财经记者必须对数字敏感。但数字也有欺骗性，应该注意核实。不会用数字，你的报道很难让高端读者接受。

（4）以企业的标准去报道企业，不能以个人好恶和流行道德标准来报道。比如安然的问题，既要看到管理层贪婪和缺乏道德的一面，也要看到安然在创新方面成功的一面。

二　报刊财经新闻的写作特点与要求

（一）财经新闻写作：要"深入"，更要"浅出"

新闻中的财经是一种公众知识，财经新闻的写作和报道必须实现专业性与可读性的转化和整合。要实现财经新闻的大众化，必须做到新闻报道的专业化和通俗化表达。

1. 深刻主题，通俗表达

记者在写财经报道的时候，要以专业化水准做分析，善于运用现代经济学的观点和思维方式观察、分析、评价经济活动，深刻揭示其背后的规律和趋势。以通俗化面对受众，多使用大众化的语言，把复杂、深奥的经济问题、经济现象深入浅出、亲切自然地表述出来，做到"硬主题，软表达"。

2. 注意提高大众的财经素养

在财经报道中，加入一些专业性强的财经名词，并适当地使其多频率地出现在报道中，然后通过链接名词解释或者背景材料的方式对其进行阐释，使受众既能看懂，又能了解财经名词的意义，通过长期这样的积累，养成一定的财经素养。

3. 提高财经报道的解释能力

《华尔街日报》的一位总编曾经说过，二流的记者能把事情向专家说清楚，一流的记者则能同时把事情向一个小学生讲明白。归根结底，有社会影响的财经报道才是真正的财经新闻。

（二）财经新闻写作视角：从人本、文化、社会、体验等入手

1. 财经报道写作视角的选择方法

财经报道要取得令读者满意的阅读效果，必须要站得高、看得远，把握经济生活中随时出现的各种变动，同时，还要思考报道写作的视角。

发现视角的"大"与"小"。"大"指的是财经报道的大环境，包括一定时期的经济态势以及记者考察经济现象时的宏观视野，"小"是指具体的财经报道方方面面的特例及相关报道。要正确把握二者之间的关系，既要具备宏观考察经济现象的大视野，又要对所报道财经领域的基本知识与情况有透彻的了解，在报道中从小处着手，以小见大。

表现视角的"软"与"硬"。寻求新的表现视角应注意把握好"硬新闻"的"软着陆"。首先，缩小财经报道与普通读者的距离，将深奥的经济道理用浅显的语言来表达可能会使更多的人受益；其次，在写作方法上要从经济的业务堆中跳出来，树立起牢固的读者意识。报纸杂志的读者是多层次的，应该照顾到读者的普遍认知水平。

比较视角的"内"与"外"。"内"与"外"的视角可以是国内与国外的比较，也可以是国内同一个行业中不同企业之间的比较，或是国内或国外具有可比性的不同品种的比较。在着力报道某个对象时应该注意跳出报道对象本身，通过横向的内外比较，使报道对象本身的特点更加突出。财经报道的"内""外"比较必须冷静客观，水到渠成而且不伤害文意，以免转移读者对核心问题的关注。

感受视角的"深"与"浅"。倡导财经报道的深度视角就是要对纷繁复杂的经济现象进行梳理、分类、归纳，给受众一个清晰完整的印象，说明事情的来龙去脉和个中原委。同时，财经报道要避"浅"求"深"，还要在"广"上进行挖掘。扩大报道面，联系与经济相关的教育、体育、文化、休闲等产业进行深入报道，通过对相关的某一事件进行不断探索，把财经报道的深度和广度很好地结合起来。

2. 财经报道写作视角的形式

人本视角。抓住经济主体人的一切活动，把写人与写企业共同融于财经报道中，让受众感觉到是在与人对话，在轻松的氛围中接受财经报道所传达的财经信息。人是社会的主体。人的发展是社会经济发展的一面镜子，也是衡量经济发展水平的尺度。因此，财经新闻不仅要反映物化的力

量，而且要深入人的心灵，把人的发展与经济的发展有机地融合在一起。

文化视角。从文化视角入手报道财经新闻，可以拓展财经报道的维度，增强财经报道的深度。借助文化传播新的经济规律，挖掘财经新闻背后的深层信息，传播新的经济规律、价值观念，能够给受众带来更深层次的触动和思考。"财经现象"和"文化视角"实现联姻，解决了财经新闻硬化与软化的矛盾，则报道的贴近性会随之增强，影响力与感染力也会随之加深。

社会视角。就财经报道来说，受众感不感兴趣主要取决于新闻内容是不是发生在身边，新闻事实和他们有无关联。不同的时间段有不同的热点，人们普遍关心它，想知道它的台前幕后。经济工作中的社会热点不仅能够最大限度地吸引受众的眼球，而且能为媒体取得大范围的读者效应。

"体验式"视角。体验式报道是指记者深入新闻现场、体验新闻采访对象和新闻事件而采写的一种新闻报道。我国新闻界前辈范长江在 20 世纪30 年代采写的《中国的西北角》就是此类报道的不朽名篇。"体验"带给人们的启示是，记者完全可以用第一人称"我"参与到经济生活中，以"我"的视角观察社会变迁，以"我"的感受把握经济脉搏，让受众在"我"的无形引导下，接纳财经报道。与财经新闻通常采用的第三人称报道方式相比，第一人称的报道更容易触动读者心弦，产生共鸣。

（三）提高财经新闻的审美价值

把日常经济生活中那些能够给人以审美享受的基本元素，通过财经报道把它发掘、提炼出来，展示给受众。财经报道采写中，应注意在其新颖性、形象性、思辨性、典型性上多花些功夫，这样可以提高财经报道的审美价值。

以新颖性满足人们求新求异的审美心理。新颖性可以有多种表现形式，如材料新、思想新、角度新、形式新等。思想新，就是财经报道中所蕴含的思想与理念，既要有时代色彩、有一定的前瞻性，又要有一定的独特性，不是人云亦云。角度新，就是在报道经济生活，反映经济现象时，要精心选择好角度，力争跳出人们的常规思维。形式新，指的是在写财经报道时尽量采用既能充分展示报道主题，又能让受众喜欢接受的文体样式，如结构新、手法新、语言新等都是形式新的范畴。

以形象性化深奥枯燥为通俗生动。一篇新闻要写得生动、真切，给人以美感，记者就要善于用自己的眼睛去看别人见过的具体的形象，在别人司空见惯的东西上能够发现出美来。经济日报记者詹国枢曾经采写的《从煮饺子说到规模经济》就是一个成功的实例。什么是"规模经济"？作者在文章一开始就拿煮饺子做比喻："朋友，如果我向您提一个小小的要求：请您帮我煮一个饺子……您一定会说，别开玩笑了，要吃，咱就好好下一锅，谁那么傻？"经过这样一个生动的比喻之后，文章再进入规模经济的正题，读者就很容易理解了。

以思辨性语言给报道画龙点睛。思辨性语言有利于增强财经报道的思想深刻性、历史厚重感。在名记者艾丰所写的财经报道中，常能读到一些包含哲理的思辨性语言。例如他在一篇写城市建设的报道中，单用一个段落写了这样的一段话："古今中外的经验教训表明，城市建设上的成就可以成为人类发展史上的里程碑，而城市建设上的失误是人类社会最难改正的错误。"在《新唐山的崛起》这篇报道中，艾丰在叙述建设新唐山的困难时写了这样一句话："地震夺去了不幸人们的生命，而活下来的人则承担了全部的不幸。"① 这种耐人寻味的思辨语言，无疑会让读者注目凝思，并重重拨动其审美的心弦。

以典型性提升作品的感染力。优秀的财经报道往往有一个共同的特征，即在选题上都带有一定的典型性，典型的经济人物，典型的经济事件，典型的经济现象、经济问题……而这些典型所揭示出来的观念、思想、矛盾，在面上又都具有一定的代表性，能在较广泛的层面引起共鸣。

（四）巧用背景资料，增强财经新闻色彩

新闻背景就是有关新闻事件的历史和环境的材料，它包括对比性、说明性和解释性的背景材料，它是对新闻事实发生的条件与原因的说明，是一种附属的新闻事实，在衬托和说明主要新闻事实中是不可或缺的，它能使新闻内容更加充实饱满，能够起到突出主题、深化主题的作用。

适当运用对比性背景材料，深刻揭示经济生活的发展变化。对比性背景材料是指用来对所报道的财经新闻事实进行对比衬托，以达到突出新闻事实、阐明新闻主题、表明记者观点的那些材料。对比是人们认识客观事物的一个重要方法，是证明某种观点和说服受众的一种强有力的手段。比起记者的空发议论，它更能说明新闻事实的本质特点，揭示新闻的意义。

适当运用说明性背景材料，有效增强财经报道的现实意义。说明性背

---

① 艾丰：《经济述评自析集》，人民日报出版社，1995，第19页。

景材料是指用来说明财经新闻产生的原因、条件、环境和人物的行为活动等方面的材料，它能说明财经新闻事实的发展变化及其与周围事物之间的相互关系，它有助于增强新闻报道的深度，揭示新闻事实的内在规律性，满足受众对新闻信息的需要。说明性背景材料包括历史背景、地理背景、人物背景及事物背景等。其中，历史背景能更好地说明财经新闻产生的根由，地理背景可用于介绍有关地区的自然环境、风土人情，人物背景能够帮助受众对事件或人物获得更加完整系统的印象，事物背景可以帮助受众认识新闻的意义和价值，显示事物的特点，避免就事论事。

适当运用解释性背景材料，真正发挥财经报道的社会作用。解释性背景材料是指用以帮助受众把握新闻的内容，增长知识和见闻的材料。新闻报道中叙述、传播的事实，通常是一些新鲜事物，其中必然有一些内容使受众接受起来有困难，因此需要记者做一些深入浅出、通俗易懂的解释。当然，在财经报道中是否交代背景材料，应该根据新闻内容的需要而定，在报道家喻户晓的经济生活时，如果硬扯上一大段"背景"，就未免给人以画蛇添足之感。同时，交代背景还应尽量精练，并要和报道浑然一体，绝不能让人有可有可无或两层皮的感觉。

（五）适当地处理财经报道中的数字

财经报道常常要涉及数据、图表，有时会显得抽象、空洞。但是财经新闻又避不开数字，因此要运用多种手段，尽可能把抽象的数字形象化，赋予数字生命，让它们"活"起来、"动"起来，从而引发受众的联想和想象，使其产生一种审美的感受。有学者收集整理了一些实例，并归纳了几种技术方法。[①]

比拟法　比拟可把干巴、无形的数字变为能够感觉得到的事物。例如，乐山大佛修复工程竣工对游客开放。修复后的大佛身高 71 米、宽 10 米，头长 14.7 米。《四川日报》在报道时是这样描述的："大佛有 25 层楼高，相当于 32 个篮球巨人穆铁柱的身高。它的每个脚背上可以停 5 辆解放牌汽车，脚的大拇指甲上，可以摆上一桌酒席。"巧妙地将数字与比拟形象联系起来，使数字活化为人和物，增强了消息的形象性和趣味性。

替代法　用受众熟悉的数字或与数字相关联的其他事物，去代替人们

---

① 王化云：《新闻报道：亮出你的奇招　让数字"活"起来》，《记者观察》2000 年第 2 期，第 7 页。

可能感到深奥、陌生的数字，达到易懂易记的目的。比如，新华社发的"微型'金弹'可抗癌"的消息，介绍的是美国研究人员研制出一种纳米级的微型"金弹"（由黄金制成的微型小球，小球中心含有少量云母）可对付癌症。这个"金弹"究竟有多小？消息写道，"5000粒加起来才与一粒芝麻大小相当"。这样表述，受众很快会产生联想，"金弹"的"纳米"形象自然会深入脑海。

对比法　对比的方式有纵比和横比、自然数比和百分数比，通过各种数量关系的比较，在数字的增减变化中佐证事物的本质。还有一种对比，它不仅仅停留在数字的比较上，而是通过数字的比较，含蓄地道出一种超越数字本身的不言而喻的意义。美国《哈特福德报》曾刊发一篇《从数字中看变化中的美国》的新闻，文中有一段是这样使用数字的："在这个国家里，人们每年用2.81亿美元购置落地钟和收音机，而用在残疾儿童身上的钱不过1.54亿美元；美国是给人们提供机会的地方。过去10年间，这个国家百万富翁增加3倍，达22.2万人，然而，不幸的是他们中有1.8万人亲朋故旧全无，还有6.1万人是寡妇或鳏夫。"这种不动声色的比较，富有潜台词和内在力，更能引发受众深层次的思考和领悟。

夸张法　通过夸张法，适当放大或缩小，使它正好落入直觉的"主轴线"上，就会产生意外效应。例如，法新社的消息《联合国去年印发文件首尾相连长达27万公里》，其对数字的放大处理就很成功："如果把联合国去年在纽约和日内瓦印刷的全部文件首尾相连排列起来，总长度将达到27万公里。已卸任的一位联合国高级官员说，照此计算，联合国的文件逐页铺起来，两年内即可到达月球。"消息不写"去年联合国文件印发了多少多少"，而是以"27万公里"为相对值，以地球与月球的距离参照进行放大，联合国的"文山"之高不能不叫受众大吃一惊。数字太大，人们只是朦胧地觉得它大，而缩小到几千分之一或几万分之一，落在直觉和想象力的范围之内，反而清晰明白。

"翻译"法　对一些部门难以看懂的专业数据，传播者应学会运用"翻译"的办法，把它们转化成普通受众易于理解的数字。原《科技日报》记者郭梅尼在她的《新闻的生命之源》一文中，曾记述了她采访报道一位光纤通信专家的经历。专家向她介绍，发展光纤通信要解决几百个尖端技术难题，并以生产光纤为例说，生产光纤的原料是石英，石英可以说到处都是，但提纯却是一个技术难题。郭梅尼问它的纯度是多少？专家说：

"10^{-9}"。她记下了这个数据。写作前，她对这个数据做了如下"翻译"："10^{-9}"，即 10 亿分之一，即 10 亿克中只含有 1 克杂质，10 亿克 = 100 万公斤 = 1000 吨。于是，在她的访问记中出现了："一位专家拿着一根熔炼过的石英棒说，里面的有害杂质含量，必须低于十亿分之一，达到这个纯度是一道难题。十亿分之一是什么概念？250 辆载重 4 吨的汽车，拉上 1000 吨提纯的石英，它所含的杂质，只有 1 克！"一个大得像天文数字般的科学数据，经"翻译"变得哪怕是一名小学生也读得懂、记得住了。

（六）学习西方财经新闻成熟的写作手法

所谓《华尔街日报》式新闻，是《华尔街日报》头版上常见的一种新闻写作形式，有人将其称为"《华尔街日报》体"，指的是美国《华尔街日报》惯用的一种新闻写作方法。其行文特点是从某一具体的事例（或人物、场景、细节）写起，经过过渡段落，进入新闻主体部分，叙写完毕以后又回到开头的事例（或人物、场景、细节），有时也用总结、悬念等方式结尾。这种写法有利于从小处落笔、向大处开拓，引导读者从个别到一般、从感性到理性地了解新闻事实，所以颇受读者欢迎。现在这种体裁也常为我国新闻界所借鉴。

1. 约定俗成的小技巧

西方新闻理论界通常把日常新闻报道分为事件性新闻和非事件性新闻（或称动态性新闻和非动态性新闻）两大类。前者由于有具体的事实，有发生、发展、结束的动态情节，因而容易引人注目；后者则因涉及的大多是问题观点、政策法规、机构行业等抽象的东西，往往令人感到枯燥乏味。

《华尔街日报》式的好处在于，将非事件新闻已经或可能影响到的普通人引入新闻中，通过讲述此人生活发生的变化，使读者的关注点落在与自己一样的普通人的身上，不知不觉地被带入新闻主题，从而增加了新闻的人情味和贴近性。《华尔街日报》式在结构上一般由四部分组成：第一部分，人性化的开头，即与新闻主题有关的人物故事；第二部分，过渡，即从人物与新闻主题的交叉点切入，将真正的新闻推到读者眼前；第三部分，展开，即集中而有层次地阐述新闻主题；第四部分，回归人物，即重新将人物引入新闻，交代此人与新闻主题的深层关系。现在，通过对例文《辽宁大中型企业探索劳动力竞争流动新体制》的分析，直观地了解《华尔街日报》式新闻的结构特点。

开头："作为本溪钢铁公司保卫科的管理人员，唐明福怎么也没想到自己会被从铁交椅上撤下来，分配到勤杂部门当浴池厕所的清洁工。

曾在电力机车班当了十几年工长的唐明福，4 年前脱离一线岗位进入机关科室工作。能够坐上办公室管理人员的舒适椅子，唐明福着实高兴了一阵子。因为以往在中国的国有企业，只要不犯错误，就不会被调到车间去当工人。"

记者报道的主题是"辽宁大中型企业探索劳动力竞争流动新体制"，但文章一开头却让读者看到了一个人的命运转折，这种人物命运由高到低的极大落差，使人立刻对唐明福产生了极大的同情，同时也设置了悬念：唐明福犯什么错误了？不然为什么会当了浴池厕所的清洁工？让读者不能不看接下来的一段过渡。

过渡："可是去年 12 月，随着本钢劳动制度改革方案的出台，仅在第一线试点单位的运输部，就有 77 名多余的管理人员同唐明福一样，被调到一线生产岗位当了工人。

与此相反，9 名没有任何门路的工人经过考试选拔，正式走上了管理人员岗位。"

通过回答开头设置的悬念，引出"本钢劳动制度改革方案"，进而成功地将劳动制度改革的话题引入新闻。此时，记者才开始新闻主体的逐步展开。

主体："辽宁省劳动局局长告诉记者说，本钢实行的这种改革，旨在破除国有企业内部长期存在的身份界限，它使企业 10.6 万名干部工人一律以'企业职工'的平等身份同企业直接签订互为制约条件的劳动合同，同时也掀开了中国大企业管理人员正式告别'铁交椅'和'铁饭碗'的历史。"

之后，记者用 5 个自然段近 500 字阐述了此次改革的远因、近因及必要性和可能性，分析了与以往改革在范围、性质、深度上的区别。

最后，在将主题由本钢扩展到辽宁三分之一的国有大中型企业后，记者以辽宁省省长的话做总结，说明此次改革的意义，升华了新闻主题。

结尾："最重要的意义在于促使人们观念上的改革，使企业劳动力在流动中找到了自己最合适的岗位。"

2.《华尔街日报》式新闻的采写要求

从以上分析可见，《华尔街日报》式在吸引读者眼球方面具有明显的优点，对财经报道来说是化枯燥为生动的有效手段，值得借鉴。

直接采访是写好《华尔街日报》式新闻的前提。记者要尽量亲自采访有关部门及相关人员，不但要寻找与新闻主题有关的人，还要亲自观察采访对象的动作、表情、态度、观点，并在相关的同类人中选择最有代表性、最能说明新闻主题的人作为故事的主角，使之成为吸引读者、切入新闻主题的"桥梁"。

多信息来源是保障。既要有来自上层的信息，也要深入基层，了解普通人的感受、观点，还应尽量多地与不同身份、年龄、阶层的人沟通，以便找到合适的既能反映新闻主题又能最大限度引起读者共鸣的人物来。

选取合适的人与合适的新闻切入点是关键。一项政策或规定，往往涉及许多人，但并非所涉及的每个人都正好能成为将读者引入新闻主题的恰当人选，只有那些具备了一定的普遍性和代表性，又能引起读者最大关注度的人，才是《华尔街日报》式新闻写作中合适的桥梁人物。

需要注意的是，在《华尔街日报》式新闻的写作中，应避免为了讲故事而讲故事或不加采访编造人物故事的做法，那既会使人物故事与新闻主题形成两层皮，又影响新闻的真实、准确，还会使读者有上当的感觉，是新闻写作的大忌。

第三节　财经基础知识：了解国家的"车、马、帅"三大政策

"财政、货币、行政三大政策就如象棋里的车、马、帅，老帅一般是不动的，而车、马自可前突后围并应互相配合。"一位宏观经济学家这样比喻道。

一　财政政策

财政政策是国家宏观调控的手段之一。西方学者一般把财政政策定义为：为促进就业水平提高，减轻经济波动，防止通货膨胀，实现稳定增长而对政府支出、税收和借债水平所进行的选择，或对政府收入和支出水平所做出的决策。财政政策分为稳健财政政策、积极财政政策与适度从紧的财政政策三大类，具体含义如下。

（一）稳健财政政策

也称"中性财政政策"。中性财政政策的说法，实际上是由我国学者首先提出来的。"中性"是在政策转型的操作上保持一种"中性"的姿态。因此，稳健财政政策即中性财政政策的含义，可以做双重理解：一层意思是以财政理论中的中性财政政策作为政策调整目标，另一层意思是在当前经济环境下政策调整应该坚持中性的操作方式。现阶段稳健财政政策的实施可以概括为"控制赤字、调整结构、推进改革、增收节支"。

（二）积极财政政策

就是扩张性财政政策。扩张性财政政策是增加政府支出的财政政策，目的是对付经济萧条，措施有：增加政府支出、减少税收或同时并举。积极财政政策是在东南亚经济危机波及中国、通货紧缩成为中国主要危险的形势下实施的一种经济政策。它的主要意图就是通过财政上的增债、扩支来拉动需求，推动经济的增长。积极财政政策不是长期政策，国际上已经有过许多过度依赖积极财政政策的经验教训。

（三）适度从紧的财政政策

也就是紧缩性的财政政策。它的主要意图与积极财政政策相反，是通过财政上的减支、增收来抑制需求，控制经济的过热增长。紧缩性财政政策是减少政府支出的财政政策，目的是对付通货膨胀，措施有：减少政府支出、增加税收或同时并举。

中性财政政策与扩张性和紧缩性财政政策的区别主要表现在对国民经济的作用方向上，扩张性政策和紧缩性政策都是一种"逆风向"的反周期操作，防止社会总需求的大起大落引发宏观经济剧烈波动以及由此导致的种种负面作用。中性财政政策则不是反周期的操作，而只是一种导向性的操作。

二 货币政策

西方国家货币政策的最终目标有四个：稳定物价、充分就业、经济增长及国际收支平衡。我国货币政策的最终目标是保持货币币值的稳定，并以此促进经济增长。中央银行货币政策的工具可分为一般性的货币政策工具、选择性的货币政策工具及其他货币政策工具。其中，一般性的货币政策工具有三种：存款准备金政策、再贴现政策和公开市场业务。选择性的货币政策工具和其他货币政策工具则种类很多。各国中央银行可根据本国实际和货币政策的目标加以选择和运用。

（一）货币政策工具

一般地说，可以从以下三个方面来理解货币政策工具。

第一，公开市场业务。公开市场业务是发达国家经常使用的货币政策工具。它是指中央银行在证券市场上公开买卖各种政府证券以控制货币供给量及利率水平的行为。中央银行公开市场业务的目的，不是营利，而是调节货币供给。公开市场业务有许多优点，如比较灵活，多点少点都可以；可以迅速执行，不会有行政性延误或时滞；当运用公开市场业务发生错误时，中央银行能立即逆向使用这一工具，因此易于逆转，且具有较好的隐藏性。

第二，贴现政策。贴现政策的主要内容是改变贴现率。当中央银行提高贴现率时，资金成本加大，商业银行就不愿意向中央银行借款，因而抑制了商业银行的贷款供给规模，从而影响货币供应量。反之，也可以通过降低贴现率来促使商业银行放松贷款，从而增加货币供应量。更重要的是中央银行贴现率的变动是一个信号，产生"告示作用"，商业银行和公众会改变自己的预期，做出相应的行动。若贴现率提高，商业银行也会提高贷款利息，公众会减少投资，反之亦然。贴现率是中央银行体现货币政策的重要工具，它很有效，标志着货币政策的变化，同时也是一个强硬激烈的货币政策工具，一般不常使用。

第三，法定准备金制度。当中央银行认为，社会上的货币供给较少，各行各业急需更多的钱来谋求发展，就可以把法定准备金率降低，比如从10%降到5%。从理论上讲，变动法定准备金率是中央银行调整货币供给最简便的办法。然而，中央银行一般不愿轻易使用这一措施。这是因为，商业银行向中央银行报告它们的准备金和存款状况有一个时滞，因为今天变动的准备率一般要过一段时间（比方说两周以后）才起作用。再者，变动准备金率的作用十分猛烈，一旦变动，所有银行的信用都必须扩张或收缩，因此，这一工具很少使用，一般几年才会改变一次。中央银行使用这一工具一般都比较慎重。

（二）稳健货币政策

稳健货币政策是指根据经济变化的征兆来调整政策取向，当经济出现衰退迹象时，货币政策偏向扩张；当经济出现过热时，货币政策偏向紧缩。这种政策取向的调整，最终反映到物价上，就是保持物价的基本稳定。稳健的货币政策不是要自己稳健，而是要整个经济体系稳健。我国的经济体系在很大程度上受到商业银行影响，商业银行的稳健对经济的长期稳定发展至关重要。既要认识到货币政策对于结构性问题能够很好地发挥调控作用，又要认识到它不能包打天下，有时必须与其他政策手段共同使用才能更好地发挥作用。

三　行政政策

行政性政策是指国家经济管理机构凭借国家政权力量，采取发布命令、指示、规定、条例等形式，按照行政系统、行政层次、行政区划，直接引导和控制社会经济活动，以达到宏观调控目标的一种政策。与经济性政策相比，该政策一般具有强制性、直接性、纵向性、强调经济利益统一性、速效性等特点。在西方，由于长期奉行经济自由主义以及行政性政策本身所表现出来的某种效率或负面作用，很多国家对它有种本能的抵触情绪，只是将它当作一种辅助性政策，起到应急和补充作用。

对我国而言，作为宏观调控政策体系的一部分，它仍须加以重视并需得到有效利用，这是由我国社会主义政治体制以及目前所处的经济发展阶段、市场发育情况所决定的。首先，我国要在较短的时间内实现经济高质量发展战略，就必须要求采取一定的行政性政策以调动全社会资源，并使之进入经济快速发展轨道，而社会主义政治体制使得我国有能力调动社会资源发展经济。其次，目前我国市场化程度仍然较低，市场机制还很不完善，市场主体对市场信息的反映可能并不灵敏，导致其他经济性政策的调控功能受到制约，这时政府不得不以必要的行政性政策来代替。最后，我国经济的微观主体（或者说宏观调控的微观基础）以及地方政府在宏观调控中与中央政府的博弈倾向，也决定了行政性政策是不可缺少的。例如在特殊时期可以运用行政性政策对国有企业进行控制使之符合国家发展和宏观调控的要求。中央政府可运用它来控制和约束地方政府在宏观调控中可能出现的与中央政府进行政策和利益博弈的行为。

作为国家宏观调控手段的政策工具——行政政策，根据操作目标的不同，可以细分为四类：准入或过程监管、控制生产要素的获取、直接干预调控目标、行政监督。

准入或过程监管。中央政府各职能部门通过把诸多外部性规制指标设定或执行变动到一个新的水平，在市场准入或微观经济运行环节对市场主体的经济活动产生影响，以促进调控目标的最终实现。各种外部性规制指标是其操作目标。

控制生产要素的获取。各要素管理部门通过控制土地、资金或其他重要生产资料（煤、电、油、运、水、气）的供给，对经济主体的生产活动或消费活动进行限制，以促进调控目标的最终实现。各种要素的数量是其操作目标。

直接干预调控目标。针对调控对象，政府采取直接干预或管理的做法。这种情况下，操作目标和调控目标是重合的。比如说，固定资产投资调控中的淘汰落后生产能力（政府强制爆破拆除小火电等）便是一种直接干预，因为它以消灭生产能力为直接后果，是直接指向调控目标的。

行政监督。行政监督是一种特殊的行政手段。不同于上述三种直接指向市场机制或者市场主体的行政手段，行政监督属于国家内部管理的范畴，其直接指向是政府。也就是说，行政监督的操作目标是各级执行主体的执行情况。通过监督各级执行部门的执行情况，使各项调控政策得到认真落实，最终实现宏观调控的目标。行政监督作为一种行政手段的特殊性还表现在一旦行政监督介入宏观调控，便成为政府落实宏观调控政策的最后一道杀手锏，也是最为严厉的一种手段。近年来宏观调控实践中的行政监督表现为四种方式，分别是国务院组织的临时性的联合督查、中央各职能部门自行发起的专项检查、建立考核或问责制度、设立专职督察机构[①]。

总之，上述政策工具各具特点，行政政策调节具有方向性、结构性，但需要耗费较大的行政监督成本来保证其有效性，属于直接作用于政策客体的强制性宏观调控措施。而货币政策的特点是调控面广，几乎涉及经济运行的方方面面，适合于整个宏观经济总体出现问题时的系统性调控，对于局部性的经济波动现象，货币政策一般容易形成一刀切的局面，不利于整体经济的运行。财政政策的优势在于调节经济稳定和收入分配，尤其是税收政策能够在全局性的政策框架内对宏观经济进行适当的结构性调控。在现实中，三种工具需要相互配合、协调统一的，通过三种不同的政策工具在相应的职能范围发挥政策功能，调节宏观经济的运行。

---

① 黄伯平：《行政手段参与宏观调控：实质、特征与原因》，《中国行政管理》2011年第10期，第34～38页。

第七章　财经报刊媒体分析

—— 中外著名财经报刊介绍

第一节　国内部分财经报刊介绍与分析

一　财经报纸介绍与分析

（一）财经报纸介绍

财经媒体的发展历程与一个国家的经济发展进程基本上是一致的。我国财经类纸媒体大体上分为以下几类。

1. **传统的经济类日报**

以《经济日报》为代表，多为国务院机关报，权威性比较强。另有新华社主办的《经济参考报》、人民日报社主办的《市场报》等。还有领国内财经报道风气之先的《中华工商时报》，后来成了中国财经媒体的"黄埔军校"。还有由国务院发展研究中心主办、在经济学界比较有影响的《中国经济时报》等。

《经济日报》的前身是《大公报》，"文化大革命"时期停刊，1978年恢复，改名为《中国财贸报》。1983年元旦更名为《经济日报》后，发展很快，发行量达到了160多万份。《经济日报》是由国务院主办、中宣部领导和管理的中央级党报，是党中央、国务院指导全国经济工作的重要舆论阵地。1984年，邓小平同志为《经济日报》题写了报名。经过多年的发展，《经济日报》已成为在国内外具有较大影响的以经济报道为主的综合性报纸，是全国财经类报刊中权威性、公信力最强的报纸，是传播发布党和国家关于经济方面政策信息的重要渠道，是国内外了解中国经济发展动向的重要窗口。作为综合性经济类报纸，它着重于对财经新闻进行多方位、多层次报道，既有新闻性消息，又不乏解释性报道和深度报道。自创刊以来，《经济日报》每年都能推出一些在国内外产生较大影响的报道和文章，为改革开放和现代化建设做出很大的贡献，获得社会各界的普遍关注和充分肯定。

《经济日报》向来定位为"中央级以经济宣传报道为主的综合性大报"。面对激烈的报业竞争，它以综合性应对专业性，以全国性、全球性应对区域性，以原则报道和独家报道应对大规模"信息批发"和"信息复制"，以新闻化应对杂志化，以权威和深度应对海量和速度（时效）。因为片面追求权威性而失去了可读性和实用性，尴尬的定位没有办法吸引读者，没有发挥深度报道与专题报道的优势。作为证监会指定披露上市公司信息的报纸，证券版信息少且无特色。《经济日报》在政府官员及一些大企业里影响力还是很大的，目前发行量非常大。它目前的发行量是市场化财经类报纸远远不可企及的。

2. 传统的行业类报纸

各部委、行业协会等办的机关报，如《中华工商时报》《中国商报》《金融时报》《中国消费者报》等。随着综合性经济类报纸的崛起，行业报的萎缩是大势所趋，代表性报纸如《中华工商时报》《金融时报》。

《中华工商时报》创刊于 1989 年 10 月，是我国第一家民营报纸，是以财经报道为主要内容的全国性综合经济类日报，由中华全国工商业联合会、中国民间商会主办，向海内外发行，以广大工商界人士以及所有关心中国改革与发展的海内外读者为服务对象，总部设在首都北京。《中华工商时报》的基本任务是关注转型时期的中国社会现状；及时准确地报道中国政府的经济政策和国内外经济社会发展新闻；提供独到权威的市场分析和经济趋势预测；提供海内外各类商务资讯；为工商界参政议政提供舆论阵地；沟通工商企业与政府间的往来、行业或同业内企业间的往来、企业内劳资间的关系；促进中国工商界与海外工商界的了解与交流；维护工商界合法权益和社会公正。除每天报道重大新闻、综合新闻、产经新闻外，每周还出版《新闻周刊》、《企业周刊》和《财富周刊》。《新闻周刊》跟踪报道具有冲击力的事件新闻、背景新闻和人物新闻，《企业周刊》探讨企业的兴衰，力求新闻的

"现场性"、背景的"历史性"和分析的"纵深性",《财富周刊》报道中外企业并购、产业重组、跨国公司经营战略以及金融资本市场的重大变化。

《金融时报》创刊于 1987 年 5 月 1 日,是由中国人民银行、中国工商银行、中国农业银行、中国银行、中国建设银行、中国人民保险(集团)公司、交通银行和中信实业银行联合创办的一张全国性、综合性经济类报纸,在我国金融、经济领域是一张具有权威性的大报。它坚持"立足金融,面向经济;通过金融,反映经济"的办报方针,使报纸更加适应社会主义市场经济对报业发展的要求,适应金融体制改革及我国日益完善的金融组织体系对报纸宣传的新要求,面对读者及市场,在报业激烈竞争的新形势下,加大市场化取向,加强报纸的商业化操作力度。总体思路:加强报纸的新闻性,保持、巩固报纸在金融宣传领域的权威性,面向市场和读者,增加实用性及报纸服务功能;赋予证券报道以相应的完整性与独立性;集中精力办好理论周刊、保险周刊、投资理财或金融服务周刊、金融科教周刊这四个周刊。周二至周六 9 版至 12 版为每日证券,是以综合要闻、市场分析、行情、市场热点话题等为主要探讨内容的专版。

3. **专业类证券日报**

专业类证券日报以《中国证券报》《上海证券报》《证券时报》三大证券报为代表,在证券报道方面具有较强的优势,由于得到了官方的授权,其在证券报道方面的权威地位目前无可取代。这类报纸内容专业而实用,但影响力主要限于证券行业。下面以有代表性的《中国证券报》为例。

《中国证券报》是新华通讯社主办的全国性证券专业日报,是中国证券监督管理委员会指定披露上市公司信息的报纸、中国保险监督管理委员会指定披露保险信息的报纸、中国银行业监督管理委员会指定披露信托公司信息的报纸,在海内外公开发行。1992 年 10 月 8 日《中国证券报》试刊第一期,1993 年 1 月 3 日,由新华社主办的《中国证券报》应运而生。《中国证券报》创刊于 1993 年 1 月 3 日,周二刊,于 1994 年 1 月 1 日改为日报。它的办报宗旨是宣传党和国家有关经济、金融、证券的方针政策,传递金融、证券信息,评析金融、证券市场,普及金融、证券知识,做可信赖的投资顾问。以证券、金融报道为中心,报道国内外经济大势、宏观经济政策;报道证券市场、上市公司等专业领域;关注货币、保险、基金、期货、房地产、外汇、黄金等相邻市场,并在更加广阔的财经领域有着较大的影响力。办报的目标是做高水准的财经报纸,即所刊登的文章有较多的独家新闻、深度报道和具有前瞻性的分析评论，这些文章被较多地转载、援引、提及，受到人们的关注和重视，从而在较大程度上引导舆论，影响人们对证券市场、金融形势和经济走势的看法。作为一张全国性的证券专业报纸，《中国证券报》努力弘扬报道的权威性，帮助读者把握宏观政策精神和市场走势；着力增加有效信息量，方便读者及时了解国民经济、行业部委、上市公司和证券市场等各个层面的信息，为其投资决策提供有效参考；注重市场报道的实用性。同时，重视发挥媒体的舆论监督功能，揭露并抨击重大违法违规行为，维护投资者利益，促进证券市场健康发展。

4. 新锐的财经类周报

新锐的财经类周报以 2001 年 1 月 1 日创办的《21 世纪经济报道》、2001 年 4 月 6 日创办的《经济观察报》和 1985 年创刊并转型成功的《中国经营报》为代表，这类报纸以靠贴近市场的深度化报道迅速打开局面，成为国内读者获取经济资讯的主要渠道之一，并形成了相当的品牌效应。但由于发行数量和发行范围所限，其影响力受到一定的限制；而且，其过于"专业化"的写作和"圈子化"的视野，也在一定程度上制约了读者面的拓宽。

《中国经营报》创刊于 1985 年 1 月，是发行量比较大的综合经济类周报。它倡导"终生学习、智慧经营、达善社会"的企业理念，将读者锁定在"拥有活跃的个人学习和消费欲望，对企业的经营和采购同时拥有建议甚至决策权"的商务管理阶层，曾因"为改革开放鼓与呼，为市场经济的实践者出谋划策"的办报宗旨而成为国内商业类报纸的领跑者。商务人士、商务管理决策者是其核心读者。从可操作性出发，它逐渐形成"务实""有用"的办报风格。

《21 世纪经济报道》创刊于 2001 年 1 月 1 日，属南方报业集团，致力于服务最优秀的人群，推崇"新闻创造价值"，力求成为中国商业报纸的领导者。它具有极强的采访能力，被民间视为"擅长曝猛料"。它对经济现象的分析不仅仅停留在微观层面上，更会去挖掘事件发生的政策性、体制性背景。业内人士评价它"既有财经媒体应有的专业视角与见识，又有大众媒体善于抓住读者的切入方法与提要方法；既有独家的选题，又有大量对其他媒体当周报道财经大事的组合性利用"。每周两次出报，以更及时的频次服务读者，并最终将发展成为财经日报。

《经济观察报》创刊于 2001 年 4 月 6 日，以"拥有财富、拥有权利、拥有思想"的实力阶层为读者对象，以"理性、建设性"为办报核心理念，宣传口号是"以工业标准建设商业"。《经济观察报》最为人称道的是营销策划能力。通过"复制"英国《金融时报》的橙色报身、版式及内容设置理念，创刊初期便获得了广泛的关注。其"数据库发行、活动带发行"的销售方式也被普遍认可。它是国内第一份橙色的报纸，拥有国际版式，强化视觉冲击，彰显品牌个性。每周一发行，对开 40 版，共五大版块，覆盖全国 100 多个城市。

5. 新兴的财经类日报

新兴的财经类日报以《第一财经日报》为代表，还有先后在上海创刊的《每日经济新闻》《国际金融报》等。

《第一财经日报》于 2004 年 11 月 15 日创刊，是中国报业市场上一座里程碑式的报纸，由三家重量级的传媒集团——上海文广新闻传媒集团、广州日报报业集团、北京青年报社联合主办，并得到了中宣部、新闻出版总署的大力支持和三地党委、政府的充分肯定。它坚持权威、独立、责任的编辑理念，传播权威的信息和声音；恪守新闻的真实与独立原则，怀抱建设性和理性的心态；追求专业、大气、现代的版面效果和易读耐读、明快深入的报道风格，致力于全面建立中国财经日报的阅读标准；服务于中国的商界领袖、创业家、管理精英、金融投资人士、政策制定者等。

6. 机关报和都市报的经济版面

这类报纸最大的特点是比较贴近生活，但信息供应量有限，专业感不强，深度不够，不能满足人们特别是专业人士对经济报道的需求。具有代表性的有《京华时报》。

《京华时报》创刊于 2001 年 5 月，是北京新闻分量最足、本地资讯最多、新闻时效最强的早报。它最早进行采编机制改革创新，是《人民日报》改革创新的试验田。一改京城传统的新闻理念，致力于新闻还原。其口号是提供具有阅读快感的、纯粹的新闻报纸。号称是在北京市所有日报中第一个上摊、最早与读者见面、对新闻反应最快的报纸。

（二）财经报纸分析

1.《第一财经日报》分析

《第一财经日报》力求成为中国最具影响力、最具权威性、最受尊敬的财经日报，成为一张和中国经济的未来相匹配的世界级的百年大报，是中国报业史上一座里程碑式的报纸。《第一财经日报》是中国首个跨地区、跨媒体的报纸，而且跨越中国最重要的三大经济区；有强大的股东背景与资源；有主流、权威、市场化的财经日报的愿景与想象空间；建立了财经日报标准；影响中国"三最人群"，即最具决策力、最具消费力、最具影响力；与全球化背景下的中国经济共同成长，肩负时代责任。

（1）定位

内容定位：《第一财经日报》是一张全国性、市场化、权威、主流的财经商业报纸，是以财经为中心、为特色、为主体的日报，是财经化的日报，是用财经眼光看世界同时也影响财经世界的日报。其密切关注全球化背景下中国经济的发展和社会的进步，反映中国制度变迁和经济转型的整体图景，追踪世界经济和金融投资动态，提供财经新闻和政策解读，报道产业最新资讯，做出市场深度分析，传递管理经验，把握科技趋势，塑造财富伦理，普及商业文化。

读者定位：《第一财经日报》的目标读者是"三最人群"——最具决策力、最具消费力、最具影响力，为中国的商界领袖、管理精英、金融投资专业人士、政策制定者和经济工作管理者、创业者等。《第一财经日报》的读者价值在于它是一份深具新闻价值、工具价值、决策参考价值、投资指南价值、管理借鉴价值、潮流引导价值的每个工作日必读的主流日报。《第一财经日报》将在中国的经济、金融、投资、工商、产业、技术、商业教育等众多领域发挥重要的信息和舆论作用。

（2）编辑方针

《第一财经日报》坚持权威、独立、责任、专业的编辑方针。传播权威的信息和声音，恪守新闻的真实与独立原则，怀抱理性和责任感，以全球化视角关注时代的核心问题，在时代演进变革的大视野中透视丰富的财经世界，专业化的知识和技能是报道的前提。

（3）报纸风格

《第一财经日报》追求现代、大气、国际化、注重细节的版面效果，追求易读耐读、明快深入的报道风格，致力于全面建立中国财经日报的阅读标准。《第一财经日报》是用财经眼光看世界的日报，是影响财经世界的日报，是海量信息时代的精选者、穿透者，是全球商业和投资时代的提醒者、分析师，是社会转型时期的探索者、导航者。它追踪每日最重要的事（势、市），还原与发现真实的商业逻辑，用动人的方式创造阅读体验，在更开阔的视野和背景上求得一个更大的因果。

（4）结构设置

一张报纸的结构设置取决于报纸的定位，而结构设置又决定了一张报纸所提供的内容，决定了它的读者群，进而又直接影响到它的发行和广告。《第一财经日报》的报纸结构基本可以概括为"三四五"——三叠、四块和五个周刊，形式上分成 A、B、C 三叠，周五加一个 D 叠。内容上按顺序分成综合新闻（实际上就是时政类的经济新闻）以及评论、财经新闻（这是这张以"财经"冠名的报纸的支柱产品）、产经新闻和生活副刊四大板块。在产经新闻里边，又设置了一个行业性的周刊。

2. 《经济观察报》分析

（1）办报理念与读者定位

办报理念：以其"理性、建设性"办报理念独树一帜，不冲动、不破坏、不媚俗、不虚伪、不偏激、不盲从、不骄傲，其中理性就是注重思考、讲究方法、客观公正、准确如实，同时具有职业精神。

读者定位：是以社会主流阶层、社会中间阶层为读者对象的一份报纸，也就是以社会"中等收入者"群体为读者对象，面向一群有财富、有权力、有理想、有未来的"四有新人"。他们大多从事脑力劳动，主要靠薪金或合法经营收入为生，一般受过良好教育，具有专业知识和较强的职业能力，有一定的闲暇和消费能力，追求生活质量，同时具有良好的公民意识和社会人文情怀。

（2）发行理念和策略

《经济观察报》比较引人注意的是媒体的营销策略与独特的发行运作理念，该报负责人对其做法给予了极好的解释与介绍。①

第一，实行"精确销售"。《经济观察报》从开始就成立了一个"定制发行部"，他们负责收集深沪两市 1000 家上市公司的主要负责人，北京市政府主要管理部门的司局级以上干部，全国主要院校的经济系、管理系和新闻系的教授及像吴敬琏这样的社会知名人士的名单，另外还有大约 3000 家广告公司（因为他们需要广告公司帮助他们进行第二次销售）的名单，这个数据库一度高达 10 万人左右。然后开始向这些读者直接赠送报纸。

第二，实施联合销售。该报认为中信出版社的读者群和《经济观察报》

---

① 引自《经济观察报》副总经理李清飞在"光线杯"复旦大学新闻学院第二届研究生学术年会上的演讲，新传播资讯网。

的读者群比较接近，因此，他们签订了战略伙伴合作协议，成立了一个读书会。具体地说，就是《经济观察报》向读者推荐比较好的、主要由中信出版社出版的图书，读者通过加入《经济观察报》读书会购买图书，每买100元，就送3个月的《经济观察报》；买200元，就送半年的报纸；买300元就送全年报纸。读者买书实际就是6折，得到了优惠，报纸也能获利。

第三，投入巨资做销售数据分析。比如在上海，通过他们的资料库可以很清楚地知道《经济观察报》卖了多少、在什么地方卖得最好、在零售现场销售者和购买者都发生了哪些问题等。在上海，每周都会抽查10个报摊的销售情况，其中包括繁华地段的两个，公司密集地区的两个，地铁站附近的两个，等等。然后根据抽查结果衡量上海市场部的销售报告是否准确。被抽查的10个报摊，每周都会更换4个，以实现不断监控。注重分销商的利益。如果某期报纸很好卖、需求量特别大，代理商提高给分销商的价格的话，将会对代理商进行严厉的处罚。

第四，向零售商促销，不向读者促销。创刊之初，把向读者促销的成本转化为给零售商好处，选择了向零售商促销的办法。读者买报是靠口碑和别人的推荐。零售商卖掉一份，就送你一瓶矿泉水。结果证明，这个办法效果非常明显。

第五，"神秘消费者计划"。该报市场部人员会每天去逛报摊，然后像普通读者一样问报摊主："哪一种财经报纸好卖啊？"很多卖报的人通常会想当然地就回答。这时，市场部人员就会送给他一份神秘礼物，如曾经送过箭牌口香糖，然后告诉他，如果下回再有人来问这种问题，就回答说"《经济观察报》比较好卖"。一个月内其他同事还会再去几次，如果回答对了，还有"神秘礼物"送。摊主觉得这个生意很划算，就每天等着有人来问他这个问题，然后跟每个人都说《经济观察报》比较好卖。通过这样的推荐，赢得了非常好的终端支持，在市场基础非常薄弱的情况下，卖出了这张好报纸。

第六，"超级售点计划"。经过统计，有230多个销售点每期可卖出100份以上的《经济观察报》，把它们叫作"超级售点"。"超级售点"在终端数量上约占5%，但它们的销售成绩占大约30%。他们统计了《21世纪经济报道》、《中国经营报》和《经济观察报》卖得最好的前300个报摊，发现其中约100个报摊，3张报纸卖得都非常好；还有约100个报摊，其他两种报纸卖得比他们的好，是其他两家报纸的"超级售点"。《经济观察报》在全国20多个城市开展了一个针对"超级售点"的促销计划。请一些大学生，在那些做得不太好的售点前等待竞争对手的读者到来。在读者掏钱或询问的过程中，他们的人员绝不会干扰他，等他成交了，离开这个报摊 10 米左右，就追上他，问他是否每个礼拜都会买那份报纸，问他《经济观察报》是否看过，如果没看过，他们就送他一份，希望他下次能购买。就这样，他们把竞争对手的一些核心读者据为己有。

二　财经期刊介绍与分析

（一）财经期刊介绍

目前，在我国财经期刊市场上，财经类杂志的办刊水平高于财经类的报纸。而且，财经类期刊种类繁多，一些行业性的财经类杂志，如汽车类、电子类等也受到了大众的欢迎。让人感受到财经媒体的兴盛态势。

《财经》创刊于 1998 年，由"中国证券市场研究设计中心"主办，秉承"独立立场、独家报道、独到见解"的理念，全面观察并追踪中国经济改革的重大举措、政府高层的重要动向、资本市场建设的重点事件。《财经》报道以新闻的独家性和权威性见长，对中国经济改革产生深远影响，受到中央高层、经济学界、金融界、企业界及海内外传媒的广泛关注，并在传媒业中赢得极高声誉。其代表作《基金黑幕》引发了中国证券市场的大地震，围绕中国股市的一场是非辩论席卷而起。《财经》又应时推出《庄家吕梁》等力作，揭露中国股市的种种劣迹。这场辩论的最终结果是促使高层痛下决心整肃证券市场的违规行为。2004 年 10 月，《财经》更改为双周刊出版，自创办以来，已经成为财经媒体不容忽视的品牌。

《中国企业家》创刊于 1985 年，定位于"讲述中国财富阶层的生意方式和生活方式"，是国内财经类期刊中创刊历史较长、仍然保持着创新活力与市场领先地位的杂志之一。以"让企业家成为全社会最受尊敬的人"为宗旨，秉承"国力的较量在于企业，企业的较量在于企业家"的理念，推出了"研究失败"系列、"财富命运"系列、"调查排行"系列，代表作如《四问长虹》《飞龙总裁反省 20 大失误》《爱多病》等已成为国内商学院及管理咨询界研究企业的"中国式哈佛案例"；《乡企四少：子承父业的诱惑》《企业家遭遇暴力》，持续超前关注财富阶层普遍性课题；《25 位最具影响力的中国企业领袖》《21 位中国企业领袖全球竞争力重估》等，精确度量财富人群的内外空间。

《销售与市场》是中国市场领域最具影响力和权威性的营销实战期刊。自 1994 年创刊以来，坚持"实用性、专业性、权威性、国际性"的办刊方针和市场定位，紧扣中国经济生活主旋律，与中国企业同频共振。2002 年被评为全国期刊百强并荣获第二届国家期刊奖提名。2000 年起，同中国市场学会联合举办"中国杰出营销人金鼎奖评选"及"中国营销论坛"，迄今为止已连续举办三届。其中，金鼎奖是目前国内有关营销的最高大奖。2002 年，"金鼎奖"首次对海外营销专家颁奖，极大地提高了《销售与市场》在国内外同业中的声誉，被誉为中国营销人成长的黄埔军校。2003 年，杂志通过美国专业媒体发行认证公司 BPA 的发行数量认证，成为其认证会员，成为国内首家通过国际发行认证的财经类期刊。

《IT 经理世界》于 1998 年创刊，立志成为中国最好的商业管理杂志。它从信息技术推动企业管理进步这个角度切入，逐渐进入各个行业的战略、管理和运营层面，探讨信息产业、制造业、流通业、金融业等各个行业的企业经营管理问题，秉承"观点前卫、立意严肃、谨慎求证、忠实记录"的一贯风格，致力于操作对当前中国工商界问题的独立判断以及深刻剖析。《IT 经理世界》90% 以上的读者为国家大中型企业的决策层、跨国公司的 CEO、新兴产业的创业家、各级政府官员和研究机构专家学者。通过影响这些在企业运作及社会经济发展中起着中坚作用的读者群，《IT 经理世界》成长为一份真正能够在中国企业发展过程中起到舆论引导作用的权威媒体。

（二）财经期刊分析

《财经》杂志，几乎成了现在财经类杂志的象征，使得以《财经》杂志为代表的这类杂志成为我国财经类期刊市场的一大景观，占据了报摊经济类期刊中几乎半数以上的位置。

1. 《财经》杂志案例研究

（1）报道目标："以我为主"地做杂志。报道自己认为读者应该看的东西，根据刊物的立场选择做那些认为重要的事情，而不是完全听从市场发出的信号，并不是读者爱看什么就报道什么。那么，判断重要或不重要，用什么标准？标准也是很简单的。如果一个新闻、一个事件能影响比较多的钱的，肯定是比较重要的；社会新闻，能影响比较多的人的就是重要新闻。另外，可以再附着一些其他标准。世界上有些大事，也有些小事。大事天生就是大事，人所共知。但还有些小事，编辑或记者觉得在小事上附着一些大的含义，附着制度变迁的意义，可以大做。

（2）报道风格：独立、独家、独到。希望文章从标题到内容要引人注目，但不能哗众取宠。从体育报道到财经报道，不追求小说化写作的趋势。和其他报道相比，财经报道更加强调可靠性，更要求稳健。要做有可靠性的报道。调查性报道首先要看主题的选择，然后围绕主题做非常周密的调查，材料要翔实可靠，证据有充分的说服力，发表后的效果要很大。所有的文章都是有态度的，有的时候要说清楚，有的时候要藏起来。《财经》杂志要试图对正在发生的进程有所影响，所以，基本上决定了《财经》主要的文章是述评。

2.《财经文摘》分析

（1）基本情况

2002 年 11 月在香港创办，是全球唯一的华文财经文摘类杂志，隶属于香港华文传媒机构。办刊宗旨：让惜时如金的商务人士在最短的时间内获取全球最重要的财经资讯。《财经文摘》以其精准的定位迅速在财经界崛起，汇聚全球精彩的财经文章，传递最客观、最权威的财经信息，以其丰富的管理、人物兴衰、财经大势、焦点评述等财经知识，兼以务实的风格、平和中立的观点、广阔的视野赢得了众多企业中高层管理者、决策者、学者、高技能社会群体的青睐。《财经文摘》奉行"以杂志内容销售给读者、以广告销售将读者销售给客户"的原则，在不断拓展发行渠道的同时，将客户产品的魅力带给每一位读者。2003 年 11 月，中国国务院新闻办公室批准特许《财经文摘》在内地发行，成为少数有权在境内发行的境外刊物之一。

（2）定位

其内容定位为全世界最重要的商业媒体、最重要的财经文章。内容主要涉及"管理营销"、"泛财经"和"人物"领域最重要的、实用的财经类文摘，其中"管理营销"类作为最实用的内容占最大比例，涉猎范围最广。报道范围：60% 海外、20% 港台、20% 内地。权威：同步摘取世界最重要大刊的重要文章、最新商务图书精华、最重要机构报告。态度：客观、平和、鞭辟入里。读者定位：惜时如金的商务人士，其文摘性质契合商务人士的阅读习惯，广泛的内容满足商务人士的阅读要求，平和、中立的观点符合商务人士的阅读品位，广阔的视野（内容涵盖海外、港台、内地）是商务人士的阅读指南。

（3）栏目结构

其栏目有《总编在线》，当期杂志介绍；《要刊要文》，中外名刊的封面及重要文章；《封面文章》，财经大事、要人的全新解读；《财经大势》，世界经济最新趋势、动向；《商业评论》，中外著名商业媒体重要商业评论；《产业》，汽车、金融、IT等重要产业报道；《公司》，公司定位及其竞争优势；《人物》，中外著名商业名人排行、报道，设有《名利场》《创始人》《掌门秀》等二级栏目；还有《图书》，中外著名商业图书最新报道，设有《月度擂台》《境外新书》《大师财经》《浪淘沙》等二级栏目；还有《总编荐文》，总编辑推荐的商业文章。

（4）采编资源

《财经文摘》的编辑人员在大量阅读财经类媒体的基础上，为读者精挑细选，采撷全球最精华的财经文章并将其汇集成册，形成了信息量大、可读性强、覆盖面广、客观深刻的风格特点，获得了广大读者的积极认可。内容的范围分布为60%海外（其中美国30%）、20%港台、20%内地（大陆）。它同步摘取世界最重要大刊（美国《商业周刊》《福布斯》《财富》《高速公司》等，英国《经济学家》，德国《经济周刊》《明镜周刊》，中国台湾《天下》《商业周刊》等）的重要文章、最新商务图书精华、最重要机构报告，并以香港金融中心为信息中转站，提供最新的世界财经资讯。

（三）中国财经类期刊发展误区与出路

1. 中国财经类期刊发展误区

目前，中国财经类期刊走入了以《财经》杂志为首的报道模式误区，使得财经类期刊竞争看似激烈，实际上只是表面集中于某个区域，这个区域有杂志人叫它"泛财经"，这类杂志的报道模式没有很好地发挥杂志的优势，而是在同报纸争夺着眼球。《财经》杂志成功了，但《财经》的成功是不可复制的，从人力、财力、机会等方面来看，其他"泛财经"类杂志是不可能取得像《财经》杂志那样的成功的。虽然《财经》杂志是一份市场化运作的杂志，但从《财经》的内容以及改变《财经》杂志命运的那些报道来看，这仍旧是一份包含着文人办报情结的刊物。《财经》作为一份杂志，其主题仍旧是改良，这是100多年来中国知识分子、中国文人的最大情怀。《财经》杂志并不是想通过各个方面来改良社会，而是找到了一个适合当下中国的方法，通过经济领域的改良，来改变政府的行为、企业的行为，最终达到社会改良的目的。看看谁在看这份杂志，就足以能看到《财经》杂志所能产生的舆论力量，这种舆论力量足以使政府改变其工作行为，比如《基金黑幕》以及此后的证券市场的改革。

《财经》成功的重要原因，是其编辑队伍及记者队伍规模之大（相对于国内刊物），这是其他经济类刊物不可比的。这样，在选题策划上，其成熟程度要高得多。那么其他泛财经或者以财经报道为主的杂志的困境在哪里呢？

财经类期刊忽然异军突起，资本向着财经类刊物市场投入，使得人才匮乏成为财经类期刊最为头疼的大事，而这重中之重，便是缺乏杂志内容的掌门人，主编之缺更是令投资者伤透脑筋。于是，主编便只能从报业里去找，一个个做报业多年的知名记者或者知名编辑，便走进了杂志，走上了杂志的领导岗位。这一点，只要去翻翻新兴的财经类期刊的目录，看看其主编的名字，就知道其来自哪家报纸。这些报人去做杂志的主编，不可避免地要带着做报业的痕迹，把这种痕迹带到做杂志中。他们把做报纸的报道手法带到杂志中去，重视记者的报道，不重视策划选题，不注意选题整体性。这些杂志主编认为，有几个文笔好的记者，便可以撑起一本杂志，而且把在报纸中的深度报道用在杂志上，以为就是在做杂志了，追赶财经热，追赶产业报道热。翻开一些杂志看看，你都弄不清这些杂志的定位在什么地方，什么读者会去看，这些杂志的整体文章能为所看的读者群体带来什么样的价值。

那么，造成今天这些以财经报道为主的经济类期刊竞争局面的是什么呢？首先，其主编大多从报纸而来，把杂志报纸化了，有些人以为深度报道就等于做杂志。其次，这些主编招来的编辑、记者，有一部分是从报纸而来，或者主编以做报纸的思想要求这些编辑、记者。注重报道那些热点的东西，而不是从读者的需求出发，策划选题，然后再选内容，为读者做些实用的东西。其内容的导向是以编辑、记者的资源来组合杂志的内容，有时还把做报纸的一些不好习惯带入做杂志中，比如为了拉广告或者个人利益，而为某企业或者某老总做一些软文报道，大篇章、大图占用了很长周期才出一份的杂志的稀缺版面。最后，主编对经济类期刊市场认识不清，只凭自己原来有的多年做报纸的优势以及资源来办杂志，而不是通过细分市场找到杂志的合理定位，从杂志正确的读者对象出发合理选题，提供有价值的东西。当然，还有一点是这些报人做杂志时有文人办报情结，想走类似《财经》杂志那样险而窄的路。

2. 中国财经类期刊的出路

美国是市场经济高度发达的国家，也是杂志工业高度发达的国家，比较其经过市场检验而存活下来的财经类期刊的格局，对中国财经类期刊有着借鉴意义。美国财经类期刊细分程度很高，很少有我国那种类似于揭秘类的财经报道刊物，更多的是很实际的、实务性的与商业发展相关的报道或者知识的传播，其内容直接为企业发展服务，包括市场分析、商业思想指引等方面。

在美国排名前50的期刊中，财经类期刊有《商业周刊》《财富》《福布斯》，都是以商业报道为主。其他的美国财经类期刊有《广告时代》《国家商业》《哈佛商业评论》《斯隆管理杂志》《商业水平》《加州管理杂志》《营销学杂志》《市场营销学杂志》《消费者研究杂志》《品牌周刊》《销售与营销管理》《公共关系》《营销调研杂志》《管理科学》《企业战略杂志》等。从以上不完全列举的美国市场上财经类杂志的格局，我们可以看到，在分众时代到来后小众化人群形成，期刊整体上是朝着专门化、专向化之路发展。在经济领域，财经类期刊也向着更细分化的方向发展，财经类的杂志进一步细分了市场，为特定的某一类职业的人服务。因此，从美国财经类期刊市场看中国财经类期刊现存的空白以及未来财经类市场的格局，可见端倪。

而在竞争真正到来之前，如何在内容上、在杂志的产品力上制胜，又是国内期刊竞争的另一个重要方面。美国财经类期刊重视选题策划，有着强大的编辑队伍，美国一家著名的商业期刊，其编辑队伍有250人之多。他们选题往往是根据市场及企业的需求而做，一个选题，会调动大量的编辑，做半年之久，除了搜集资料、找专家，还派记者去采写，采写的文章也不一定全部采用。可见，美国财经类期刊对内容的重视程度之高。他们真正地把期刊当作一个产品来做，注重质量，注重整体。国内的经济类期刊人也认识到这些，但说起来，他们就有一肚子的苦衷。由于操作和执行上很难实现，他们往往不向这个方向努力，对内容缺乏足够的重视。选题往往由单个编辑或者记者来报，重个人，而不是编辑团队的力量。一个编辑或者记者可能把自己想好的选题说得很好，而实际上，单独看，这样的选题也许的确很好，但就是偏离了杂志整体的编辑方向，定位上容易混乱，期与期之间的内容让你看不出读者是谁，内容是办给谁看的。

中国财经类期刊人，应该从现在的财经类期刊的泥沼中走出来，重新审视和定位自己期刊所在的位置，去迎合市场的需要，以务实的态度参与到国家的经济建设当中去，以免未来付出不必要的惨重代价。

第二节　国外著名财经媒体分析

一　国外部分财经报刊介绍

（一）西方重点财经日报介绍

1. 美国《华尔街日报》（*Wall Street Journal*）

《华尔街日报》于1889年创办于纽约的金融街——华尔街，即墙街（Wall Street）。1882年，一位名叫查尔斯·道（Charles Dow）的经济金融记者与同事爱德华·琼斯（Edward Jones）合伙成立了道·琼斯公司，收集并定期向股票经纪人发售有关工商行情的消息。由于生意兴隆，他们又在道·琼斯公司的基础上于1889年创办了《华尔街日报》。该报从创刊之日起，天天发布经济信息和股票指数，百余年来从未中断。该报早期是一张发行量和影响力都很有限的小报，主要面向金融机构和证券炒家。第二次世界大战时期，形成了《华尔街日报》的报纸风格：宽纸型，没有图片，没有色彩，没有破栏标题。此后60年间基本未变。《华尔街日报》的读者，平均年龄在40～50岁，家庭年收入在10万美元以上，基本上属于"中产阶级"或"中产阶层"。《华尔街日报》在很长时间内是美国发行量第一的报纸，现在居全美第二位。

2. 英国《金融时报》（*The Financial Times*）

《金融时报》于1988年创刊于伦敦。伦敦作为世界发展最早、最古老的金融中心在世界金融市场中有举足轻重的地位，《金融时报》也因此成为世界权威性的金融报刊。《金融时报》通过其发行网络和网络信息服务，为全球400万投资人士提供商业决策。该报的口号是"世界工商报纸"。它将自己定位为主要的国际工商英语报纸，目标是为读者提供最佳的全球工商信息、分析和评论。《金融时报》属于英国皮尔逊传播公司，于1888年2月13日在英国伦敦创刊发行，迄今已有130多年的历史。这份报纸在创办初期只有四页，早期读者只是伦敦城里的金融界人士。1893年该报首次以浅橘红色纸印刷，一直延续至今，是当今世界数一数二的国际性财经金融报纸。国外市场的发行量比国内市场的发行量还要多，在140多个国家和地区拥有130多万名读者，是每天传送到白宫的唯一一份非美国报纸。

该报以高品质的经济新闻及富多元文化的经济特稿赢得读者的青睐，其广告创意特别重视视觉效果，其新闻评论的特色之一就是其新闻性，评论或分析所提出的问题是当前为读者所关心的。此外新闻评议也像新闻报道那样，注重时效性，配合新闻报纸。

（二）西方重点财经期刊介绍

1. 美国《财富》（Fortune）杂志

《财富》创刊于 1929 年秋，是美国第一本将商业领域中的精华和热点向公众介绍的杂志，被誉为具有世界权威的颇具影响力的知名商业经营管理杂志。它原为月刊，1978 年改为双周刊。它隶属于美国时代华纳公司（Time Warner）旗下的出版机构时代公司（Time），在企业特别是跨国公司管理层内有较大影响。该杂志每年评出的"全球最大 500 家公司"（世界 500 强）排名为中国人所熟知。它以丰富的专业知识为背景，对各企业的经营做深入的研究报道，极具权威性。它自 1955 年首次推出"美国 500 家最大工业公司"排行榜后，年度排行榜从此成为《财富》杂志的"拳头产品"。1995 年开始《财富》杂志推出一年一度的《财富》全球论坛，使《财富》杂志在全世界的知名度和权威性不断攀升。用讲故事的方法来写经济新闻报道，并加进强烈的人情味，是《财富》取得成功的关键之一。为全球人熟知的两个杂志运营品牌"《财富》全球论坛"和"世界 500 强"仍然在继续维持着它们在财经领域的话语霸权。《财富》（中文版）是唯一在中国获得时代公司授权使用"财富"名称的杂志。《财富》（中文版）的出版宗旨是为在中国运营的中外企业的经理人提供世界级的管理信息，帮助他们在竞争日益激烈和迅速变化的环境里管理企业。

2. 美国《福布斯》（Forbes）杂志

《福布斯》杂志于 1917 年创刊。作为全球著名的出版及传媒集团，福布斯集团（Forbes Inc.）首开美国商业新闻的先河，其旗舰刊物《福布斯》杂志，是美国最早的大型商业杂志，也是全球最为著名的财经出版物之一。1917 年，由苏格兰移民美国的财经记者 B. C. 福布斯独立创办了美国第一本纯粹报道商业新闻的杂志，但他使用的报道方式却和那个时代截然不同。他反对当时盛行的堆砌枯燥的商业数字的方法，坚持关注掌控企业的人们。《福布斯》杂志一直以"关注实践和实践者"为口号，倡导企业家精神和创新意识。正是其明确的定位和独特的深度报道，使《福布斯》成为今天美国主要商业杂志中唯一保持 10 年连续增长的刊物，其受众群在商业杂志中占据魁首。《福布斯》为双周刊，每期刊登 60 多篇对公司和公司经营者的评论性文章，语言简练，内容均为原创。其前瞻性报道为企业高层决策者引导投资方向，提供商业机会，被誉为"美国经济的晴雨表"。杂志涉及话题涵盖面广泛，从工业、金融、国际商业、市场营销、法律、税收、科学、技术、通信、投资到企业创业，都有论述。

3. 美国《商业周刊》(*Business Week*) 杂志

美国《商业周刊》杂志于 1928 年创刊，系全球销量第一的商业类杂志，每周发行量高达 120 万本，读者人数超过 560 万人，由麦格劳 – 希尔公司（McGraw-Hill Inc.，"标准普尔指数"的制定者和拥有者）出版，发行遍及 130 个国家，是商业界最权威的声音，也是许多商业巨子的必读之物。它不仅提供最新的商业信息，更是权威性的资料来源，为瞬息万变的经贸界提供资深人士的评论与分析。除了有关当前话题的特色文章外，这一杂志还刊登关于国际商务、经济分析、信息处理以及科学和技术的定期讨论。特色文章和定期讨论帮助读者及时了解事件当前的发展并评估其对商务和经济状况的影响。《商业周刊》的核心竞争力在于对影响全球资本主义经济走向的观念与技术的前瞻性报道。通过美国《商业周刊》的报道，读者能掌握财经大事、金融趋势和预测、科技应用等的最新动向。读者群包括高层政府官员以及制造业、通信业、银行业、金融业的精英。美国《商业周刊》的环球采编队伍包括逾 240 位分驻 22 个通讯社的编辑和记者，其全职特派员（包括科技及金融专家）比任何其他商业杂志都多，派驻的城市也更多，旨在为读者提供投资股票所需的重要知识，并帮助公司运用最适当的现代科技，在竞争激烈的国际市场上占据领先地位。由于经验丰富，报道行业广泛，其吸引了许多高层管理人员及决策人士。

4. 英国《经济学家》杂志

《经济学家》杂志隶属经济学家集团，创刊于 1843 年，是一份包含新闻、政治经济观点和深度分析的周刊，也翻译为《经济学人》，以独立和全球化的视角著称。说它是杂志，其实它是以报纸的身份注册的，是一份包含新闻、政治经济观点和深度分析的周刊。该杂志所有的文章都不署名，皆由集体创作。其内容已远远超出专业领域，成为涵盖世界政治、经济、商业、金融、科技、文化、艺术等内容的综合性杂志。一份国际性新闻周刊的分析能力以及对世界经济的预测，常让人惊叹不已，其观点甚而被专业人士引用。它在全球 190 多个国家和地区拥有约 300 万名读者，是一本面向众多商界及政界决策者和精英的高端杂志。

《经济学家》的读者定位为高收入、富有独立见解和批判精神的社会精英。与此相适应，文章始终保持了一种独特的格调：不拘一格、叙述朴实、用词准确和忠于事实。其严谨作风已使其成为这个时代最值得信赖的政经观察家。《经济学家》杂志的报道内容涉及世界政治、经济、金融、科技等时事以及图书和艺术，但以经济内容为主；其报道核心是对政治、经济等时事的评论、分析和预测。《经济学家》的经济报道内容分为两类。一是对当前经济形势的分析，用于解释事件、现象、变化的原因，以指导经济活动；二是对中长期经济走势的预测，这种预测主要是为政府和企业制定经济政策、做出商业决策提供参考。《经济学家》目前栏目基本固定在 17 个，分别是读者来信、社论、特稿、新闻摘要、亚洲、美国、美洲、国际、欧洲、英国、商业、特稿、金融与经济、科技、图书与艺术、广告和统计指标。每月四期中的第二期和第四期还附有关键行业的专业调查报告或点评。杂志的末尾附有经济指数、金融指数和新兴市场指数三个统计指数表，分别介绍经合组织 15 个成员国以及欧元区的各种经济指数、金融指数，还介绍 25 个新兴市场和发展中国家的货币、商品、税收汇率指数等。

二　《经济学家》杂志对国内期刊的借鉴与启示

第一，新闻报道的全球视野。《经济学家》虽是英国的一份杂志，但关于英国的报道只占很小的比例，80% 的篇幅集中在美国、欧洲、日本等发达地区。其站在一个更开阔的立场上去关注近期在全球各地发生的新闻热点。

第二，理性分析与客观报道。《经济学家》的财经报道，往往是通过推理和论证，找出种种现象之间的联系，并据此对经济形势做出判断。对新兴市场及发展中国家的报道，虽难免会有西方媒体惯有的偏见，但《经济学家》较其他杂志仍显得比较客观。

第三，令人佩服的预测能力。《经济学家》对中长期经济趋势预测得基本准确，是建立在对事实准确合理分析的基础上的。如 1999 年 10 月 30

日的一篇题为《夸大其词》的文章对当时美国的新经济进行了批判，而2000 年 4 月开始的纳斯达克股灾则证实了其预测的准确性。

第四，数字与图表的应用。擅长用数字与图表，使文章的说服力和权威性提高。

第五，简洁的版面。版面显得简洁大方，非常高雅。加上精彩动人的漫画、诙谐机智的标题以及简洁多样的图表，使版面显得高雅中不失活泼、生动。

第六，系列品牌。目前，经济学家集团下属《经济学家》、《财务总监》和《商业日报》三个系列品牌。其中，《经济学家》系列品牌主要包括《经济学家》周刊、经济学家情报公司和经济学家公司三部分。《财务总监》系列品牌主要包括《财务总监》杂志、财务总监网站、《财务总监·亚洲版》、《财务总监·欧洲版》等。《商业日报》系列品牌主要是提供海运市场方面的资讯，目前包括《商业日报》、《空运世界》杂志、《码头》杂志等。

第三节　西方著名财经媒体案例研究

一　美国《华尔街日报》研究

（一）《华尔街日报》简介

创刊于 1889 年的《华尔街日报》是道·琼斯公司的旗舰报纸，是全球最有影响力的商务财经报纸。《华尔街日报》是美国唯一的全国财经类报纸，也是美国日报中售价最高的报纸。该报从 1889 年 7 月 8 日起登载道·琼斯公司发布的经济消息和股票指数，至今未中断过。该报以刊登财政、金融和贸易新闻为主，重大国际动态无一遗漏，并有自己的评论。它不直接采用通讯社的消息，在世界各大城市驻有自己的记者。《华尔街日报》中文网络版（Chinese. WSJ. com）于 2002 年 1 月推出，是《华尔街日报》的在线中文财经出版物，刊载的新闻均译自全球最成功的商业新闻订阅网站——《华尔街日报》网络版（WSJ. com）。《华尔街日报》中文网络版提供最新的全球商业与财经新闻，并于每个工作日全天更新。

（二）《华尔街日报》简要分析

美国人常说他们有几样东西 50 年来不曾改变，即"绿色的美元、'莫顿牌'食盐的包装以及《华尔街日报》的头版"。但是，在 2002 年 4 月 9 日以后，这三样东西也许就只剩下了两样，因为后者——美国最大的财经金融类报纸，在当天的头版首次出现了彩色地图、图表和照片，结束了百年来一直不变的"黑白"历史。作为道·琼斯公司的旗舰报纸，《华尔街日报》毫无疑问是地球上最具影响力的财经类报纸之一。

1. 经营理念

从成立至今，《华尔街日报》始终坚持新闻报道的独立性，最大限度地取信读者，服务读者，"读者至上"是其最重要的经营理念。其通过内容和读者建立起最紧密的联系，当内容变得更不可替代、更贴近读者时，才有可能谈到广告，谈到发行，谈到利润。所以最核心的管理方法就是"内容高于一切"。在《华尔街日报》，评论版和新闻报道版面是完全分开的，评论版的主编由《华尔街日报》的总编单独任命，并且他们的办公室和其他部门完全分开隔绝，没有经过允许，记者和编辑、广告人员等不能随意进入评论版主编的办公室。

2. 报纸定位

1882 年道·琼斯公司成立之时，面向的客户群体只是纽约证券市场的投资者。通过给市场参与者分发市场快讯以及后来推出的市场评论简报，道·琼斯公司形成了两大业务——《华尔街日报》和道·琼斯通讯社。为扩大读者队伍，该报进行过多次重大改革，定位经历了"投资者的报纸"—"公司报纸"—"商人报纸"—"大众报纸"的变化过程。读者的平均年龄在 40～50 岁，因为他们都是跨国公司的管理人员和金融市场的参与者，其中主要有大资本家、高薪经营管理人员、股票市场投资者；美国 500 家最大工业公司的经理大都订阅这张报纸；很多教师、学生、家庭主妇、专业人员和政府官员也是《华尔街日报》的读者。

3. 报道范围

《华尔街日报》的报道范围也一直处在不断拓展中，从资本市场发展到货币与投资，再扩大到健康、技术、媒体和销售行业的公司新闻，又深入个人金融、旅行、电子、汽车、天气预报和体育等领域。现在它的读者更广，连中学生、教师都包括在内。可以说，《华尔街日报》的成长过程实际上是报道范围不断扩大、报道模式不断创新的过程。同时也是一个定位从专业化到大众化的过程。目前，在内容上变得更全球化。为此，道·琼斯公司投入很大的精力打造更广泛、更有深度的全球编辑队伍和财经记者网络，现在公司共有1600多名新闻从业人员在全球各地工作，仅在美国本部大约就有1000名记者，超过其他任何媒体。

（三）"《华尔街日报》体"

所谓"《华尔街日报》体"指的是美国《华尔街日报》惯用的一种新闻写作方法。其行文特点是从某一具体的事例（或人物、场景、细节）写起，经过过渡段落进入新闻主体部分，叙写完毕以后又回到开头的事例（或人物、场景、细节），有时也用总结、悬念等方式结尾。这种写法有利于从小处落笔，向大处开拓，引导读者从个别到一般、从感性到理性地了解新闻事实，所以颇受读者欢迎。现在这种体裁也常为其他西方报刊所采用。我国新闻界这些年也有人借鉴这种写法。

1. 采写方法

"《华尔街日报》体"最突出的特点是以新闻已经影响到的人物开篇，用故事来组织报道。故事通常是讲述人物学习、生活、工作等方面发生的变化，制造悬念，以此激发读者的兴趣。从传播学的角度来看，将视点落在与读者一样的普通人身上，能增强新闻的贴近性和人情味。"《华尔街日报》体"不限于在财经新闻中使用，如在分析国内外大事的《每日特稿》一栏中，《华尔街日报》经常对卷入某个问题或某个现象的个人做文学性的剖析。它在实践中有一些变种，如在新闻主题充分阐述后，并不回到文章开头提到的人物身上，这种结构形式被称作不完全《华尔街日报》式结构；另一些变种是导语上有所不同，导语由讲小故事变为描写场景或描绘细节，其他的结构（过渡，阐述主题以及结尾）都是一样的。以写景为导语也是吸引读者注意力的一种有效方法。在对场景的描写中，有时将报道的人物写进去，有时也可不写进去。

2. 具体结构分析

以《华尔街日报》上的一篇报道为例，详细地分析它的四个部分。

标题：提高猪的生活质量。

开头：当乌尔里奇·克鲁特美尔的1500头猪吃完晚餐后，他就爬进猪栏，与他饲养的猪挤在一块儿。

但很明显，这里的气氛很不友好。只要克鲁特美尔沾满泥浆的靴子挨到地面，他的猪就会紧张地往后退。当几只略显好奇的猪靠近了一点时，他关切地摸了摸一头猪的嘴。那头猪本能地张嘴就咬。

克鲁特美尔猛地把干瘦的手臂抽了回来，痛得喊出声来。猪群又急忙散开，他咕哝着说："只有对猪一点都不了解的人才会想出这个馊主意。"

文章以描述人物不同寻常的举动（爬进猪栏与猪挤在一起）开头，而不是从事情或问题谈起，它以具象性的文字吸引读者的注意力，激发读者的想象力，同时也设下了悬念：克鲁特美尔为什么要与猪在一起？谁出的这个馊主意？

以讲故事的手法开篇是《华尔街日报》鲜明的特色，它着力于文章的可读性和吸引力，避免深度新闻的严肃与刻板。这种以小及大、个性化的思维似乎已经成了一种惯性，只要可能，深度新闻常常采用这种逻辑，或先以一个人的故事开头，然后把镜头推向报道的主体；或以一个人的故事为主线，以小见大，看整个社会的某个层次、某个方面的变化。

过渡：他所说的那些对猪不了解的人是指北莱茵－威斯特伐利亚州的政府官员。这个地区是德国人口最集中的州，也是出产猪最多的地方。政府官员们想让那些对肉类持谨慎态度的消费者重拾信心，因为去年暴发的疯牛病和其他食品丑闻已令消费者恐慌不已。官员们说，作为应对措施的一部分，肉类必须经过更严格的检测和卫生防疫；而同样重要的是，农场主在喂养牲畜的过程中要与它们有更多的直接接触。

开篇之后的过渡段使读者自然地转到报道的中心问题上去。在这篇报道中，过渡段回答了开头设置的悬念，将克鲁特美尔爬进猪栏的举动与政府对养猪的要求衔接了起来。《华尔街日报》的工作人员称这种过渡段为"螺母"段，让读者从中了解到为什么要写这篇报道。

过渡段之后，应该开始解释或阐明报道的主题。

新闻主体：该州农业部门唯恐本地农场主有什么不明白的地方，在最近颁布的一项法令中，对北莱茵－威斯特伐利亚的600万头猪明确规定了新的、改善了的权利。每头猪应当有1平方米空间的猪圈，有打盹用的稻草或软橡胶垫。当玩耍时间到了时，猪必须有钢链或可咀嚼的玩具……

但真正使农场主心怀不满的是，该法令宣布农场主或帮工必须每天至少花20秒钟观察一头猪，并用文字记录下他们对猪的关爱，以表明他与猪待在一起的时间足以达到规定的标准……

迄今为止，该法令尚未让农场主和他们的猪更亲近……

并不是北莱茵－威斯特伐利亚的农场主们不喜欢他们的猪……

克鲁特美尔和当地其他的农场主为了保住自己的生计，已经根据德国的农业创新计划来饲养他们的猪了……

但农场主担心的是，新法令可能会把他们逐出这一行业……

记者用了 13 个自然段阐述了德国北莱茵－威斯特伐利亚州政府颁布的一项关于猪的法令内容、农场主对法令的不满及不满的原因等。在主体部分，有重点也有细节。文章精心安排引人注目的材料或人物语言，用生动的细节保持读者的兴趣。

结尾："我们可以制定世界上所有的法规。但猪会选择它们自己喜欢的生活方式。"

只用了短短的两句话做总结，却足以令人回味思索。

通过以上的分析可以看出，"《华尔街日报》体"结构清晰，层次分明，善于将新闻视觉化、形象化，是报道化刻板枯燥为鲜明生动的有效手段。但要成功运用这种新闻体裁，单单模仿它的结构是远远不够的，需要掌握它的采访写作技巧。

二　英国《金融时报》研究

（一）英国《金融时报》的运作特色

《金融时报》是一份国际性报纸，尽管发行量只有 44.6 万份，但它的订户均是一些国家或地区的政要或大公司的老板，因此该报在全球都具有非凡的影响力。它在全球许多地方都派有记者，因此该报基本上不用通讯社的稿件。作为一份严肃报纸，该报一般不就某一题材大肆炒作。《金融时报》有个专门的"新闻日记"（News Diary），上面记载着一些预先知道要发生的事件，比如说当日某时某个公司将要召开新闻发布会，某时两家公司将签订合约，某个记者将对某人进行专访，等等。一般情况下，每日新闻1/3的内容都来自"新闻日记"。编辑们则根据"新闻日记"来安排记者们的活动。

一般情况下，《金融时报》的编辑们每天要召开 4 次编辑会议。第一次会议在上午 10 点钟左右召开，由主编（或副主编）、要闻编辑、国际编辑、金融区编辑、公司编辑、股市编辑、货币编辑参加。各版面编辑和特写编辑一般不参加这次编辑会议。会议主要对当日可能要发生的一些新闻进行分析判断，进行报道策划。第二次编辑会议一般在中午 12 点左右召开，特写编辑将参加这次会议。因为，随着时间的推移，一些新闻事件的重要性已经初步显现，在这次会议上将商讨对哪些新闻事件撰写评论。第三次编辑会议大约在下午 3 点钟召开，这是一天中最主要的编辑会议，与会的编辑会拿出稿件的详细清单以及出稿时间。第四次编辑会议大约在晚上 6 点钟召开，在这次会议上，版面编辑将确定那些文章、照片放在何版。如果有突发事件，会议还会调整报道计划。

各版面编辑一般在下午 2 点钟左右上班，处理记者陆续发回的稿件。每个记者每天出门 2~3 次，一般晚上 7 点左右写完稿之后就可离开报社。一般情况下，《金融时报》每天要出 3 个不同的版本。第一版一般在晚上 11 点左右就印刷完毕，这些报纸将被分送到离伦敦比较远的地区。第二版一般在第二日凌晨 1 点钟左右印出，分送到离伦敦稍微近一点的地区。第三版在凌晨 3 点左右印刷完毕，这批报纸主要在伦敦发行。这三批报纸的主要差别在头版，因为有时需要跟踪某一事件的最新进展，遇到突发事件或其他原因，头版内容需要不断更换，以保证伦敦地区的读者读到最及时的新闻。

（二）英国《金融时报》的写作研究

英国报纸一般并不对财经记者进行专门的培训，原因是英国的财经记者大部分都有本科学历，在接受大学教育时都积累了一定的财经知识。他们的原则是"在工作中学习，在学习中工作"。况且，像《金融时报》这样的专业财经报纸只从其他报纸招聘那些具有财经新闻经验的编辑和记者。在伦敦地区，共有 5 所大学设有新闻学位，但只有一所大学有财经专业的研究生课程。英国报纸的管理层为了避免一名员工常年做同一种工作，一般不会让一名财经记者在同一领域连续工作三年以上。英国《金融时报》在长期的发展过程中形成了自己的一套写作特色与方法。①

1. 读者做判断

《金融时报》认为媒体应努力达到准确（Accuracy）、判断

---

① 　徐文元：《英国〈金融时报〉的编辑规范》，《中国记者》2005 年第 8 期，第 68~69 页。

（judgment）、诚实（integrity）三大标准。其中"判断"是指要去芜存菁，为读者决定什么是最重要的信息以及什么新闻需要扩展、配图、分析和评论。《金融时报》只关注有重大发展和变化的财经事件，比如大的合并、公司重组和管理层剧变、破产、成功案例、犯罪和教训以及经济转折点、政策变化和能够对所有人产生影响的全球性事件（恐怖袭击、战争）。报道的内容首先要具备最大、第一、最新、最久等条件，还要有与众不同、跌宕有趣、有震撼力、令人轻松愉快等特质。《金融时报》推崇"有人不让发表的东西就是新闻，除此之外都是广告"的原则，坚持"向世界宣示事件的重要性和意义"。《金融时报》宣称记者、编辑是为读者而不是为商业或知识精英工作，因此在日常新闻报道中，记者、编辑必须用读者的思维来思考问题，并做出价值判断。在具体报道和潜移默化中推行"读者眼光""读者标准"。

2. 分析体现价值

《金融时报》尽可能多地给读者提供在其他地方不可能读到的原创性文章，并要求通过提供"增值"内容来做出特色，吸引读者阅读。增值内容包括解释事实和深度分析，增加背景，采访独立人士和当事人以增强冲突、戏剧性效果，发表一些不同的观点，删除与主线不相关的内容，挖掘新闻背后的故事，引用与新闻相关的权威人士的生动原话。增值内容通常体现在报道的拓展上，但由于强调"增值"，报道开头的写法随之有所变化。《金融时报》要求文章开头不要超过 40 个字，而且一般还要包含两部分内容：新的事实和分析。要求报道开头要避免用"经证实"之类让人失去兴趣的词，也尽可能不要以"某某公司昨天宣布……"等次要信息作为开始，重点应该是它说了什么和为什么读者必须关注。要努力使报道有前瞻性，不仅仅要报道是什么，还要进一步分析和解释，告诉读者为什么，下一步会如何。

3. 弱化娱乐性

财经媒体要定位在以信息为主，报道不能强调娱乐性。可靠信息源和准确地交代出处对树立报纸的权威性至关重要。编辑必须检查消息来源，只有在确认报道的真实性之后才能签发上版。人们不想公开披露的内容，比如非法活动、大幅裁员、公司重组、技术开发秘密等，是所有记者追逐的独家新闻。对于此类报道必须至少有两个独立的、权威的信息源，一般是三个相互验证。在《金融时报》，事实或言论越有杀伤力或争论，越要求标明出处。只有公认的准确无误的事实才可以不标明来源，即使有充分理由确信是真实的，但不能绝对肯定未来的变化时，仅可使用诸如"不言而喻的""可以相信的""据认为"等匿名称呼。记者未经采访，借别人之口来表达自己的观点，就会被认定为有欺诈行为而被禁止。一篇报道若充斥着"消息灵通者""可靠消息""接触谈话内容的人士""接近事件的人"等含糊表述，容易使读者产生报纸肯定在隐瞒真相的联想，《金融时报》并不提倡这种报道手法。对于报道中大量出现的财经数据，《金融时报》一般只引用自己数据库的东西。

4. 倡导色彩和人性化

把人物放在报道的重要层面上，要报道变化背后的人物反应和命运，特别是不能忽视戏剧性色彩和故事。报道人性化的最突出表现是明快的引语。引语给报道注入了富有色彩的语言，增加了生动的情景，使事实有血有肉。引语本身也能给出尖锐的分析，有助于解释所报道的内容。要追求报道的平民化。记者、编辑都不能理解和写清楚的东西，不能出现在报道中。记者、编辑每过两三年就要换岗换领域，因此它要求记者、编辑应是新闻报道的专家，但不必同时是金融、经济或商品领域的专家，关键是要知道如何与懂行的专家交流、如何组织一个报道。对于专业术语或很少见的生词，要少用，如果无法回避，则一定要有形象、易懂的现实"白话"来补充解释。对于数据的处理，强调突出有价值的、有个性的内容，并形成了惯例：一个导语不超过 2 个数据，每 400 字正文至多出现 10 个数字。报道人性化还体现在尊重读者上。强调让事实说话，不要在文字上出现"独家报道""据本报获悉"等字样。读者对事实是否独家有判断能力，况且读者一般只关心事实是否最新最准确。对于会议报道，只在会议发言有趣、主题重大且有前瞻性或者会议发言有冲突的观点时，才予以考虑公开见报。

5. 转化新闻

对记者来说，发现新闻是最重要的；而对编辑来说，必须能够把一条新闻转化成一篇好文章。记者在采访写作过程中还要不断地与编辑商量讨论想法以确定报道方向、主题和需要额外注意的地方。作为第一读者的编辑要从记者的报道中寻找什么？应当回答这样一些问题，比如：开头是否有新闻冲击力和权威解释？是否迅速展示事件的重要性或特殊性，切入为什么要做这个报道？有没有完整的报道结构？有没有平衡性的报道？内容是如何深化报道的？语言是否明晰、不含术语？名称、数字和事实是否准确？引述是否敏锐且富有色彩？主题或叙事过渡是否干脆简练？等等。"转化新闻"的要求对编辑的日常工作提出更多挑战。《金融时报》绝大部分的编辑都有丰富的记者经历和比较全面的知识结构。《金融时报》的特色正是通过编辑"转化新闻"的能力来实现的。

第四节　财经基础知识：怎样判断与分析国家宏观经济形势

一　熟悉反映宏观经济运行状况的各项指标

经济运行与发展是一个抽象的过程，其变化与结果都不能为人们所直接接触到，而主要是通过一系列的经济指标反映出来的。就宏观经济指标来说，国际上也没有一个完全统一的宏观调控指标体系。借鉴一些国家的经验，我国宏观调控的主要目标是促进经济增长、增加就业、稳定物价、保持国际收支平衡。[①]

（一）经济增长

经济增长是衡量经济发展的主要指标，是一个宽泛、综合的概念，是国力增强和人民生活水平提高的重要体现。所以，几乎所有国家都把经济增长作为宏观调控的首要目标。

考察经济增长的最常用指标是国内生产总值（GDP）及其增长速度。GDP代表一个国家或一个地区所有常住单位和个人在一定时期内全部生产活动（包括货物和服务）的最终成果，是社会总产品价值扣除中间投入价值后的余额，也就是当期新创造财富（包括有形和无形）的价值总量。国内生产总值是对一国总体经济运行表现做出的概括性衡量，具有国际可比性，是联合国国民经济核算体系中最重要的总量指标，为世界各国广泛使用，并用以做国际比较。

诺贝尔经济学奖获得者萨缪尔森在《经济学》教科书中把GDP称作是"二十世纪最伟大的发明之一"。GDP的核算有三种方法：一是生产法，用第一、第二、第三产业增加值的总和来表示，各产业增加值的计算方法

---

① 李德水：《国民经济指标和经济形势分析方法》，载《中国智库经济观察（2011～2012）》，社会科学文献出版社。2012，第282页。

是各产业总产值减去中间消耗；二是收入法，用劳动者（个人）收入、国家税收（含规费）、企业利润和折旧的总和来核算；三是支出法，用居民消费、政府消费、固定资本形成、存货增加、净出口的总和来核算。实际上，任何国家的 GDP 核算结果都不可能绝对准确地反映经济的实际情况。但只要按照科学的态度去做，核算出的 GDP 及其增长率是可以基本反映总体经济增长水平和发展趋势的。

GDP 是考察宏观经济的重要指标，但它也有一定的局限性，并不是万能的。一是它不能反映社会成本，二是不能反映经济增长的方式和为此付出的代价，三是不能反映经济增长的效率、效益和质量，四是不能反映社会财富的总积累，五是不能衡量社会分配和社会公正。如果只注重经济总量和速度的增长，而不顾资源损失、环境污染、生态破坏，就有可能造成虽然经济增长了但人民的生活质量却下降了的局面，甚至经济本身也不可能持续增长。因此，应该采取科学的态度对待 GDP，既需要高度重视它，又不能片面地去追求其增长速度。

（二）就业

就业状况通常用失业率来衡量。目前我国主要使用城镇登记失业率来反映。城镇登记失业率指标有一定的局限性，不能完全反映就业情况。比如外来劳动力中的失业人员、不愿进行登记的失业人员和已经登记失业但实际处于隐性就业的人员还不能得到完全反映。所以，还需要按国际通用做法建立劳动力调查制度，通过科学设计调查方案，采取抽样调查的办法，获得调查失业率数据。调查数据可以基本反映我国劳动力的就业情况，为制定宏观经济政策提供依据。

（三）价格

目前，我国从生产、建设领域到流通、消费领域，已形成了一套比较完整的价格指数体系，主要有居民消费价格指数、农业生产价格指数、工业品价格指数（包括工业品出厂价格指数和原材料燃料动力购进价格指数）、固定资产投资价格指数、房地产价格指数和商品零售价格指数等。

按国际惯例，居民消费价格指数还是反映通货膨胀或通货紧缩程度的重要指标。我国居民消费价格的调查范围是城乡居民日常生活消费的全部商品和服务项目，主要包括食品、烟酒及用品、衣着、家庭设备及用品、医疗保健、交通和通信、娱乐教育和文化用品、居住八大类。根据全国550个市县、近12万户城乡居民家庭（其中城市5万户、农村7万户）的消费支出资料，并结合相关市场资料，从中选取了251个基本分类、约700个品种、120万个以上价格，作为经常性调查项目，并计算其相应的权数。具体是由国家统计局直属的全国调查系统以定时、定点、定人的直接调查方式采集数据的。经国际专家严格论证，国家统计局发布的居民消费价格指数和工业品价格指数已登上国际货币基金组织的全球数据通用公布系统网站，因此不仅具有法定的权威性，而且是完全可信的。

（四）国际收支

国际收支是在一定时期内一个国家与其他国家商品、服务贸易和资本流动的结果。实现国际收支基本平衡是保持国家宏观经济稳定的重要条件之一。在经济全球化趋势加快的形势下，维持国际收支平衡对稳定物价、促进经济增长有重要意义。国际收支平衡由经常项目（主要是货物和服务进出口，生产经营要素收入）、资本项目和统计误差三个部分组成。由于国际收支表一般比较滞后，我国在月度、季度分析中经常通过进出口贸易和外商直接投资以及国家外汇储备等情况来观察国际收支状况的变化。

（五）其他几个重要指标

固定资产投资。全社会固定资产投资由两部分组成：一是城镇固定资产投资，通过全面报表层层上报汇总得出，按月公布；二是农村固定资产投资，采用抽样调查方法取得，只有季度数据。所以，全社会固定资产投资只有季度数据。固定资产投资额不能等同于固定资本形成总额。固定资本形成总额是GDP核算中的数据，要在固定资产投资额中扣除土地购置费、旧建筑和旧设备的购置费等项目，加上商品房销售增值等项目。

社会消费品零售总额。该指标是采用全面报表，层层上报汇总取得的，每月都公布数据。它不能等同于最终消费，最终消费也是核算概念，既包括商品消费，也包括服务消费。

工业增加值。分为两个部分，一是规模以上工业增加值，二是规模以下工业增加值。规模以上工业增加值是指全部国有工业企业及年产品销售收入在500万元以上的非国有工业企业实现的增加值，是通过全面报表取得的，为月度公布指标。规模以下工业增加值是年产品销售收入低于500万元的非国有工业企业的增加值，是采用抽样调查取得的，为季度公布指标。

居民收入。通常分别用城镇居民人均可支配收入和农村居民人均纯收入来表示。农村居民人均纯收入指农村住户人均当年从各个来源得到的总收入相应地扣除了家庭经营费用支出、税费、生产性固定资产折旧、赠送农村外部亲友等支出费用后的收入总和，反映农村居民的实际收入情况。在季度调查中，只有农村居民人均现金收入指标，它与人均纯收入的区别在于没有包括实物性收入，没有扣除相应的生产费用支出。社会上常有人反映统计局发布的居民收入数与他们自身的情况差别很大，于是指责统计部门的数据不真实。而我们公布的是全国平均数，具体个人一般是难以对号入座的。平均数也确实掩盖了收入分配的差别。

二　怎样分析和判断国家宏观经济形势

（一）看总供给与总需求的关系

分析经济形势，首先需要重点考察总量情况，即总供给与总需求的状况。总需求主要是投资、消费和出口这三大需求。总供给主要是三次产业的生产。理论上说，有效供给和需求总是相等的，而且很难找到一组合适的指标来直接测算总供给和总需求。所以往往通过对一些重要指标的观测来判断总的供需状况。

宏观调控的四大目标就是最重要的几个总量指标。在市场经济条件下，最直观、最敏感的指标是价格指数。投资、消费、出口这些需求的变化，供给能力的变化，最终都会在价格上反映出来。货币供应的变化导致需求改变，也会反映在价格上。所以，价格是反映社会总供需变化最集中，也是最灵敏的指标。

（二）看结构

我国经济生活中的问题大多是结构性问题，例如投资与消费的关系。2003 年，固定资产投资增速比社会消费品零售总额的增速高 17.6 个百分点；投资对经济增长的贡献率达到 70.9%；固定资本形成率达到 42.9%，是改革开放以来最高的。这表明经济生活中投资与消费结构不合理的问题比较突出。再如第一、第二、第三产业之间的关系。2003 年，工业生产增长速度比第三产业高 6.0 个百分点；工业对经济增长的贡献率达到 50.4%；第三产业占 GDP 的比重仅 33.1%，远低于世界 67.7% 的平均水平（世界银行公布）。还有地区发展很不平衡等。可以说，结构性问题无处不在。从结构上去查问题，大致概括起来主要有以下三点。

第一，粮食生产问题。当时出现了粮食胀库、农民卖粮难、种粮效益差、粮食价格逐步降低等一系列问题。一种倾向往往容易掩盖另一种倾向。1998 年以后，粮食播种面积逐年下降，粮食产量连续 5 年减少，2003 年降到 8613 亿斤，与 1998 年相比减少 1633 亿斤，相当于退回到 1991 年 8705 亿斤的水平，而这 12 年我国人口则刚性增加 1.34 亿人。粮食主销区既不愿种粮又不想存粮，以粮食为原料的工业企业也搞零库存以减少流动资金，居民存粮也明显减少，于是粮食这个宝贵而又沉重的"包袱"主要放在国库里。当年的粮食产需关系失衡了，一旦有点风吹草动就引起市场的震荡。我们是一个有 14 亿人口的大国，如果粮食供应出了问题，谁也养活不了我们，甚至会引起世界性的恐慌。这是永远不可掉以轻心的大事。

第二，投资建设问题。投资需求增长过快，带动了重工业的过快增长，反过来又拉动了钢铁等相关行业的投资，并进一步推动整个投资规模的扩张。投资与重工业之间的这种循环，与社会消费脱节，就可能造成经济结构的扭曲，形成部分行业产能过剩的"泡沫"，并且使得煤电油运的"瓶颈"制约再度突现，经济运行绷得比较紧。一旦市场发生变化，就会导致部分企业倒闭、失业增加、银行坏账增多等，最终造成经济大起大落，从而对经济发展造成巨大破坏，恢复起来需要更长的时间、需要付出更大的代价。

第三，土地问题。在生产诸要素中，用地扩张是造成固定资产投资增长过快的重要根源。一些地方流传这样一句话："吃饭靠财政，发展靠土地。"从某种意义上可以说，投资过快增长是从大量征地开始的。所谓经营城市实质就是经营土地，用廉价土地可以招商引资。一些企业用相对低的成本获得了土地，又以土地作抵押获取贷款。这都成了一些地方和企业实现投资扩张的重要条件。"民以食为天，食以土为本。"大量占用耕地不仅推动了固定资产投资的过快增长，也造成近几年粮食大幅减产。

（三）看效率和效益

国民经济的运行效率和效益如何也是分析经济形势的重要内容。我们不仅要看经济增长速度，更要关注劳动生产率和科学技术水平提高了多少，老百姓在经济增长中得到了多少实惠，国家的综合国力和国际竞争力提高了多少，还要看为实现经济增长付出的成本。许多大宗消费的战略性资源对国际市场的依赖度已经很高，一旦国际上出点什么事，将直接影响我国的经济安全。再如，在分析外商直接投资指标时，不仅要看引进外资数额的多少，更要关注在以市场换技术特别是核心技术方面我们究竟得到了多少好处，怎样防止我国经济出现"拉美化"现象。

（四）密切关注人们对市场的预期

宏观经济管理或调控还必须研究和运用大众心理学，在金融上叫作"羊群效应"。无论什么事情，如果广大群众的心理预期发生了逆转，都会产生一种不可抗拒的力量。假如人们对某家银行失去信心，储户都去提取资金，那么世界上最强大的银行也会顷刻倒闭。在经济调控中，正确的舆论引导显得非常重要。

（五）看国际

我国经济与国际经济的关系已经非常密切。国际经济的风云变幻必然直接波及我国经济的发展；同样，我国经济的好坏也会很快影响到国际经济。所以，分析经济形势首先要观察国际经济和政治形势，从而找准自己的位置，抓住机遇，趋利避害，沉着应对。

（六）看长远趋势

分析经济形势不仅要看当前的情况，还要有前瞻性，看出下一步可能出现的情况。从理论上说，宏观调控是为解决短期目标服务的。在实现短期目标的同时，还应为明年的发展乃至更长期的平稳协调较快发展创造条件、打好基础。

（七）借助数量模型方法

在实际工作中，我们还需要借助一些数量模型方法，比如时间序列方法、计量经济模型分析法、投入产出分析法、可计算一般均衡模型分析法、专家分析法、监测预警模型等。用这样一些方法来对经济运行做更深入的研究或定量分析，可以验证我们对经济形势的一些经验看法，厘清一些不容易看清楚的经济关系，帮助我们更加清晰准确地对经济形势做出判断。

第八章 电视财经新闻的报道艺术与编辑特点

第一节 电视财经新闻的报道艺术

随着金融业、证券业等混业经营趋势的到来，资本市场的发展轨迹会与以往不同，促使人们更需要成熟的财经媒体。今后，更多的人会参与到各类投资中来，他们也需要从更多方面关注财经，需要知道规则，需要知道别人会怎么做，从而决定自己该怎么做。然而，枯燥的数字和艰深的专业术语占据了当下相当多的电视财经报道，使得财经新闻在电视传播过程中并没有达到预期的效果，有些远离较广泛的受众群、远离普通百姓。正如经济学家萨缪尔森说："学习经济知识是十分有趣的。然而一种古怪的矜持却使我国财经报道'绝世而独立'，像被寄生虫一样的坏习惯咬坏的苹果，令人生畏。"① 作为电视媒体，如何做好财经新闻的报道、增强其表现力？

一 准确定位目标受众，解决"给谁看"的问题

准确定位目标受众是财经报道取得成功的重要前提。财经报道的目标受众群不能完全依赖于某一层次的高端受众，必须在注重高端受众市场的同时通过必要的方式方法来培育新的目标市场、发展潜在的受众市场，将目标受众宽泛化。将目标受众宽泛化后，电视财经报道的受众就很明确

---

① 〔美〕保罗·萨缪尔森、威廉·诺德豪斯：《经济学》（第 18 版），萧琛主译，人民邮电出版社，2008，第 137 页。

了：财经领域人士和关心财经新闻动态与发展趋势的普通受众，包括侧重经营管理的高端受众和希望创造财富的普通受众。这就弱化了财经给人带来的高高在上的感觉。从目标受众角度考虑，电视财经报道确定报道范畴的总原则应该是"能够为读者提供创造财富的有用信息"，强化影响普通人生活的社会化的泛财经信息。

一是对所报道的财经政策讯息必须做出对策的阐释。国家经济政策出台，必然对各主体的经济利益产生影响，电视财经新闻的报道，必须从受众角度出发为观众做出规避政策风险的建议，在政策中找到创造财富的机会。二是重要财经人物报道要把成功人物做成"人"，财经事件的分析要突出思考性、启示性。报道财经人物时，观众所关注的不是其财富有多少，而是其通过怎样的途径获得财富、财经人物走向成功的思维和处理问题的思路。如果把财经人物的成功模式挖掘出来，就为受众创造财富提供了参考。因为财经人物再成功他也是一个人，应该从人性化的角度去报道一个成功的财经人物，而不是将其成功加以神话。三是提供商机和消费服务讯息。服务性是迎合市场、开发市场潜在需求的标准之一。高端受众同样具有普通观众的信息需求，从更宽泛的受众群体角度考虑，提高信息的服务性也是电视财经报道拓展目标受众群、开拓市场的主要手段。编辑服务性财经新闻的思路就是从观众的经济利益角度出发决定处理方式。四是证券（外汇、股市等）讯息的处理应体现出专业性和区域性。证券信息直接对投资者的经济利益产生影响，作为电视财经类节目，证券栏目（节目）的投资信息必须体现出专业性，要把相同的信息处理得更明确、把对市场的判断做得更准确，权威性是电视财经报道赢得受众的根本出路。对于各省卫视上的证券类节目（栏目）来说，证券新闻本地化是其财经报道的一个可行之路。研究本地区市场和市场参与主体，就能体现出证券新闻的贴近性，可以迅速拉近与该地区受众的距离。

二 注重内容选择，解决观众"看什么"的问题

一是在选题上，要突出指导性，追求深度。把所报道的一事一时的经济现象，放到整个经济发展趋势、产业政策、经济体制的大环境中进行考察研究，引导受众了解全局，审时度势，站在更高的层次去认识问题。二是在体裁创新上，在评论和诠释中求深度。对财经现象进行点评分析，突出特点有四个："新"，对经济领域的新动向、新成就、新现象、新时尚及时进行评述议论；

"精"，以其短小精悍、一事一议的特色应对层出不穷的各种经济现象，由事入理，将大题材具体化，以报道与评论的双重优势，对经济活动进行深层次的挖掘；"灵"，发他人所未发，言他人所未言，把事件置于全局考虑，摆脱就事论事的窠臼，注重立论严谨，通俗畅达；"博"，注重观念的表达，能传递多种声音，广泛吸引专家学者及各界人士参与评论。三是在内容处理上，财经新闻社会化与社会新闻财经化。所谓财经新闻社会化，是指在财经新闻采访过程中，更多地从百姓的视角看问题，发掘财经新闻中与社会生活密切相关的部分，以此为切口，以通俗化的表现方式展现给观众。换句话说就是用社会新闻的拍摄手法拍摄财经新闻。所谓社会新闻财经化，主要是指注意在社会新闻中发掘其内在的财经元素，通过社会新闻事件体现其背后的经济现象。

三　加强新闻的电视化表现，满足观众"看"的诉求

一是运用图像资料。无论是宏观财经报道还是产业新闻的专门报道或者是财经人物新闻，大量占有和收集资料对成功的报道会有很大的帮助。特别是一些经济工作会议新闻报道，如果在这类冗长的新闻节目中插入与会议有关的资料，将会使报道看起来更加生动直观。二是注意电视画面的信息量。除了以解说的方式补充画面的不足外，那种忽视画面的表意功能，胡乱拼接一些无专指意义的"万能"空镜头，再加之喋喋不休的数字化解说和统计报表的做法，根本不具备电视化的特点，应当坚决避免。三是尽力淡化专业术语的困扰。以形象化的比喻对专业术语进行解释和说明，充分消化一些专业术语。在处理不易记忆的冗长数据时，可采取只取大概数据的模糊处理办法，减轻观众的记忆负担。把平面的文字立体化，把枯燥的数字形象化，把抽象的内容具体化，这是一条很重要的原则。

四　增强电视财经报道的服务意识

首先，熟悉社会和观众的需求是增强服务意识的基础。如今家庭投资理财正呈现前所未有的多样化发展的趋势。因此，以投资者为主要服务对象，以提供财经资讯、投资信息、股市行情为主要内容的投资收藏类电视节目受到人们的欢迎与喜爱。其次，重视服务意识是做好财经节目的关键。根据百姓的需要去设计节目选题，根据百姓的利益和情感去评价把握节目内容，根据百姓的喜爱倾向和接受特点去确定节目形式。最后，形式多样的表现手法是做好财经节目的保障。电视财经节目的主

要形式有财经信息类节目，财经专题片，财经观察分析类节目，财经类话题的专访、对话、座谈节目，财经类电视讲座等。针对不同财经题材，选择最佳的电视表现体裁或方式，制作出准确及时、精彩好看的财经节目。

五　增强电视财经新闻的贴近性

一是紧紧抓住时代脉搏，把最新的、观众最感兴趣的、最需要的信息传递给观众。要求记者在报道中抓住近一时期观众最关心的经济事件进行报道，从内容上、形式上满足观众的信息需求。二是要选准社会经济生活与新闻报道的结合点，增强电视财经新闻的可视性。三是要生动、形象、具体，借助图像给人一种感官的冲击力，或者用具体的事件来图解经济活动的特征，这就要求报道要做得有声有色。四是要最大限度地满足观众的求知欲，从多方面展示新闻事件。在报道内容上要注意挖掘新闻事件发生的背景，新闻事件所展现的焦点问题，以及专家学者和相关群众对新闻事件的评述等相关情况。在报道手法上，运用同期声、字幕、解说词等手法，相互配合，互为补充，丰富财经报道的表现力。同时调动电视手段，通过现场同期采访展示市民对个人消费信贷的态度，通过字幕介绍近年来开展贷款的有关情况等相关背景，二者互为补充，相得益彰。

第二节　电视财经报道的编辑特点

在现代市场经济中，几乎所有社会现象都能寻找到其经济根源。电视经济节目的报道取材范围十分广泛。各家电视台几乎都开办了电视财经节目，增加了财经报道的数量，有的甚至还开办了财经频道。但是，与社会类、综艺类节目相比较，电视财经节目一直难以让观众满意。如何使电视财经节目好看耐看？如何从观念上超越传统的对经济节目的狭隘理解，用经济的眼光审视社会现象，从而使电视从业者的辛勤劳动达到预期的传播效果呢？下面从编辑特点的角度分析一下电视财经报道。

一　精心策划，电视财经报道成功的关键

观众对电视财经节目的要求越来越高，也越来越欢迎和重视那些并非就事论事而是就事论理、具有前瞻意识和思辨性的经济节目。同时，由于

财经问题常有极强的政策性和普遍性，对它的分析与解说就要求完整和充分。为实现这一目标，只有对节目从内容到形式进行全面策划。策划具体可分为两种：一种是微观的，即报道方式的策划；另一种是宏观的，即大型电视专题节目的策划或栏目设置模式的策划。如中央电视台经济部推出的一系列经济题材报道和经济法规推广节目，从前期的选题、采访到后期的编辑制作以及推出前进行的连续宣传，都是经过精心策划和包装的。节目播出后又推出专家评说、专题晚会、精彩回放等，都是在用宏观的策划操作来吸引观众的注意力，强化观众的印象，以求达到最佳的传播效果。中央电视台经济部推出的有关整顿市场经济秩序的专题节目《我们在行动》，便是一个典型的例子，其精心的策划赢得了观众的喝彩与广告商家的目光。

二　电视纪实语言，解析电视财经报道节目

所谓电视纪实语言，就是指电视纪实的叙述方式和表意系统，包括电视纪实画面及声音的选择、安排、景别、运动、节奏以及画面之间的组接结构、故事的叙述、情感的表现、思想的体现等。这种叙述方式强调叙事性的结构、散文化的语言，注重拍摄内容的故事化、细节化、情节化。此种以讲故事为主的电视财经报道方式，从实践来看并没有削弱财经节目的专业化。相反，它运用摄像机的镜头去截取经济生活中的一个流程、一个片段，一个最有典型性、最有戏剧性的部分，并将社会经济生活的原生态的形状真实、客观、公正、相对完整地记录下来，呈现于观众的眼前，吸引观众进入电视经济节目，关注节目所反映的内容和节目所要表达的主题。曾获中国电视新闻奖的经济类节目《收获——中国农村小康纪实》，在电视化表现手段上做了大胆的探索。它为观众讲述了15个不同地域的农民奔小康的生动故事。该节目的摄制人员将鲜活的现实生活的一段流程和情节作为取材的基本对象，着力挖掘日常经济生活的深邃感染力，从而实现了节目的整体表达目的：通过对不同地域农村的真实可信的记录，再现农村经济改革与经济发展过程中的冲突与撞击，用一连串生动感人的故事情节展示了当代中国农村的变革，揭示了农村经济变革的合理性及其对农民、农业、农村观念与现实的巨大影响。整个节目将纪实性的故事情节与厚重的经济话题相结合，充分拓展了电视经济节目的表现空间，让观众通过对故事情节的融入，获得教益，理解当前的重大经济政策和经济理论。

三　人本化回归，情感化地表现电视财经报道节目

人应该成为经济报道的主角。从人的角度来报道经济也更有利于发挥电视的传播特点，增强传播效果。对于电视财经节目的编导来说，应该以人为中心来洞察经济生活，以人见情，缘情叙事，因事明理，使人情、"事"情和谐共生；应该学会从人的某一侧面去观察、分析、挖掘经济报道的空间，发现经济活动中人的情感因素，以丰富的人文内涵，使财经节目报道获得强大的亲和力，受到观众的喜爱和欢迎。中央电视台经济部拍摄的《秋天的故事》，将镜头对准了因国企改革而下岗的工人们，真正走到他们当中，真实地再现他们下岗后的失落与彷徨以及重新再就业后的奋起。片子通过一个个扣人心弦的故事，表现下岗工人们在经济生活中的利益得失和需求，让人体会到改革引起的巨大冲击波已经波及社会的每个角落和每个家庭，并引起人们就业观念的变化。这些充满人文关怀的报道深深地吸引和感动着电视机前同样普通的观众，使他们得到了与别人的人生相互映照的慰藉，增强了面对生活中的挫折与坎坷的勇气。这一报道主体的转变充分表明在今天的社会生活中，人的地位逐渐被电视传媒所尊重。

四　以百姓的视角，观照电视财经报道节目

所谓百姓视角，其一是指"从大处着手，从小处寻找切入点"这样的一种电视经济节目编辑制作思想。尽管它是站在大经济的高度，可是抓住的却应是经济领域中百姓关心的热点、难点、焦点问题，使经济报道增强了贴近性和吸引力。其二是指站在普通群众的角度，察百姓之所思，想百姓之所想，将大多数普通百姓关注的问题和想知道的事情变成电视经济节目的话题，通过电视节目去解疑释惑。经济热点与人们的衣食住行息息相关，直接关系到广大群众的切身利益，它比较集中地反映了老百姓在某个时期的思想脉搏。而且，经济热点表现出来的问题都是随着改革开放的深入、经济领域的变革和经济政策的调整带来的国家、集体、个人利益之间的变化，它们都是群众急切需要回答并且应该给予高度关注的，可以折射出经济领域较为突出的问题，不失时机地抓住这些热点问题进行深入挖掘，会有助于增强电视经济节目的思辨性，拉近百姓与经济节目报道的距离。

五 节目编排要科学化

在欧美发达国家的电视媒体中,制作力量的分布呈现的是"倒二八结构"。这是指使用20%的人力、财力和物力来维持80%的日常节目运行,以80%的人力、财力和物力去打造20%的品牌栏目,以整个频道投入产出的最优化原则来组织频道的栏目。在节目与栏目的编排上,做到以品牌栏目为中心,带动整个频道的发展。在形象宣传片的制作上,也突出整体感,不仅起到了节目预告和收视指南的作用,还带有很强的包装性,在播放时机上则打破栏目间的分隔,而插入各个广告时段,统筹安排。此外,品牌栏目的培育也是重中之重。栏目是频道的基石,成功的经济频道无疑离不开品牌栏目的培育与经营。这些具有高收视率、高美誉度的栏目,能够使观众产生约会意识和收看惯性,在固定时间锁定频道。应将频道品牌形象看成是一个频道文化理念的体现,充分挖掘频道品牌的精神内涵,建立频道识别系统,包括频道标志、标准色、声音识别系统、标准字、话筒标志、片尾字幕定版、频道形象片花、频道形象宣传片、开始和结束曲等。

第三节 财经基础知识:凯恩斯理论与中国经济

英国著名经济学家凯恩斯在1936年出版了他的划时代巨著《就业、利息和货币通论》,提出"有效需求不足"的理论思想,这被经济学界看作是一场理论革命。这不仅是因为他开创了一门新的学科——宏观经济学,同时也因为他把经济理论研究和现实政策的指导有效地结合起来了。他的理论是宏观经济学的经典,至今仍然影响着各国经济政策的制定和当代经济理论的发展。

一 什么是凯恩斯理论

凯恩斯理论是在凯恩斯的著作《就业、利息和货币通论》的思想基础上形成的经济理论,主张国家采用扩张性的经济政策,通过增加需求促进经济增长。凯恩斯理论政策的核心就是国家干预经济生活,借此刺激有效需求,即刺激消费和投资。在财政政策方面,在总需求小于总供给时,主张减税、增加财政支出,以扩大投资和消费;在总需求大于总供给时,主张增税、减少财政支出,以减少投资和消费。在货币政策方面,在经济萧条时期主张增加货币供应量,降低利息率以刺激投资;在经济高涨时期主张减少货币供应量，提高利息率以限制投资。凯恩斯认为有效需求不足是阻碍经济发展的根本原因。因此，他从有效需求不足出发，提出了"赤字财政政策"，就是指政府增加的支出只要能够促进经济增长并使个人收入增加，即使经常出现财政赤字也无关紧要。他主张，通过变动政府支出和收入调节经济。

二　凯恩斯的有效需求与就业理论

凯恩斯的就业理论是以实现充分就业为目标的，他的逻辑起点是"有效需求原理"。所谓"有效需求"，按凯恩斯的解释，就是商品的总供给和总需求达到均衡状态时的总需求，即"总需求函数与总供给函数相交时的数值"。总就业决定于总需求，失业是由总需求不足造成的。有效需求表现为收入的消费，当就业增加时，收入也随之增加，而且社会实际收入增加时，消费也会增加，但不如收入增加得快，因此经常引起需求不足。有效需求包含两个方面的内容，即对消费物的需求和对投资物的需求，那么只要找到影响这两个方面需求的变动因素，就可以找到有效需求不足的原因。于是，凯恩斯转向对三大心理规律进行分析。

凯恩斯经济学的基础和核心就是"有效需求原理"。凯恩斯反复强调，消费乃是一切经济活动的唯一目的、唯一对象。就业机会必受总需求量的限制，这是凯恩斯就业理论的出发点。鉴于在自由放任的社会状态下，"非自愿失业"是长期存在的，而且单凭自发的供给和需求或自发的储蓄和投资的均衡所决定的"有效需求"不能实现充分就业，凯恩斯主张政府干预经济，通过政府的决策来刺激消费、增加投资，实现充分就业。凯恩斯把增加和稳定就业的希望寄予在增加和稳定投资上，但他不同意把投资完全委托于私人资本家，而是主张实行"投资社会化"，由国家、政府来总揽。仅仅依赖银行政策对利率的影响似乎还不足以达到最适度的投资量。对国家总揽投资所需要的大量资金来源问题，凯恩斯提出以"举债支出"，即推行赤字财政政策来解决。与此相适应，他抛弃了传统自由经营论的货币数量论和物价稳定的理论，设计出一个"半通货膨胀"理论：在就业不足的前提下，增加货币数量可以增强社会支付能力、压低利率，从而刺激消费、诱发投资，促使"有效需求"增加、经济增长和就业稳定；在保持货币工资不变的条件下，用提高物价的办法还可以消除或缓解政府的债务压力。

第九章　中外电视财经新闻媒体介绍与分析

第一节　中国部分电视财经新闻媒体介绍

一　电视财经节目介绍

随着我国经济的快速发展，关心财经、关注国际国内财经并通过电视强势媒体获取财经信息和资讯已成为我国广大观众的强烈愿望和要求。全国省市级以上的电视台中有相当一部分都开设了财经节目。财经节目呈明显增长趋势，各地电视台纷纷自办或引进。财经节目逐渐成为继电视剧、新闻类节目之后最主要的电视节目类型。财经报道已经成为国内媒体竞争的重要领域之一。

（一）中央电视台财经节目

《经济半小时》选择重大经济事件、业界风云人物作为报道的焦点，以严谨的态度、新闻的眼光、经济的视角、权威的评论，深度报道经济事件、透彻分析经济现象、忠实记录企业变革、准确把握经济脉搏。作为中央电视台唯一对经济时事的深度报道性栏目，它凭借其权威性和深度透析力，也给国家宏观经济的决策层提供了生动鲜活的参考。在播出形式上，《经济半小时》每天只在纷繁复杂的新闻事件中挑选出一至两条最重要的经济新闻，进行一番有深度、有评论、有多元观点的报道。"做透一条"新闻是《经济半小时》的最大特色。

《对话》是 CCTV-2 推出的一档大型谈话节目，每次时长 60 分钟，是中央电视台目前播出时间最长的严肃节目。它通过主持人和嘉宾以及现场观众的充分对话与交流，直逼热点新闻人物的真实思想和经历，展现他们的矛盾、痛苦和成功、喜悦，折射出经济社会的最新动向和潮流，同时充分展示对话者的个人魅力及其鲜为人知的另一面。当全球油价大幅上涨、中国成品油市场硝烟四起时，BP - 阿莫科总裁布朗爵士走进《对话》现场，讲述如何将一个英国老牌国有企业变成世界石油巨人；当摩托罗拉公司做出在中国增资 19 亿美元的重大决定之后，董事长高尔文先生与《对话》观众一起回顾走出困境的点点滴滴；……在国内，只有《对话》才能给观众带来如此高端的经济故事。

《中国财经报道》致力于为"对社会经济最具影响力"的观众群提供高度提纯的财经报道与分析。《中国财经报道》认为，繁芜的事件与枯燥的数字无益于正确的选择与决断，媒体渠道的多元会干扰有效的信息传达。《中国财经报道》凭借 CCTV - 2 这一国内覆盖最为广泛的专业财经平台优势，力邀众多学术界顶尖专家，透析复杂的经济现象，倾全力维护权威与公正。从纷繁的财经现象背后发现内在规律、前瞻趋势变化，这是《中国财经报道》的价值所在。它始终站在中国经济发展的最前沿、最高端。"内容的前沿、题材的敏感超前、形式的创新"是《中国财经报道》的永恒主题。此节目的策划能力很强，能够为观众提供全方位的事件解读。

（二）凤凰卫视财经节目

《财经点对点》是凤凰卫视推出的一档经济调查与评论节目。它针对经济领域的不同问题或事件，约请相关专家或权威人士，深入讨论事件的真相及内幕，为观众提供与众不同的最新信息和背景资料，提供新的认识事件的方法和角度，帮助观众更立体更全面地了解和判断经济形势。与其他经济评论节目相比，《财经点对点》并不仅仅是评论，很多时候首先是调查。它调查了解事件的核心人物，还会在这个事件或者这个企业基础部分做一些思考，最终会从个别情况引到整个社会现象，对经济现象的宏观背景进行思考。

《财经今日谈》是凤凰卫视推出的一档财经评论节目，每天播出。它具有更强的新闻性，每天针对经济领域的不同事件，约请相关专家及权威人士，深度分析经济事件的影响，提供新的认识事件的方法和角度，帮助观众对宏观经济形势有更全面的了解，对事件本身有更立体的认识。《财经今日谈》最大的优势是"用通俗的语言讲述专业的财经"，能够让任何一个没有受过系统财经知识培训的观众也能理解学者的专业意见，是国内比较有特色的适合普通人看的财经报道。

（三）省级电视台财经节目

《头脑风暴》是中国第一个跨地域、跨媒体的财经资讯信息平台——第一财经频道开办的全新演播室谈话类节目。它于 2003 年底开播，时长约 1 小时，目前每月播出 2 次，是立足国内，面向全球优秀企业总裁的大型财经深度访谈节目，是国内为数不多的大型财经深度访谈节目。它每期邀请一名或多位国内外顶级企业老总作为嘉宾，由热门事件、焦点人物、经济现象导入，探讨新潮经营理念、捕捉鲜活管理实例、演绎企业得失故事；就企业管理、经营策略、投资理念等进行访谈，为观众分析企业得失、解读商业竞争策略。借助第一财经频道这个跨地域、跨媒体的财经资讯信息平台，《头脑风暴》已成为第一财经的品牌栏目，在上海的商界、财经界、各大院校大学生、MBA 和 EMBA 学员中以及在白领阶层中，均有着广泛的影响力。

《财富人生》是由上海一家传媒广告有限公司投资制作的一档高成本、高品位的财经类访谈节目。其在上海本地所有财经类访谈节目中节目时间最长、公信力影响力最大、访谈对象嘉宾层次最权威、收视率最高，在上海电视台第一财经频道播出。《财富人生》深入采访企业人物在企业管理及财务上的成功、失败经验，讲述创业者在漫长创业路上的兴衰浮沉。每个被访者都畅所欲言自己累积的经验、自己的情感调适。在《财富人生》中，财经不再仅仅是枯燥的数字，企业不再仅仅是严肃的管理，《财富人生》更注重人，注重创业者再攀高峰的勇气和激情。

二　电视财经媒体分析

在中国经济进入高速发展期的时候，对于经济信息、财经资讯的需求是全国性的。此外，海外财经媒体也进入国内电视市场，为观众提供了更加多样化的财经信息选择。凤凰卫视资讯台已经获准在三星级宾馆和外国人居住区播出 24 小时普通话新闻频道。美国彭博资讯公司所属的彭博财经电视亚太频道也将获准有限落地。新华财经有限公司也与法新社财经宣布共同组成国际联盟。新华财经有限公司对法新社亚洲财经进行全面收购，包括法新社亚洲财经在中国香港、日本、韩国、新加坡和另外 8 个其他亚洲国家和地区的通讯社。

全国共有数千个电视频道，整体呈现中央台、省级卫视、外语台、地方城市台并立的格局。许多电视台都设有财经频道，但与国外 CNN 的财经频道 CNNfn 相比，相差之处更在于内容的对象性。CNN 的财经频道的观众对象是投资者，而我国电视台财经频道的观众对象却大都是消费者和投资者，且以消费者为主，几乎每个观众都是消费者。这样的观众定位很难使我们的财经频道专业化。

（一）中央电视台财经频道研究

1. 基本情况

1985 年，中央电视台创办了第一个经济栏目——《经济生活》，打破了中央电视台无经济栏目的历史。1987 年，《经济生活》被改为《综合经济信息》，以适应市场经济和人们对经济信息的需求。1989 年，《综合经济信息》又被改为《经济半小时》，内含 12 个小栏目，并把宣传党的经济政策、传播国内外经济信息、沟通流通领域、当好消费者的参谋作为栏目的宗旨。这一改革不论从形式上还是从内容上都使观众耳目一新。但每天只有半小时的经济栏目显然与我国的经济发展不相适应，也与中央电视台的地位不相符。于是，中央电视台的经济栏目中又多了一个新的栏目——《经济信息联播》。它是全国性的经济信息总汇，也是传播高新技术、新产品的窗口。这一新举措，使经济栏目的特点更为突出：以传播信息为主的《经济信息联播》信息量不断扩大，而《经济半小时》则更侧重于深层次的经济报道。新栏目的增设，使中央电视台的经济节目有了一定规模，形成了一定声势。目前，中央电视台已有 10 个经济栏目，每天的总播出量为 5 个多小时。我国的经济（财经）类电视节目，自 1985 年央视《经济生活》开播起至 1997 年央视第二套节目形成以经济节目为特色的格局，标志着我国经济类专业频道建设的开端。中央电视台财经频道是以经济资讯为核心内容，具有专业特色的服务频道。通过亚太 1A、鑫诺 1 号卫星覆盖全国，每天平均播出 20 小时左右。CCTV - 2 自 1973 年 5 月正式开播 40 多年来，覆盖率和入户率一直在全国名列前茅，仅次于中央一套，是名副其实的中国第二大卫视频道，被社会和业界评价为最有活力、最具成长性的电视频道。

2. 中央电视台财经频道研究

"往哪儿走?"与"给谁看?"——CCTV-2财经频道的定位。

何谓"定位"?美国学者托尼·哈里森在《传播技巧》一书中说:"传媒定位是指某个传媒的特点在受众心目中的反映,它包括传媒的地位、报道质量、受众类型以及有别于其他传媒的特质或价值。"理想的定位自然是每个台或每个频道都高度专业化。所谓频道专业化,其实质是"细分市场"。营销学意义上的细分市场,就是在竞争环境中将一个市场划分成细小的单元。它的核心问题是顾客偏好与产品特性的组合,在这种组合中,能创造压倒其他对手的竞争优势。这也是频道专业化的目的所在。频道专业化的核心问题是频道特长与观众偏好相匹配,从而培养受众的忠诚度,抢占市场份额。对节目和服务对象的准确定位是专业化频道的最大特征。通过对特定题材领域深入开掘和专业栏目的整合优势来刺激观众的收视欲望,赢得尽可能多的收视群体和高而稳定的收视率。

其实,我国最早开始"专业化"探索并提出受众市场细分问题的应当是广播电台。在20世纪80年代中期,中国广播开始从"广播"向"窄播"转化,而进入"窄播"的标志则是珠江经济台的开播。20世纪90年代初,电台开始了系列台的发展之路。大致在同一时期,上海、北京等拥有多个频率的省、市电台也先后走"系列台"的路子,在保留一个频率作为综合台外,其余频率都办起了各类专业电台。电台专业化策略的实施有其特殊的历史背景并受当时的媒介生态环境制约。大家意识到,在多频道环境下,靠一套综合节目吸引所有"大众"在自己身边的年代已经结束。要在新一轮竞争中获胜,就必须形成自己的节目特色,重新吸引特定的听众和广告客户。

正是在这一媒介生态环境下,电视也开始创办服务于大众经济生活的且不同于综合频道的特色频道,1996年中央电视台推出了以经济宣传为特色的第二套节目,目的在于更好地服务于当时的改革开放形势发展的需要。诞生于这一背景下的中央电视台第二套节目也绝非一个真正意义上的专业频道,只是相对综合频道而言。另外,其不是不想成为专业频道,而是并不具备成为专业频道所需的条件。当条件并不具备的时候,拔苗助长的后果是不言而喻的。分众化甚至小众化的专业化频道对中国观众来说只能是想象而已。不是观众没有需求,而是电视媒体没有能力只依靠广告回收其成本。这是目前中国广播电视发展过程中的一个必然选择。尽管如此，有一点还是可以肯定的，就是"窄播""专业化"的本质是一种"分众化"的过程，也是媒体激烈竞争的必然结果。可以预测的是，今后媒体市场的竞争将会越来越激烈，谁最先在竞争中赢得受众的认可与青睐，谁就最有可能在竞争中领先一步。

现如今，电视的激烈竞争程度已经超过了广播电台，电视的发展早已经进入了频道竞争时代。电视频道激烈竞争的结果使得中国电视的竞争格局发生了新的变化。如今的电视观众可以收看的栏目已经无法统计，节目的时长也更加无法计数，有关资料显示全国电视频道总量已经达到3950多个。竞争格局变化背后的原因在于频道资源已经经历了"稀缺→饱和→过剩"这样的发展阶段。当代的电视从业者也正在从打造品牌栏目向建设特色频道转变，让频道化运作开始走到媒介竞争的前台。CCTV－2几经改版，其中既有人们观念的变化因素，也有中国电视发展环境的变化这一外在因素，更有中国经济飞速发展的变化因素。在这一转变过程中，频道如何定位将至关重要，CCTV－2的探索实践将带给我们众多启示与思考。

（1）"往哪儿走？"：市场VS现实？我们到底需要怎样的专业频道？

定位只是一个调焦的过程，而要想获得高清晰的"照片"，还应当依赖反复和仔细的微调。可以这样说，CCTV－2从诞生开始就是我国电视事业革新和探索的产物，代表了一个特定时期我国电视发展的最高水平。频道定位是频道竞争之本，它决定了频道资源、形象、宗旨和功能，并由此进一步决定了频道的节目竞争力。此外，它的目标观众定位还决定了频道的广告资源，并由此而直接影响频道的盈利。所以，解决频道定位的合理性是频道发展的重中之重。CCTV－2经济频道定位的形成应当是频道定位的历史选择与选择历史的结果。

首先，频道的定位：在历史的嬗变中校准前进的方位。

频道定位的目的是确立一个频道应该选择哪些特定的收视群众，针对这群人而言，这个频道和相类似的频道有哪些差异点，并且针对这群收视人口又有何特殊的值得炫耀的地方，实际上是帮助频道在某个市场中找个适当的位置。对中央电视台第二套节目发展背景的考察可以让我们比较好地了解为什么频道的定位会有如此的变化。

从诞生之初，中央电视台第二套节目就在不断地探索自己的发展之路。1996年是中国电视也是CCTV－2发展历史上关键的一年，这一年的6

月，经济部由新闻中心划归广告经济信息中心，CCTV－2定位为经济、社会教育频道，形成了以经济宣传为特色的崭新格局。其实，将社会教育与经济并列是不妥当的，因为"社会教育"不仅在功能上与经济节目有明显的分歧，而且和"经济"一样，同样属于需要软化的内容。这是一个忽视了观众和竞争对手的频道定位，它过高的准入标准缩小了观众规模，削弱了电视的欣赏旨趣。它的不和谐在很短的时间里就陆续地呈现出来。1997年5月5日，中央电视台第二套节目又进行全面调整，广大观众从此可以从早上到夜间收看到完整而系统的经济节目。这次调整将社会教育这一功能大大弱化了。2000年7月，作为频道专业化改革的重要步骤，中央电视台推出全新包装定位的专业化频道CCTV－2，即现在的"经济·生活·服务"频道。这一次的改革是继《东方时空》新闻改革之后出现的又一种新的电视频道改革模式，也是后来中央电视台倡导的"频道专业化"进程的全新探索。社会各界对这一次改版都给予了积极中肯的评价，认为"经济·生活·服务"这一频道定位相对合理。首先，它从形式上消除了社会教育与经济的冲突，使频道的专业化得以保障；其次，对生活这一弹性理念的引入，降低了频道的准入门槛，有效地扩大了频道的观众规模；最后，频道功能和特色的服务性被正式作为频道定位提出，表明了频道在服务功能上的努力。"经济·生活·服务"理念的重新提出，已经有了显然不同于当初的深度内涵。这不仅是因为我国经济体制的性质有了科学的界定，而且因为服务的功能、对象和主体都发生了更为深远的变化。

CCTV－2在2003年10月终于明确了自己的频道定位，用"经济频道"取代原来"经济·生活·服务"的定位语，明确了频道定位的核心理念："大众、综合、实用"。由此，"我们把CCTV－2的频道呼号从原来的'CCTV经济·生活·服务频道'改为'CCTV经济频道'"。原经济频道节目总监梁晓涛在介绍频道定位时再三强调，频道呼号的改变并不是频道定位的窄化，推出的新版CCTV－2并不是完全专业化的财经频道，而是以经济资讯为核心内容，具有专业特色的服务频道。2005年3月28日在原有改版成绩的基础上，再做微调，这次的改版使CCTV－2经济频道的收视率有了较大幅度的提升。CCTV－2近30年的成长历程，也是一个逐步完善自身形象和功能定位的过程。它不仅与当时社会发展的水平紧密关联，更与我国电视产业的复苏和腾飞的艰难旅程相伴始终。与此同时，人们也不难发现：频道的每一次调整或变化无不透露出经济节目的硬度与大众收视口味之间的选择困境，也折射出了中国电视频道竞争的激烈程度。这是因为定位理论是基于竞争和对目标市场的分割而产生的现代营销理论。

CCTV-2今天选择的频道定位，不仅是一种新的理念，也是历史发展的结果，更是中国电视生态环境变化的必然选择。相信开放的定位，会给CCTV-2的未来留有更多的弹性，经济的轴心位置是不变的，变化的是它的辅助元素。从社会教育的专题到生活服务的节目再到现在的娱乐益智类节目，CCTV-2的经济伴侣始终在变，开放式定位有利于CCTV-2吸纳更多的资源，这已经是被经验证明和将被继续证明的规则。我国专业化频道发展的现状，决定了CCTV-2的全新定位依然只能是一个过渡性的定位。这是因为，与CCTV-5等其他已经完成专业化定位的频道不同，CCTV-2频道最终定位的完成为时尚早。它不单单取决于频道自身，更取决于经济目标观众规模和我国经济发展的环境。以经济为主体的组合频道定位，虽然与专业频道相去甚远，但从实际操作中来看，这一定能有效地维持频道的经济主流形象。同时，相关内容的联合，也能使频道的收视率有一定的保障。在经历了一段相当长的时间之后，我国的经济观众规模扩大，收费电视发展比较成熟，尤其是个人投资者、家庭投资和投资环境逐步完善之后，CCTV-2可以考虑经济专业频道的运作，或者从中分化和拆解出名副其实的经济专业频道。就我国现在的电视环境来看，CCTV-2将可能在相当长的时间里，都要有试行过渡性的频道政策的准备。CCTV-2现有框架结构或者说频道布局的形成，本身并未遵循电视市场的客观规律，它应当是一次观念先行的产物。

其次，频道的定位：在借鉴中精确前进的路径。

从总体上来说，CCTV-2的频道定位经历了一个从不完善到逐步完善和正在完善的过程，这也是频道成长的一般性规律。中国电视在成长过程中吸取国内外媒体的经验是十分必要与有益的，然而，任何经验的移植与借鉴也必须考虑媒体的生态环境。当CCTV-2经济频道推出时，人们认为中国应当有一个自己的专业财经频道，国内的一些媒体甚至已经推出了以"财经频道"为名的电视频道。中央电视台推出一个专业的财经频道"完全有这样的实力，但是经济频道却并未选择这条道路。频道呼号的改变并不是频道定位的窄化，经济频道也不是纯财经频道"。"我们要做大众的经济频道，从观众的实际需求出发做'贴近性'的服务。当然也应当包括小众的、专业化的、对象性的节目。比如证券节目，比如《对话》栏目。我们既要坚持专业的品质，也要增强社会影响力，还要兼顾收视率。要为更多的观众服务，要为观众的根本利益服务。"有学者也认为："央视覆盖全国，它没有必要排斥观众。"

有权威数据表明：中国90%以上的电视观众文化程度在大专以下，收入水平在1000元以下；中国证券市场上经常交易的人群数量是37万，经常交易的定义是"一个月交易一次"。这样一个窄众群体对央视来说显然缺乏吸引力，不足以给央视带来高收视率和高额利润。据分析，一个平面媒体只要有5万以上的读者量就可以维持生存与发展；而对于电视媒体来说，生死线却在百万。这就决定了作为全国仅有的两个开路电视频道之一的CCTV-2的未来选择与发展路径。当国内新闻学者谈及财经媒体专业化的时候，常常愿意拿美国的《华尔街日报》、CNBC、CNNfn等媒体进行比较分析研究。但是，如果我们仔细地研究可能会发现《华尔街日报》是一家在全球比较有名的财经媒体。国内的一些学者或电视从业者也将其作为实施频道专业化的依据。如果仔细地分析这家财经报纸，你会发现为了在竞争中取胜，《华尔街日报》进行过多次重大改革。它最早起家于金融报纸，后来逐步变为商业和金融并重，最后定位于商业报纸。其定位经历了"投资者的报纸"—"公司报纸"—"商人报纸"—"大众报纸"的变化过程。它的报道范围也从资本市场发展到货币与投资，再扩大到健康、技术、媒体和销售行业公司的新闻，又深入个人金融、旅行、电子、汽车、天气预报和体育等领域。其实，《华尔街日报》的定位从专业化到大众化的过程并不是一个以大众化取代专业化的过程，而是一个整合的过程，这一点与它整合专业信息、提供商业与财经新闻的不同媒体功能是一致的。

CNBC是由道·琼斯公司和美国全国广播公司（NBC）联营的一个以财经新闻为主导的电视台。作为全球最为专业的财经频道之一，其定位为完全财经化的频道与美国的特殊情况是不能分离的。美国作为世界上最发达的国家之一，商业投资与人们的生活息息相关。据CNBC的统计，美国有85%以上的家庭都有百万以上的动产或不动产，所以他们必然需要投资。CNBC刚开始开播的时候也是一个综合类的频道，随着美国商业化程度的日益提高而完全转型为财经频道。CNBC虽然是专业财经频道，但是它也并非排斥其他有可能受欢迎的节目。据有关资料，按一周统计，CNBC财经频道所有财经类节目占所有节目的比例约为70%。在工作日的18：30~22：00，非财经类节目占了 50%，它们是新闻报道和新闻人物深度访谈；周末还有更多的休闲娱乐节目。

CNNfn 是美国有线电视新闻网络设置的专业财经新闻频道，创办之初其定位是为投资者服务的一个专业的金融新闻频道，其定位的专业化程度在同行中可谓比较有特点。然而，经过几年的运作之后，由于环境与开办伊始的理念发生了较大的改变，它不得不放弃当初的专业做法，重新收缩自己的频道发展战略，最终于 2004 年 12 月中旬关闭旗下的 CNNfn 财经频道，结束了这个频道维持仅九年的寿命。导致这种结果的主要原因是收视率低，在全美 1.1 亿户电视收视家庭里，仅有 3000 户看得到 CNNfn。

CNNfn、布隆伯格等著名的财经频道在经过几年的运作以后，也不得不走狭义财经上的专业化传播路线，开始向大众性的财经传媒方向调整与转化。《华尔街日报》、CNBC、CNNfn 虽然是做专业的财经新闻，但仍属大众传媒范畴。也就是说，读者或观众为内容支付部分费用，但整个公司的运作仍然部分依靠广告商的投入。美国是已经高度商业化的社会，《华尔街日报》的主要内容基本上都是围绕资本市场展开的，但中国证券市场还不成熟：美国股票市场的市值是 GDP 的几倍，而中国股票市场的市值占GDP 的比例则非常小。从财经媒体的受众市场来说，受众是媒体生存的基础。由于市场不完善，市场的培育和发展需要过程，难以在短时间内形成有规模的专业受众市场需求。电视作为一种大众传媒，它的服务自然应当是大众化的；即便是一个专业化电视频道的受众是小众化的，它也应当力求将这个小众一网打尽，因为小众与大众在一定程度上也会有需求的交叉和重叠。

中国财经媒体所存在的问题从表面上看是定位过于集中于高端市场，而在深层次上则表现为在观念上把精英与大众、高端与中低端、专业化与大众化人为地隔离开来，甚至是对立起来了。这种将大众化与专业化对立的思维方式恰恰又是因为中国财经媒体未能像国外财经媒体一样，在建立专业化优势的前提下发展大众市场。由此，中国财经媒体陷入了这样一种困境：一方面，由于历史与现实的原因，尚不能在短期内建立专业优势，难以得到专业市场的认同；另一方面，缺乏专业性，在定位和写作上又盲目追求"专业性"，言之无物，却又故作高深，难以为大众所理解，这便在无法得到专业市场认同的同时，又丧失了大众市场。《华尔街日报》、CNBC、CNNfn 等国外财经媒体的经验值得中国新闻媒体学习和借鉴。但是种种迹象显示，这些媒体的经验并没有充分引起中国同行的关注和重视。例如，《华尔街日报》认为自己属于适用范围较广的商业报纸，而中国的一些报纸把自己局限于较窄的金融类报纸。《华尔街日报》对读者的态度是多多益善，而中国一些报纸却对读者提出资产、职业甚至年龄的要求。CNBC尽力拓宽报道领域，而中国有的专业财经媒体却缩减报道领域。

因此，可以说理论上的可行性论证比较完善且接近完美还只是媒体的一厢情愿，它还需要来自观众——电视机前观众的考验。任何主观上的设想，都必须经受客观实际的检验。明白这一点，对于今天的中国传媒机构来说可能更为重要。

（2）"给谁看？"：专家 VS 观众？专业频道到底办给谁？

CCTV-2经济频道是免费的、无线发射的一个开路频道，它与有线电视、付费电视频道是不同的，它的主要收入来源是广告。在这种情况下收视率就显得非常重要，不可能做得太专业。上文中我们已经提到，一个以大众为传播对象的电视媒体，其服务的人群也必须是大众的，其功能元素的构成也绝不是单一的，而是多元的、综合的。目前，CCTV-2定位于专业财经频道的时机尚不成熟，理由至少可以从以下几个方面来体现。

首先，表现在其现有的频道规模与现有的收视人群的规模上。电视与其他传媒的显著差异是通过高成本的设备进行传送。无论是制作、传播还是接收，其费用远远高于其他一般媒体。这就从经济上决定了电视传媒必须面向尽可能多的观众。专业频道的生存依赖于规模庞大的电视观众群体的形成。可是，从我国现有的经济专业人士的规模来看，CCTV-2专业频道的观众规模较小，这就使得依赖收视率的广告投放必然难以为继、入不敷出。在市场经济条件下，频道的生存问题将凸显出来。从观众规模的角度来看，如果单纯依赖于现有的经济观众，CCTV-2也很难在短期内大幅度扭转收视情况。它必须采取且可行的方法是利用其他资源来扩展自己的观众规模。或者CCTV-2必须在经过一段时间的归宿培育之后，在我国个人和家庭型投资逐步成熟之后，再尝试实行这一定位。

其次，我国现有的经济形势和广播电视体制也使得CCTV-2很难成长为一个专业财经频道。就我国现有的经济体制和发展水平而言，无论是从信息的资源还是从信息的开放度和信息的含金量上看，都不足以支撑起一个经济专业频道。但是可以预测，最终在中国形成一个专业的财经频道，是 CCTV - 2 未来发展的方向。它的出现将在很大程度上受制于我国的经济环境和发展水平，也同时会受制于我国收费电视体制的成熟度。在如今的条件下，CCTV - 2 经济频道选择"大经济"的传播理念有其合理性与现实意义。在这里，"大经济"已经不是一个经济专业性的概念，而是一个社会传播领域的概念，对其外延的定位，不是沿用经济领域的标准，而是借用了社会学范畴的标准。由此，我们可以看出，"大经济"不是抛弃而是包含了原有的经济理念。它既是群体的，也是个体的。它是市场经济发展到一定形态时，由于经济行为对生活的高度深入和介入而形成的经济形态的总和。经济市场化的程度越深，大经济的范畴就越广泛，它在越来越多的层面越来越深刻地影响着越来越广大的经济行为主体。"大经济"是一个动态和倍增的具有高度时代性的范畴，包罗万象，大经济行为是大众的一般行为之一。通俗地说，凡是与钱、与财富和其转移相关的就是大经济。在大经济的频道核心理念形成之后，继续保持频道在娱乐类和服务类节目上的优势，在一段相当长的时间内都是必需的。这些节目不仅不能被扼杀，反而更应当与时俱进。

最后，"专业"受众的需求绝不是"专业的"，专业人士也同样会有大众化的普遍或者共同的喜好，在传播过程中"窄众"与"大众"之间不是对立的。

电视是大众传媒，而囿于我国市场经济的发展水平，纯经济类的观众仍然只能是一个"小众"。高入户率与低收视率之间的偏差，就是这种现状的真实表现。中国观众的小分众时代，还远远不曾到来。CCTV - 2 在现如今的形势下还不可能而且也没有必要将自己的受众目标定位得过于狭窄。当一个窄众的规模尚未达到一个基础数值的时候，过分专业化的节目设置是危险的。电视不同于平面媒体，它的生命力完全在于它庞大的观众基值。一旦丧失了这个基值，它就要受到平面媒体的强力挑战。一份平面媒体，只要有 1 万受众，就基本上有了生存的可能。而 CCTV - 2 的某一栏目即使拥有 10 万受众，它的收视率还可能几乎是零。在平面媒体里一向被推崇的精准定位理论，不能被生搬硬套到电视传媒领域。这是因为，电视是一个高成本的传播媒体；电视的收视是被动和不可逆的；电视的收视是瞬间行为，会产生大量的观众耗散。

CCTV - 2 作为大众传媒的开路电视频道（而非专业收费频道），对经济这一词语的外延定义得过分"精确"，本身就是相当不合理的做法。非收费电视观众永远不是以高收入者为主体的，不论在英美，还是在港台地区。高收入者的电视忠诚度远远低于低收入者。他们有众多的获取各类信息的渠道，他们对境外媒体的兴趣远远高于低收入者，他们接触电视的时间远远少于低收入者，他们对经济频道的兴趣往往局限于几个栏目，而不是整个频道。在美国，坐在电视机前看动画片的，除了儿童，还有大学教授。真正需要经济频道的，应该是中低、中等、中高收入者，他们拥有自己的财富梦想。如果 CCTV－2 在功能上有更合理的定位，如果 CCTV－2 对经济这一核心内容有更宽泛的解读，我们完全有理由去期待 CCTV－2 的一个黄金时代的到来。CCTV－2 一定永远要有《对话》这样的栏目，但如果把整个频道都做成《对话》风格，那将是死路一条。

当然，我们并不排斥小众节目的存在，但是小众节目的入口必须是开放的，也就是说，它必须假定观众没有任何的基础性知识储备。按专业类别分割的小众节目，充斥了大量的专业化术语，从大众接受的角度看，这为收视率的提升设置了人为的障碍。我国 70% 以上的电视观众的月平均收入低于 600 元。在我国现有的经济条件下，高收入的观众基数远低于低收入的观众基数。所以高收入观众的收视比例走高，并不表示这一群体的收视绝对人数一定占优。相反，由于整个频道收视率偏低，它的高收入观众的绝对数值可能反而会低于其他频道。专业并不意味着排斥其他，走上"绝对"之路，做"纯粹"。正如哲学所言，世界上的事物是对立统一的，是互相联系的。电视是大众媒体，是为大多数人的利益服务的。其实，美国 CNBC 财经频道在周末的时间里也播出大量的休闲娱乐节目，如纪录片、脱口秀、探险、体育、大量的赞助节目等，非财经类节目也占了 50%。

电视频道，本质上属于"大众"传媒。专业频道不能只讲细分化的"一面之词"！专业频道既要"细分化"——锁定目标，又要"反细分化"——拓宽基础。其具体努力方向是"同心多元"——立足一个中心向外多元扩张。其中心即目标观众的小众。首先，专业频道必须满足小众的专门偏好，这些节目就是做给特殊人群看的，不是给大众看的。其通过层层细分，牢牢抓住自己的目标观众。其次，专业频道还可以满足小众的泛化偏好，既抓住自己的目标观众，也抢夺其他专业频道的目标观众。这就是反细分化了。最后，还有个更大范围的反细分化，专业频道还可以满足小众的一般兴趣，因为小众也会有与大众共同的兴趣与爱好。在这一层面，小众与大众连通了，所谓一般兴趣，实际就是小众与大众的共同兴趣。世界上的事物并非"非黑即白",没有绝对的事情,极端多元化与极端专业化一样不可取,需要在两极之间求得均衡,既防止专业象牙塔又避免多元拼盘,平衡专业化和大众化,在抓牢目标观众的同时也兼顾扩大观众面。先用"共赏"的节目来凝聚"注意力资源",再"搭桥"引渡到"分赏"的专业节目,希望将偶然的普通观众转化为新的目标观众,即让"小众"也不断扩大规模;共赏的依据是"同心多元",即小众与大众都感兴趣。这样可以比较好地平衡专业化与大众化之间的矛盾,同时也可以有利于实现"双赢"。事实证明,在中国电视观众窄众市场还没有分化成熟的现状下,将开路频道定位为专业财经是不可行的。

总之,现如今,我们目前所理解的专业频道与国外的专业频道并不是一个概念,在目前专业频道的收费机制还没有形成的情况下,对国外专业频道的模仿是需要谨慎的。立足于中国的现实,先办有中国特色的专业频道。对专业化的理解,应该有一个实际的统一的认识,而不能一味盲目地克隆海外专业频道的概念。中国的电视也罢,专业电视也罢,最终要走自己的道路。在推出专业财经频道以前,建议首先在概念上采用"专业化频道"来替代现有的"专业频道"。专业频道是一个内容性的概念,专业化是一个过程性的概念。其作为专业化频道初期的特定形态之一,以一类内容为轴心,同时引入相关频道资源,实行组合式的专业化频道定位,是一个较为可取的"绥靖"方案。它需要的不是简单的学理上的论证和说服,而将是一场触及电视观念、利益分配、人才保障等多层面全方位的系统工程。在成熟的付费电视频道市场没有完全形成之前,这样的频道定位已经为众多国外媒体的成功案例所证明。不仅如此,未来证券付费电视频道的推出,将为我们开路的经济频道再次完善格局提供契机。众所周知,当前的一个普遍现象是:教育频道播时装秀,经济频道放电视剧……有人对此大加反对:"专业频道不专业!"那么,专业频道的"专业"并不应该仅仅为狭义上的定位所束缚。怎样看待专业的问题,CCTV - 2 的成长之路为中国专业化频道的发展进行了有益的探索并总结出了可供借鉴的经验。它关于经济频道的定位理念具有实践意义与理论意义。

（二）第一财经频道研究

1. 基本情况

第一财经频道是中国唯一一家以投资者为收视对象的专业财经频道。

第一财经频道总部设在上海，在北京、深圳等地拥有演播室，部分节目通过东方卫视覆盖全国，内容涵盖经济、金融、贸易、投资等各个领域。第一财经频道隶属于第一财经传媒有限公司。第一财经传媒有限公司是中国唯一一家以投资者为对象的专业财经传媒公司，与全球著名财经媒体CNBC结盟，和道·琼斯公司共同发布道琼斯第一财经中国600指数，通过跨地域、跨行业的经营，力争成为一个拥有跨媒体信息传播渠道的财经资讯供应商。第一财经传媒有限公司旗下目前设有第一财经频道、第一财经频率及《第一财经日报》。上海电视台第一财经频道是国内实力最强的财经专业频道之一，节目影响力波及全国，近年来市场占有率逐步提高，以快捷的国内外财经新闻和投资信息、权威的深度分析和背景报道以及对普通投资者的强烈关注，树立了专业、权威、亲民的品牌形象。频道与众多国内外一流金融投资企业和研究机构密切合作，拥有广泛的信息渠道和强大的专业后盾，确保投资者透彻了解全球市场行情和重要财经新闻。目前全天播出19小时，其中直播超过8小时，内容涵盖经济、金融、贸易、证券投资等各个领域及资讯、访谈、专题等各类节目，内容丰富多彩，形式不拘一格。2003年4月10日，上海电视台第一财经频道每天向国际著名财经传媒CNBC提供两档直播的《中国财经简讯》，在全球播出，这是中国大陆电视节目首次进入国际主流媒体的传播平台。由财经频道与CNBC共同制作的《亚洲经营者》节目也已在上海播出。

第一财经频道是目前中国唯一定位于产业投资者的电视专业化频道，总部在上海，在北京和深圳两地都设有直播室，并且在中国香港、新加坡、东京、纽约、伦敦等地都有自己的特约观察员。第一财经频道每周一到周五全天播出14个小时的节目，直播节目时间将近12个小时，内容涵盖经济、金融、贸易等各个领域。2005年第一财经频道进行了全面改版，变成了一个真正意义上的财经频道，即便在双休日也把原来的影视剧调整为适合财经人士喜欢的高尔夫等休闲类节目，使它更具有财经概念。除了每天滚动的专业资讯以外，它还有为专业人士量身定制的及时、专业、权威的品牌栏目，通过一些卫视大家可以看到。

2. 第一财经频道研究

第一财经作为一个跨越电视、广播、报纸的财经信息平台在中国是全新的事物，它的发展道路很值得业界和学界借鉴和研究。2003年，原上海电视台财经频道和上海东方电台财经频道统一对外称为"第一财经"，第一财经传媒有限公司成立，这家由上海文广新闻传媒集团（2009 年更名为上海广播电视台）全资控股的子公司谱写了中国传媒业的诸多纪录。它的挂牌成立被业界人士普遍看作是中国传媒业的重要事件之一。2004 年，由上海文广新闻传媒集团、北京青年报社和广州日报报业集团联合打造的一份面向全国的财经类日报《第一财经日报》正式问世，从而标志着第一财经跨媒体平台主框架的搭建基本完成。广播、电视、报纸用统一名称的平台，这是第一家。还在上视财经频道时期，其就与国际著名财经传媒 CNBC 实现战略合作，人们不由得要联想到"道·琼斯公司—《华尔街日报》—CNBC"的发展模式。这一模式在美国乃至世界范围取得了很大的成功，而要在中国取得成功，它的道路该如何走很值得业界和学界关注。

第一，市场空间。整个信息平台的市场空间其实有两大问题。一是广播电视的空间到底有多大。主要针对投资者的广播电视专业频率和专业频道是中国传媒一直关注的焦点，因为国外有成功的先例，而对中国经济规模扩大、资本市场加速发展、投资者人数增加等前景的良性预期使大家倍加关注。但之所以鲜有涉足创建专业财经频道领域，原因就在于对于这个需要大量投入的专业领域到底有多大市场空间没有把握。中央电视台经济频道历经多次改版，专业财经频道始终是方向之一，但经营状况使这一步始终迈不出去。二是报纸是否能够以日报形式赢得市场空间。财经类报刊近年风头正劲，产品设计日臻成熟，经营状况表现不俗，已形成一定的阅读群体。但是财经类的日报除三大证券报依托监管机构和先发优势外还少有成功者，面对激烈的竞争，虽然日报与周报有区别，但要寻找到与已有财经报刊的差异化生存的空间还是要下一番功夫的。

第二，跨媒体平台的资源整合。道·琼斯公司、《华尔街日报》、CNBC 的成功，使大家都看好这样的跨媒体模式，但单纯一种发生在美国的模式并不一定可以通向普遍的成功。如果考察这一模式的历史可以发现，道·琼斯公司、《华尔街日报》、CNBC 的模式有很大的不可复制性。道·琼斯公司从 1882 年开始出版发行全球最重要的财经新闻和资讯，1889 年开始出版《华尔街日报》，而随着电视业的发展，道·琼斯公司和美国全国广播公司（NBC）联合出资创办了 CNBC，也就是说其建立的平台是相对成熟的经济新闻向电视扩张的结果。在财经领域，道·琼斯公司所提供的信息产品和指数体系对于美国乃至世界投资者来说意味着什么，无须赘言。《华尔街日报》与道·琼斯公司天然地具有紧密的联系，在此基础上联合实力强大的 NBC 公司，它们所呈现的优势十分突出。尽管如此，该平台也在面临挑战，彭博财经通讯社在整合电视、广播媒体之后对其模式构成严峻挑战。要让跨媒体的优势在中国得以发挥，在产品如何设计、资源怎样整合等诸多方面还有很多可探讨的空间。

第三，实现跨地域。对于第一财经来说，走出上海影响全国应该是发展战略的应有之义，唯其如此，这个财经信息平台才能得到更广大市场的支撑。而实现跨地域应该有三个层面的内涵：一是信息获得的跨地域；二是信息接收的跨地域；三是跨地域的品牌认同。跨地域的信息获得对于财经领域来说目前主要还是集中在北京、上海、深圳、广州等地，能够抓住这些地方新闻和信息就可基本完成地域的覆盖，而要提升信息价值则需加大在人力、物力方面的投入。依靠强有力的集团优势，完成这个任务应该说还是有把握的。跨地域的信息接收中影响因素主要是技术上的和政策上的，对报纸来说还要加上一个发行的问题。而从现在的情况看，广播电视的技术因素需同整个国家的广电网络的发展进程相适合。目前，对于跨地域媒体在政策上虽仍有限制，但限制显然已经松动，尤其是财经媒体已经有先例可循。至于报纸的发行问题，相关的研究很多，类似报纸成功的经验也有，这里不做赘述了。第三层面的问题是真正的难点。跨地域的普遍的品牌认同是以信息采集和信息接收的跨地域为基础的，又不仅仅限于广度拓展，还需要有深度的支撑，更需要树立稳固的公信力，建立领域内的权威性，其难度不可谓不大。但无论如何，要突破地域限制，进而依托更广大的市场生存和发展，最终还必须实现品牌的跨地域认同。

第二节　国外电视财经新闻媒体介绍与分析

目前国内的财经报道内容上普遍偏重大众化，生活层面和社会层面的经济报道集中，但有借鉴意义的国际财经报道，特别是关注中国市场、具有国际视角、出自国际权威专家的专业报道与评论比较少。了解国外的财经媒体发展状况，对于国内财经媒体发展是有益处的。

一　国外电视财经媒体介绍

（一）　CNNfn 介绍

CNN 的名字已经在世界上广为传播。CNN 是美国有线电视新闻网络

Cable News Network 的英文缩写，由特纳广播公司（TBS）董事长特德·特纳于 1980 年 6 月创办，通过卫星向有线电视网和卫星电视用户提供全天候的新闻节目，总部设在美国行政区佐治亚州的首府亚特兰大，是美国最大的专门播送新闻的电视公司，也是世界上最早出现的国际电视频道。CNN新闻集团旗号下的新闻业务共有十项：CNN（新闻频道）、CNN Headline News（简明新闻频道）、CNN International（国际频道）、CNNfn（金融新闻频道）、CNNSI（Sports Illustrated，体育新闻频道）、CNN en Espanol（西班牙语频道）、CNN Airport Network（空港新闻网）、CNN Radio（广播新闻）、CNN Radio Noticias（广播简报）、CNN Interactive（互联网络）。这十项业务都有专门的分支机构承办，这些分支机构是 CNN 家族中相对独立的成员。在全世界设立了 36 个记者站，共办有 7 套单项电视节目和 1 套双向网络电视节目。

（二）CNBC 介绍

CNBC 是由道·琼斯公司和 NBC 联营的一个以财经新闻为主导的电视台。作为全球最为专业的财经频道，其定位为完全财经化的频道是与美国的特殊情况不能分离的。美国作为世界上最发达的国家之一，商业投资与人们的生活息息相关。据 CNBC 的统计，美国有 85% 以上的家庭都有百万以上的动产或不动产，所以他们必然需要投资。CNBC 刚开始开播的时候也是一个综合类的频道，后随着美国商业化程度的日益提高而完全转型为财经频道。虽然 CNBC 是专业财经频道，但是它也并非排斥其他有可能受欢迎的节目。据有关资料，按一周统计，CNBC 财经频道所有财经类节目的比例约为 70%。在工作日的 18：30 ~ 22：00，非财经类节目占了 50%，它们是新闻报道和新闻人物深度访谈。周末还有更多的休闲娱乐节目。

CNBC 亚太财经新闻频道在全球经济类电视频道中独占鳌头，为观众提供最富有洞察力的分析、实时市场数据和重要的财经信息。总部设在新加坡的 CNBC 亚太财经新闻频道是道·琼斯公司和美国全国广播公司（NBC）合资建立的商业和财经新闻机构。CNBC 为投资者提供全面的经济新闻，包括与交易相关的市场信息和与交易没有直接关系的宏观经济新闻。目标观众群清晰，又不局限于股票的买卖。从内容覆盖面来看，CNBC是《华尔街日报》的电视版，为关注经济动态的受众提供综合新闻和信息、财经新闻以外，还包括重大的时政新闻。CNBC 的现场采访充分体现了电视新闻的互动性和时效性，尤其是主持人与采访对象一环扣一环的精彩交流。CNBC 是相对成熟的经济新闻向电视扩张的结果，它充分利用了电视传播的优势。作为一个财经新闻传播平台，CNBC 的内容和表现形式给观众留下了深刻的印象。

第一，CNBC 声音多元化，是参与者充分交流的平台。财经新闻不同于普通的社会新闻，它并非每个人都可以亲自感知或体验的。对社会新闻来说，受众的期望是看到客观事实，并比较容易判断其客观性；而对往往超出了个人的经验范围、不那么直观的财经新闻来说，比如宏观经济形势，在判断内容的客观性和准确性上就有一定难度。因此，多样化的声音和交流就成了观众的需求。CNBC 已成了金融社区所有成员包括监管者、券商、相关研究人员、同类新闻从业人员及投资者不可或缺的信息来源和交流平台。实际上，新闻报道不仅是新闻信息的传播过程，也是筛选优良准确观点的过程，体现了财经新闻工作者的价值。

第二，内容的层次感很强。财经新闻往往是常规新闻，它不像特别报道类的节目在一周或较长一段时间内选取有轰动效应的题材，会让观众觉得很透彻、很过瘾。在 CNBC，内容的层次感和栏目在整个频道中的准确定位提供了常规和深度间的平衡点。CNBC 是频道制运行，栏目以时间段划分，早上 5：00~7：00 是 WAKE UP CALL，报道并分析可能对股市产生影响的新闻。开市后是 SQUAUBOX（意指各种各样的声音），有交易经验的新闻工作者和分析师们讨论市场动向和个股情况。接着是 POWER LUNCH、MARKET WRAP。闭市后是 BUSINESS CENTER，回顾当天的重大新闻，由两位出色的经济新闻从业人员主持。晚间节目是 AMERICAN NOW，这一档接近专题节目，讨论当天最重大的新闻，由两位资深评论员主持。每档节目都会插入实时从交易所和其他新闻现场传来的市场新闻和板块动向。就一条具体的新闻来说，在 BUSINESS CENTER 或 AMERICAN NOW 中，往往依照金字塔状的消息源结构上行或下行，实现全面的采访。比如一次关于安然事件的国会听证会，首先，在国会的记者告诉观众最新的进展；其次，采访公司当事人，弄清楚一些事实；再次，上行至国会议员，谈他们对目前事态的评价以及下一步的行动；最后，还有媒体的人来讨论，嘉宾往往包括《财富》《商业周刊》《华尔街日报》《华盛顿邮报》的主编，提供新闻工作者的声音。新闻工作者的视角会由于他们担负的某些公众责任而与其他有商业利益关系的参与方有所区别，他们在对公司战略的讨论中也往往有独特的看法。CNBC 不仅在栏目设置上有层次感，而且在内容的横向划分上也同样具有层次感。每个栏目中的行业新闻、公司新闻、宏观经济新闻也很清晰。

第三，报道的现场感和互动性是 CNBC 与同类纸媒竞争的优势。一条新闻可能在每个栏目中都播放，但随时间推移的事件进展以及不同主持人对题材的把握，体现了每次播报的附加值。主持人对现场记者（挖掘新闻事实）、对当事人和专家（求证观点）的提问，体现了电视的互动性和参与感。

（三）CNNfn 与 CNBC 频道特色

CNNfn 和 CNBC 是全球金融、证券人士和投资者认可的有相当影响力的专业财经电视频道。它们已经成为拥有多种传播手段，辐射全球经济活动最活跃地区的跨国性传播机构。它们的节目内容涵盖了全世界主要的商业和资本市场，拥有相当数量的观众。频道定位和受众对象的相似性，使得它们在频道编排和报道内容上不可避免地存在许多共同之处。而作为竞争对手，它们又各自极其注重发挥自身优势，创造特色。

其一，定位财经专业频道。在激烈的媒体竞争时代，一个频道想对所有观众"一网打尽"是异想天开的。两个频道在对市场进行细分之后，定位于财经专业频道，充分发掘证券市场这一独特资源，搭建起频道的主体框架，成为频道的灵魂。它们利用股市开闭市的天然良机，令股市投资者的心情围绕行情跌宕起伏，吸引忠诚的观众群，同时又吸收非财经节目作为财经频道的补充。找准频道定位之后，其在节目内容方面突出报道华尔街股市。华尔街是世界金融中心，也是世界经济的晴雨表，在这里上市的不仅有美国本土的公司，还有许多外国公司。因此，以华尔街为报道重点，也就基本抓住了世界经济发展的脉搏。

其二，媒体全球化。这包括两个方面。一方面，在经济全球化背景下，两大财经频道的报道内容已经打破了国内和国际的界限划分，不存在"国内经济"和"世界经济"报道之分。美国是全球经济最活跃的地区，也是受经济全球化影响最深的国家，整个世界都是 CNNfn、CNBC 的报道范围，节目内容的选取完全从报道需要出发，"国际""国内"不再是划分栏目类型的标准。另一方面，全球的电视观众都是现实的和潜在的观众。

频道全球化通过市场本地化来实现。两大财经频道在节目制作和播出内容上正日趋本地化，制作和播出的本地化是财经频道在全球范围内扩大市场占有率，争取观众的有效手段。

其三，黄金时间概念的重新定义。在股市报道上，瞬息万变的交易动态有很强的实时性。对目标观众而言，"时间就是金钱"的概念更加清晰，第一收视时间就是黄金时间。两大频道在对收视市场进行细分之后，重新定义黄金时间，使白天时间的市场价值得到了最大程度的开发。

其四，培植大品牌栏目并强调规模效益。大品牌栏目可以说是频道的"主打产品"，是频道的灵魂。观众是通过栏目和节目来认识频道的，对栏目和节目的认同度越高，对频道整体形象的认知也就相应提高。两大频道把周一至周五的所有栏目都编排成通栏型，看不到每周一期的栏目，也没有一周三期的。以规模促效益，扩大栏目知名度和收视率，已经成为国外财经频道惯用的编排手法。

其五，拓展栏目品牌和主持人品牌。名人即名牌，名牌即效益。国际电视发展的趋势之一就是强调主持人的个人魅力。在两大财经频道的节目表中，可以看到不少以主持人的名字命名的栏目，如《玛利亚·巴提罗默一周市场回顾》《布来恩·威廉姆斯新闻》《里维拉直播》等。这些主持人既是社会名人，又是某一方面的专家。他们知识渊博，经验丰富，对主题把握准确，论述深刻，在观众中有很强的号召力，是成功塑造栏目品牌的重要因素。不少知名主持人已经成为栏目的标识，而同时，名牌栏目强大的创作班底和有利的播出时段也为名牌主持人发挥能力提供了最佳舞台，二者之间可谓相得益彰。

二 国外主要电视财经媒体分析

（一）彭博财经通讯社

彭博财经通讯社（简称彭博社），是在1990年成立的，成立之初只有20多名记者，这些人为著名企业、财经机构和报纸提供经济、商业、政治和体育消息。彭博的定位是给你全新视角的世界金融新闻和信息。彭博社的目标客户为金融证券投资领域的专业人士，包括世界银行、投资机构、商业银行、政府部门、大型公司、新闻机构等。1991年布隆伯格用1350

万美元买下了纽约市的无线电台 WNEW，聘用十多名记者，节目预录完全摒弃传统录音带，一切都数字化和电脑化。1992 年，彭博社为马里兰公共电视台制作的每日 30 分钟的早间节目，是其涉足电视的第一次冒险。此后彭博社电视传播到 10 个不同的网络，提供 7 种语言服务，在美国和国际上都拥有附属机构。1995 年，www.bloomberg.com 开始试车，很快就成为互联网上最受欢迎的个人理财网站。布隆伯格新闻还出版 2 种杂志、3 份行业简报和一系列书籍。第一本杂志《布隆伯格杂志》每月发行量达到 14 万册。现在，彭博社在全球有 16.5 万个用户。

彭博财经电视频道是欧洲和美国增长速度最快的商业和金融新闻频道。从 1992 年起，彭博社为马里兰公共电视台制作的每日 30 分钟的早间节目发端，短短十多年的时间里，这个频道就成长为全球性的商业和金融新闻频道，每天以 7 种不同语言，在 77 个国家广播，频道覆盖欧洲、美国、亚太区、非洲、拉丁美洲等地共 2 亿多人。2003 年 1 月，彭博财经电视频道获得国家广电总局颁发的落地许可执照，在中国三星级以上涉外宾馆、公寓及政府机关都可以收看到该频道。彭博财经电视频道的节目具有两个鲜明的特点，即财经信息的快速准确与财经分析的专业权威，这充分体现了一个财经电视频道的专业素质。

彭博社的成功主要有以下几方面原因。

填补市场空缺的产品。彭博资讯的优势就在于向客户提供专业化的定价与财务分析方法，减少客户对中介机构服务的依赖性。彭博社的分析软件和历史数据富有特色，可根据客户的投资组合计算投资回报，并为客户提供产业分析和投资策略。很多的金融机构之所以购买彭博专线，主要就是看中了这套分析工具。

信源的独立性、权威性、丰富性。彭博社说服《华尔街日报》和美联社成为为其提供美国政府债券价格的信息源，推出实时财经新闻服务。目前，彭博社可提供债券收益、美国证券与交易委员会（SEC）文件、有关公司 CEO 的自传、分析师的报告等，可谓应有尽有，彭博新闻已成为金融新闻的代名词。

关系营销。彭博社拥有极为出色的机构关系与市场信息渠道。公司创始人凭其在华尔街多年的工作经历，与全球大投行和证券公司建立并保持了密切的合作关系。英格兰银行、世界银行、国际清算银行和美国各大联邦储备银行陆续订购了彭博信息终端。

把"高端"做到极致。彭博资讯的旗舰产品"彭博专业服务",将新闻、数据、分析工具、多媒体报告和"直通式"处理系统前所未有地整合在单一的平台上,这个平台非常时尚,并定期更新。在华尔街投行家和交易商看来,彭博资讯终端不仅是有价值的信息渠道,更能提高使用者的身份和地位。

非常重视员工与企业文化。彭博文化被称为"彭博式的生活",强调创意与实践;办公室里充满了各种时尚的当代艺术家具,接待室类似咖啡室,提供 24 小时的会议和吃饭服务,员工和访客可以聚在一起自由地享用食物及休息;打破同事人际壁垒,鼓励自由交流,淡化职级差别,强调各个级别的互动。自由灵活、人性化的公司文化保障了人力资源的价值得到最大限度的发挥。

(二) 路透社

路透社是首屈一指的环球财经新闻及资讯服务集团,以其及时、准确、诚信和公正的报道及引用尖端科技而享誉全球。对于普通大众,路透社是世界上最大的新闻制作和播发机构;对于世界金融市场的参与者,路透社则意味着世界领先的实时信息、市场决策信息的一种交易系统提供者。Reuters 源于一个德语词,意为"马背上的人""强者"。1851 年的盛夏,创始人路透先生和他的妻子一起在伦敦金融街的皇帝交易所大楼租了两间房子,只雇用了一个 12 岁小男孩做职员。路透社如今已是现今世界上极有影响力的新闻发布机构之一,员工遍布全球 97 个国家 220 个城市,每天以 26 种语言刊登约 30000 段新闻,在全球有 70 万终端用户。路透社始终在追赶并追随着传播的速度。1850 年,其创始人路透曾用由 45 只鸽子组成的"空中舰队"在布鲁塞尔和德国之间传递股票信息,只用了两小时,而铁路传送需要 6 小时;两年后他开始用海底电报,当陆上电报和海底电缆的技术进一步发展时,路透社的业务从欧洲拓展到远东、南美;然后是无线发报技术、无线电技术;现在是网络技术、手机和 PDA 产品……它是全球最大的国际财经新闻采集机构,为全球各地客户提供文字、音频、视频、技术等多种形式的内容服务。《华尔街日报》、CNN、BBC 等都是路透社的客户。路透社的媒体 + 商务的模式开创了"大媒体"概念的新时代。路透社的目标是让金融市场真正能在互联网上运作。

路透社专注经营三个业务范围。一是财经资讯产品。该社为全球各地金融市场及新闻媒体提供广泛的资讯和新闻产品，包括实时的财经数据、Lipper 集体投资数据、数字、文字、历史性及图表分析资料库、新闻、图表、新闻录影带及新闻图片。二是交易系统及解决方案。该社为金融市场提供全球化方案及技术，包括企业全面整合方案、市场资讯及数据发布、股票和外汇交易、风险管理以及交易管理系统。该社还为客户提供技术和入门网站服务，以便他们向散户供应资讯、数据及交易技术。三是 Instinet（全球最大的电子证券经纪公司）。它是路透社旗下独立管理的附属机构，其业务覆盖股票及固定收入市场。该公司每天在全球逾 40 个市场进行交易，为北美洲、欧洲及亚洲 18 个证券市场的成员。Instinet 致力于提升客户的投资表现，不断为他们提供即时的环球流动资产存取服务，强化交易效率，增加商机，从而降低交易成本。

路透社共雇用近 20000 名员工。它在全球有 62.7 万终端用户，数据库容量超过 30000 万亿条，包含 40000 家企业信息。路透社在伦敦证券交易所（为金融时报 100 指数的成分股）及 NASDAQ 证券市场上市。近年来，在彭博社咄咄逼人的攻势下，路透社经营业绩不断下滑。尤其是 2000 年以来，金融市场的萧条使路透证券交易平台 Instinet 受到极大冲击，其以互联网为基础的出版系统的新业务拓展也遇到重大障碍。2001 年 11 月，路透财经电视台被关闭。2002 年 6 月，路透社开始削减高管，其通讯社编辑部也计划裁员 1% ~4%。这说明市场对路透社的产品需求持续疲软。作为世界上最年长的专业财经资讯提供商，路透社的崛起、辉煌、衰落和重振都极具启示意义。

产品定位的困惑。在同质化产品无比丰富的年代，路透社的定位开始模糊，不仅提供财经资讯，还提供其他领域的新闻和信息，它想把有信息需求的大众和专业化的分众一网打尽；产品线过于漫长，不仅服务于世界金融市场的广大用户，还为企业之间的电子商贸市场、健康医疗市场、消费者零售金融市场、无线产品市场提供服务。

过于单一的盈利模式。它仅仅以通讯社的形式对外出售信息产品获取收益，几乎完全放弃了自营的传统媒体产品。

过于迷恋技术。一直专注于交易系统及其解决方案和资讯产品的整合；把所有的希望都寄托于互联网，希望建立一个基于网络的一体化资讯、分析、交易平台，但是技术并不能解决所有的问题，因为技术更新换代风险很高。也许路透社还是要回到最初的问题：为什么人？通过什么形式？提供怎样的财经资讯服务？路透社制定的新的发展战略也正体现了对这些问题的反思。

第三节　财经基础知识："QDII""QFII"等是什么意思？

媒体记者，在采访报道证券市场新闻时，只有准确、规范地使用专业术语，才能做到证券新闻报道的准确性和专业性。特别是一些热点术语，如果使用不当，容易发生以讹传讹的现象，让受众误解。因此，弄清证券市场一些热点术语的基本内涵，并规范运用，是记者做好证券新闻报道的必要条件。

一　科创板

科创板，即 Sci-Tech Innovation Board（STAR Market），是由国家主席习近平于 2018 年 11 月 5 日在首届中国国际进口博览会开幕式上宣布设立的，是独立于现有主板市场的新设板块，并在该板块内进行注册制试点。设立科创板并试点注册制是提升服务科技、创新企业能力、增强市场包容性、强化市场功能的一项资本市场重大改革举措。通过发行、交易、退市、证券公司资本约束等新制度以及引入中长期资金等配套措施，增量试点，循序渐进，新增资金与试点进展同步匹配，力争在科创板实现投融资平衡、一二级市场平衡、公司的新老股东利益平衡，并促进现有市场形成良好预期。

2019 年 6 月 13 日，科创板正式开板。科创板首批公司于 7 月 22 日上市。在上海证券交易所设立科创板并试点注册制，对于完善多层次资本市场体系，提升资本市场服务实体经济的能力，促进上海国际金融中心、科创中心建设具有重要意义，同时也为上交所发挥市场功能、弥补制度短板、增强包容性提供了至关重要的突破口和实现路径。

二　权证

权证是一种权利凭证，约定持有人在某段期间内，有权利按约定价格向发行人购买或出售标的证券，或以现金结算等方式收取结算差价。

我国证券市场建立之初，曾发行过认股权证。由于当时市场股票数量极少，严重供不应求，认股权证作为一种购买股票的权利凭证，曾出现过万人抢购的局面。2005 年 8 月，告别证券市场十年的权证再次出现。上海证券交易所和深圳证券交易所相继推出权证交易品种。与十年前市场发行的认股权证不同的是，这次发行的权证分认购权证和认沽权证两种。所谓认购权证是指持有人有权利在某段期间内以预先约定的价格向发行人购买特定数量的标的证券。所谓认沽权证是指持有人有权利在某段期间内以预先约定的价格向发行人出售特定数量的标的证券。权证的推出，增加了市场上的证券品种，活跃了市场交易。

三　中小板市场

中小企业板市场，又称为创业板市场或二板市场，是相对于具有大型成熟公司的主板市场而言的，其上市对象主要是中小型企业和高科技企业。

2001 年前后，针对中小企业融资难的现状，中国推出创业板的呼声很高，但由于种种原因一直未能实现。2004 年 6 月，深圳证券交易所推出了面向国内中小企业的中小板市场。在这一板块上市的公司多是一些高科技的中小企业。截至 2005 年，在中小板上市的公司已达 50 家。

四　QFII 与 QDII

QFII（Qualified Foreign Institutional Investors），即合格的境外机构投资者制度，是指允许合格的境外机构投资者，在一定规定和限制下汇入一定额度的外汇资金，并转换为当地货币，通过严格监管的专门账户投资当地证券市场的一种市场开放模式。

中国证券市场发展 QFII，一方面是为了增加市场机构投资者的数量，规范市场行为；另一方面也是加入 WTO 的承诺。目前 QFII 在中国证券市场上获批的投资额度已达 50 多亿美元。为进一步培育国内机构投资者，管理层正在酝酿推出 QDII。

QDII，即合格的境内机构投资者制度。一般意义上的 QDII 是指在资本项目未完全开放的国家，特许国内机构投资者投资境外资本市场的制度。

五　沪伦通、沪港通、做市商制度

（一）沪伦通

沪伦通即上海证券交易所和伦敦证券交易所互联互通机制，使符合条件的两地上市公司，依照双方市场的法律法规，发行存托凭证，并在对方市场上市交易。沪伦通就是把对方市场的股票转换成存托凭证（DR），DR在本地市场挂牌交易，实现"证券产品"跨境，而投资者仍在本地市场。而且沪伦通业务允许存托凭证与基础股票按既定比例相互转换，实现了上海和伦敦两地市场互联互通。

存托凭证（Depositary Receipt, DR）。DR有不同的叫法，主要是根据发行和交易地点的不同，DR被冠以不同的名称，比如在中国发行交易的，称为CDR（Chinese Depositary Receipt）；可在全球公开发行交易的，称为GDR（Global Depositary Receipt）。为了加强对个人投资者的保护，沪伦通设置了CDR准入门槛。比如个人投资者需要满足证券和资金账户内的资产在申请权限开通前20个交易日日均不低于300万元，并且不存在严重的不良诚信记录。由于有较高的投资者准入门槛、中英两地交易时间差异较大和投资者对产品熟悉度相对较低的问题，沪伦通初期可能会存在市场流动性不足的问题。因此，发行CDR采用做市商制度。总之，沪伦通能深化中英金融合作，是扩大我国资本市场双向开放的重要举措，对我国资本市场的发展和制度改革具有重大意义。

（二）沪港通

沪港通是指上海证券交易所和香港联合交易所允许两地投资者通过当地证券公司（或经纪商）买卖规定范围内的对方交易所上市的股票，是沪港股票市场交易互联互通机制。中国证监会与香港地区证监会于2014年4月10日早间联合发布公告，宣布沪港通下的股票交易于2014年11月17日开始。

沪港通是中国资本市场对外开放的重要内容，有利于加强两地资本市场的联系，推动资本市场双向开放，具有以下三方面积极意义。第一，有利于通过一项全新的合作机制增强我国资本市场的综合实力。沪港通可以深化交流合作，扩大两地投资者的投资渠道，提升市场竞争力。第二，有利于巩固上海和香港两个金融中心的地位。沪港通有助于提高上海及香港两地市场对国际投资者的吸引力，有利于改善上海市场的投资者结构，进一步推进上海国际金融中心的建设；同时有利于香港发展成为内地投资者重要的境外投资市场，巩固和提升香港的国际金融中心地位。第三，有利于推动人民币国际化，支持香港发展成为离岸人民币业务中心。沪港通既可方便内地投资者直接使用人民币投资香港市场，也可增加境外人民币资金的投资渠道，便利人民币在两地的有序流动。

（三）做市商制度（Market Maker）

做市商制度是一种市场交易制度，由具备一定实力和信誉的法人充当做市商，为投资者提供买卖双边报价进行对赌交易。这一制度安排对于那些市值较低、交易次数较少的股票尤为重要。这些做市商由美国全国证券交易商协会（NASD）的会员担任，这与温哥华证券交易所（VSE）的保荐人构成方式是一致的。每一只在纳斯达克上市的股票，要有两个以上的做市商为其股票报价；一些规模较大、交易较为活跃的股票的做市商往往能达到 40 ~ 45 家。这些做市商包括美林、高盛、所罗门兄弟等世界顶尖级的投资银行。美国全国证券交易商协会行情自动报价系统（NASDAQ），又称纳斯达克，现在越来越试图通过这种做市商制度使上市公司的股票能够在最优的价位成交，同时又保障投资者的利益。

随着证券市场发展进程的加快，我国证券市场面临与国际证券市场接轨的形势，将会有更多新的概念和术语进入中国的证券市场。媒体记者，应该积极消化吸收新概念、新术语，紧跟证券市场发展步伐，做好证券市场新闻报道。

六　"ST"

沪深交易所在 1998 年 4 月 22 日宣布，将对财务状况或其他状况出现异常的上市公司股票交易进行"特别处理"，即 ST（Special Treatment）。ST 股具体是指上市公司连续三个会计年度亏损，被进行退市风险警示的股票。由于在股票简称前冠以"ST"，这类股票被称为 ST 股票。与此相对应的还有"PT"。"PT"是英文 Particular Transfer（特别转让）的缩写。依据规定，上市公司出现连续三年亏损等情况，其股票将暂停上市。沪深交易所从 1999 年 7 月 9 日起，对这类暂停上市的股票实施特别转让服务，并在其简称前冠以 PT，称之为 PT 股票。目前 PT 这种风险提示措施已经取消，而是对财务状况恶化的上市公司，在其股票名称前冠以"*ST"，提示公司退市风险。*ST 股票比 ST 股票风险更大。应当特别注意的是，不论是 ST、PT 还是 *ST，并不是一种处罚措施，只是对上市公司的风险揭示和对投资者的警示。

七　纳斯达克股票市场

纳斯达克（NASDAQ）股票市场是全球主要的股票市场中成长速度最快的市场，而且它是首家电子化的股票市场。每天在美国市场上换手的股票中有超过半数的交易在纳斯达克市场上进行，将近有 5400 家公司的证券在这个市场上挂牌。纳斯达克在传统的交易方式上通过应用当今先进的技术和信息——计算机和电讯技术，使它与其他股票市场相比独树一帜。代表着世界上最大的几家证券公司的 519 位券商被称作做市商，它们在纳斯达克市场上提供了 6 万个竞买和竞卖价格。这些大范围的活动由一个庞大的计算机网络进行处理，向遍布 52 个国家的投资者显示其中的最优报价。纳斯达克拥有各种各样的做市商，在纳斯达克市场上任何一只挂牌的股票的交易都采取公开竞争来完成——用它们的自有资本来买卖纳斯达克股票。这种竞争活动和资本提供活动使交易活跃地进行。广泛有序的市场、指令的迅速执行为大小投资者买卖股票提供了有利条件。这一切不同于拍卖市场。它有一个单独的指定交易员，或特定的人。这个人被指定负责一种股票在这个市场上的所有交易，并负责撮合买卖双方，在必要时为了保持交易的不断进行还要充当交易者的角色。

八　期权

期权是一种金融衍生证券，它在交易所或柜台进行交易。期权给你一种以某一价格买卖某种特定资产的权利，但不是义务。这一价格是由期权行使价格决定的。期权被称为衍生品，是因为它的内在价值以相关证券的价值为基础。期权是一种杠杆投资。它意味着通过支付期权价格或期权费（保险费）可以放大你的投资损益。期权标的的范围包括个股、股指、外汇、商品和某些期货合同等。

九　公债与国债

公债是国家举借的债，是国家为了筹措资金而向投资者出具的、承诺在一定时期支付利息和到期还本的债务凭证。在我们现实生活中，所说的公债大多是狭义的，即政府举借的债。一般把中央政府发行的债券称为中央政府债券或国家债券，简称国债。而把地方政府发行的债券称为地方政府债券，简称地方债。公债是有价证券。公债是国家实施宏观经济政策、进行宏观调控的工具。

国债,也称国家债券,是中央政府根据信用原则,以承担还本付息责任为前提,为筹措资金所发行的债务凭证。

十 基金与股票、债券的区别与联系

基金与股票、债券一样都是金融投资工具,但又与股票、债券存在差异。

首先,它们所反映的关系不同。股票反映的是产权关系,债券反映的是债权债务关系,而契约型基金反映的则是信托关系。

其次,它们所筹资金的投向不同。股票和债券是融资工具,筹集的资金主要是投向实业,而基金主要是投向其他有价证券等投资工具。

最后,它们的风险水平也不同。投资于股票有较大的风险,而债券的直接收益取决于债券的票面利息率,投资风险较小。基金则主要投资于有价证券,收益一般高于债券,投资风险一般小于股票。

下　篇
财经报道类型研究

第十章　金融报道

改革开放以来，随着我国实行社会主义市场经济的新体制，我国的金融新闻业呈现急剧发展的态势。各种媒介纷纷开辟经济专栏或专题节目，不仅经济类报刊，就是综合性的报刊、非经济类的行业报刊，也纷纷进入这个报道的领域。广播电台、电视台也大量推出金融新闻节目。金融报道受到越来越多媒体的关注。金融是现代经济的核心。特别是随着改革开放逐步推进，金融受关注的程度超过了以往任何年代。金融报道取得了长足的进展，报道领域不断扩大，报道形式不断出新，报道水平不断提高，报道深度也在拓展。金融报道对于增进人民群众对经济规律的了解，增强对金融风险的警戒意识，更深刻地理解党和国家为维护社会稳定、促进经济发展而采取的重大举措，作用巨大。金融危机及世界范围的金融动荡，使中国受众对经济全球化和金融在现代经济运行中的特殊作用有了更真切的认识。与之相关联，金融报道在经济报道中也处于越来越重要的地位。

第一节　金融报道的起步与发展

一　我国金融报道的发展阶段

我国的金融报道是伴随着改革开放特别是金融改革的深入推进而发展起来的。虽然邓小平同志早在 1978 年就提出过金融改革问题，要求把银行办成真正的银行，之后，中国建设银行、中国银行、中国农业银行、中国人民保险公司陆续恢复运营，但当时的金融改革仅仅是修复创伤，金融报道也只能是一事一报，显得支离破碎。如1984年中国工商银行成立、中国人民银行行使央行职能、人民币汇率调整，均在《人民日报》各发一条短讯，几乎在社会上没有引起多少关注。当时银行在经济上从属于财政，充当的是出纳的角色。在新闻报道领域，金融报道也被割裂开来，附属于生产和流通环节。最典型的例子莫过于《人民日报》的报道分工，中国建设银行主要搞固定资产投资，划归工业报道组；中国农业银行主要是为农民服务的，属于农村报道组；中国银行主要面向外贸，中国工商银行主要是向工商企业提供流动资金、办理储蓄和结算，和中国银行一起放在财贸报道组。直到1986年底，金融才作为一个整体，明确由专人负责联系、报道，但计划经济的痕迹并没有就此消失。基于上述事实，我国的金融报道应当以1987年为起点。

起步阶段（1987～1991年）。1987年《金融时报》创刊，由当时的中国人民银行、中国工商银行、中国农业银行、中国银行、中国建设银行、中国人民保险公司、交通银行、中信实业银行共同出资创办。《金融时报》的办报方针是立足金融，面向经济；通过金融，反映经济。专业的金融报刊开始出现，金融报道的队伍开始扩大，有组织的调查、采访活动逐渐活跃，基层通讯员和报社的往来更加密切，金融报道有了人气。最初，受城市经济改革、企业承包的影响，银行企业化的呼声甚高，当时专业银行的改革阻力重重、困难甚多，吸引了众多记者的关注。但因专业性太强，真正深入其中的人微乎其微。由于保险与银行相比专业性较弱，灾害、意外、经济补偿等看得见、摸得着，理解起来比较容易，因此，在这一时期有关保险的报道比较活跃。

1988年，企业产品资金占用有增无减，货币信贷投放超量，通货膨胀已露端倪。1989年、1990年，各地盲目投资大搞低水平重复建设终于结出恶果：产品积压，资金死滞，彼此拖欠，企业亏损，社会资源浪费。1991年下半年，以搞活大中型企业为突破口的清理三角债工作首先在东北展开，由银行发放启动资金解连环债，金融报道开始受到重视。《人民日报》在重要版面、重要位置对清偿欠款给予了连续报道，在社会上引起较大反响。然而，有关债券、股票交易的报道则没那么幸运。1986年9月26日，上海开始股票柜台交易，开市的第一天虽然仅有2家上市公司进行股权交易，但是现在的证券市场就是从此开始的。本来是很有意思的新闻，但当时人们对股票心存疑忌，报纸也没有公开报道。

成长阶段（1992～1996年）。1992年邓小平同志"南方谈话"之后，全国经济再掀高潮，资金融通的作用更加明显。特别是邓小平同志关于特区姓"社"不姓"资"、允许股票试点的论述，打破了人们的思想禁锢，使得整个社会、各媒体的负责人对市场经济和金融的认识有所深化。在这股春风的吹拂下，1991年，以传播股市行情、报道上市公司动态、宣传国家金融政策为主要内容的《上海证券报》正式创刊，走俏东南各省市。1992年，新华社主办的《中国证券报》问世，1993年，《证券时报》创刊，并很快公开发行。这类报纸进入市场较早，从一开始就考虑读者的需求，因而对股民和经济界、企业界十分关心的金融形势、政策、法规给予了大量报道，对于带动全社会金融热潮、普及金融知识发挥了重要作用。同时，各地金融类报纸如深圳的《金融早报》、上海的《上海金融报》、四川的《投资导报》等如雨后春笋般涌现，纷纷加盟金融媒体行列。伴随着金融市场的成熟和关注财经媒体受众群的形成和壮大，金融报道展现出强大的生命力。

在这一时期，国民经济经历了大干快上、盲目投资、重复建设、通货膨胀所造成的过热，实行了以整顿金融秩序为突破口、以抑制通胀为首要任务的三年宏观调控以及税制改革、汇率并轨、人民币实现经常项目可兑换等重大变革，股市也历经几次熊牛。这些都为金融报道提供了丰富的新闻素材，大量有关金融体制改革、汇率、利率等货币政策的报道成为金融记者追逐的重点和社会上的热门话题。此时，金融报道已成为各类经济报纸的重头戏。

渐成气候阶段（1997～1999年）。1997年，当中国成功实现宏观调控"软着陆"后不久、正在庆祝香港回归之际，7月2日，以泰国货币贬值为导火索的东南亚金融危机迅速蔓延亚洲，甚至整个世界，给中国经济造成了不小的压力。进入1998年，中国经济从短缺变为过剩的迹象日益明显。物价的持续负增长，货币供应量的持续回笼，失业下岗人员的增多，销售市场的不景气以及出口的低迷，使得我国宏观调控目标、调控手段和工具发生了重大转变，从压缩过热变为刺激需求，从抑制通货膨胀变为防止通货紧缩，从控制货币信贷发行变为增加货币供应，从倚重货币政策变为同时实施积极的财政政策，这一时期，金融作为现代经济的核心的地位更加突出，不仅领导同志强调，老百姓也十分关心。在这种背景下，加强金融报道乃大势所趋，成为各报面向读者、争取读者、加速新闻改革的重要举措。较有代表性的是《人民日报》于 1998 年起创办了《经济周刊》，专门开设了财税金融版，并首次刊登了股市 K 线图，在国内外引起很大反响。此时的金融报道，不仅数量更多、内容更加宽泛，而且写作技巧大大提高，培养、涌现出了一批优秀的青年记者。为经济建设服务，为百姓生活和投资理财服务，成为当时金融报道的主要任务。同时也为投资者传达信息，并提供智力支持。由于金融报道和消费者的经济利益直接挂钩，服务性就成为金融报道的一大特性。

报道日渐成熟阶段（2000 年至今）。进入 21 世纪，我国致力于完善社会主义市场经济体制，加入世贸组织进入实质运作的层面，经济市场化、国际化步伐明显加快。2001 年 12 月，中国加入世贸组织，这标志着中国经济与世界经济融为一体。对于金融报道而言则意味着，对身边的经济现象不能从单一方面考虑，而是要以更开放的视角来看待整个世界经济的变化和发展。经济全球化使各国之间经济交流日益频繁，传统的金融报道观念受到了影响。一方面，价值体系复杂多样，单一的价值体系不复存在；另一方面，受我国改革开放的影响，人们的传统生活观念以及经济发展形式出现了一定程度的改变。这种多维思考模式使金融报道对经济事件的价值判断变得复杂。这一阶段，我国传媒业中财经类媒体不断增多，各大媒体财经报道的分量加重，财经报道的经济本色更浓，有高度、有深度、专业性强的金融报道越来越多地占据财经报道的主导地位。金融报道相对于其他经济领域的报道更加深入、更加丰富，财经媒体也迎来激烈的市场竞争，甚至面临着国外媒体在品牌输出和内容制作方面的挑战。因此，我国财经媒体必须以全球化的思维模式看待金融报道。第一，要树立大局观念，关注经济全球化发展趋势和国家利益。财经媒体要在对经济全球化发展趋势做出正确判断的基础上，深入分析全球经济结构、各国产业分工和发展动向，站在全球化视野上思考经济问题、进行金融报道。要转变传统理念，厘清重大经济事件的报道与经济全球化的关系。第二，基于我国经济发展现状，财经媒体必须坚持与时俱进，随时关注金融市场的变化，并以此为基础确定报道的重点和立场，即始终以维护国家经济利益为出发点。在这一阶段，金融报道作为财经媒体的主要报道内容之一，在新的历史发展时期，同样肩负着防范金融风险和金融危机的重要使命。充分发挥大众媒体在金融监管中的舆论监督作用，是财经媒体进行金融报道的主要目的之一。随着经济全球化以及金融国际化的快速发展，越来越多的人开始重视金融报道对金融安全的影响。

二 目前金融报道存在的问题

在发达国家，金融、财税、贸易是财经新闻的三大支柱，金融报道的主流地位早已确立。随着我国改革开放事业的不断推进，我国经济发展取得了令世界瞩目的成果。在这样的时代背景下，国家经济的发展对我国财经媒体的金融报道提出了更高的要求。但是金融业因其行业的特殊性和与国际国内政策紧密相连，如何做好此类报道成为我国财经媒体报道中积极探索的新课题。目前，我国的金融报道还存在许多不成熟的地方，主要存在以下问题。

一是金融报道不能充分满足受众对于金融新闻信息的需求。究其原因，一方面是金融机构不太善于利用媒体来宣传和传播金融新闻，另一方面是一些媒体的记者在做金融新闻报道的时候，对金融机构所提供的统计资料、金融形势分析等，往往只摘录那些提纲性的语句、枯燥无味的数字以及专业性极强的术语，让缺乏专业知识的受众难以看懂，没有收到预期的传播效果。

二是金融信息报道不当，缺少风险意识。金融政策是重要宏观经济政策之一，金融新闻的传播成为十分重要而敏感的领域，既涉及一个国家经济活动全局，又涉及金融市场的变动，更涉及企业和居民的金融安全。金融信息的不当报道主要包括：第一，过度渲染和炒作会引起金融市场的波动。在市场化环境中，有些财经媒体为了吸引更多受众的关注，不择手段，无视国家的经济安全。第二，金融报道中虚假信息的传播影响了财经媒体的权威性和公信力。媒体的传播特性使其开展的金融报道在社会中形成"蝴蝶效应"，虚假信息的扩散势必会对国家的经济安全造成一定程度的影响。第三，个别媒体过度追求经济利益，忽视自身的社会责任。在市场环境下，媒体的市场化发展使其在追求社会效益的同时，也要追求一定的经济利益。

三是金融报道缺乏理性、严谨、科学的精神。一些财经类媒体在报道资本市场发展情况时，往往仅盯住在较短时间内所产生的暴利，而没有正视金融活动其实是在理性思考和科学筹划基础上的非常严肃的投资活动，报道只强调收益而忽略了风险，只关注投机而弱化了投资，缺乏科学性和严肃性。英国传媒研究结果表明，由于金融报道对公司股价会产生影响，一些专业金融分析人员在接受媒体采访时，有可能更多从与其有关的机构投资者的利益出发，而不会考虑广大媒体受众的利益。这样，金融财经媒体的记者就被动地传输了不准确的信息。还有一些媒体采用娱乐新闻的制作手法和报道语言，对金融领域道听途说的传言大加渲染，对捕风捉影的不实言论到处传播，不经意间就损害了媒体的权威性、科学性和公信力。

四是服务功能异化。人们常说"开门七件事，柴米油盐酱醋茶"，反映出金融报道和老百姓的生活密切相关。其实在现代生活中人们也无时无刻不和金融业打交道，从利率调整、股市汇价到资产流动等不一而足，尤其现代生活中人们的理财意识不断增强，这都要求媒体在进行金融报道的时候，不仅要准确传递金融方面的政策变化、及时分析新闻现象后的背景和原因，还要为受众答疑释惑，并传递有用的知识、信息。民众理财意识全面觉醒，投资需求日益旺盛，与此形成反差的是大众金融知识的匮乏及风险意识的淡薄。因此，媒体的金融报道应当承担普及投资知识、揭示投资风险、对投资者进行正确引导的社会责任，这也是金融报道张扬其独特服务功能的用武之地。但一些媒体在报道和评论金融新闻时，常常因为缺乏财经专业人士的指导，忽视了对相关人员投资咨询执业资格的把关，所报道的消息出现偏差。有的媒体内部管理不到位，对证券信息把关不严，甚至公开刊播"庄托"的股评，误导了消费者。

第二节　金融报道的分类与要求

一　金融报道的分类

根据金融报道的特点，可将金融报道分为以下三类。

第一类为传达式金融报道。它主要采用消息和答记者问的形式。这类金融报道的新闻来源主要是官方，有关报道控制得相对严一些，一般由消息发布部门代拟稿件，审定通过，内容多是金融政策、金融法规、统计数字、公告等，记者基本是起转述作用。例如，中国人民银行、中国证监会、中国银保监会以通知、指导意见等形式传达的政策法规信息。如何改进这类报道，使之更符合新闻规律，是今后需要研究与探讨的。传达式金融报道的另一部分来源是行为主体，重在说明发生了什么事，如中国工商银行推出大额耐用品消费贷款、中国建设银行住房贷款将达400亿元等。这类新闻有一个参考稿，记者可以灵活进行处理，不过基本上还是别人提供什么资料，记者就报道什么，工作性较强。还有一部分消息来源是业内权威、专家名人，新闻主要报道谁说了什么话，表达了什么意见、观点，解释了什么问题，常见的有某某部门负责人答记者问等。此类报道在忠实于讲话者的原意外，在新闻写作上也可以灵活一些。尤其是人物专访，如增加一些人物背景、表情、语气等，以增强报道的柔软度和可读性。

第二类为体验式金融报道。与传达式金融报道不同，它要求记者发挥更多的主观能动性，必须亲临事件发生现场，通过观察、聆听、询问、感受来构思主题，描述事件经过、发展和人物内心。这类报道的主要新闻体裁为消息、来信、特写、通信等。

第三类为分析式金融报道。前两类属于事件性新闻，此类属于非事件性新闻，并不拘泥于某一事件，而侧重于分析议论某一时期的经济金融政策、新出台的经济金融法规、当前的经济金融形势、最新的经济金融动向、未来的经济金融发展趋势等。与前两类金融报道相比，分析性金融报道观点鲜明、论述深入，体现记者对事物的独立、新颖的见解，这是目前金融报道的最高层次，也是较难掌握的一种写法，常用的体裁有金融述评和金融评论。前者采取夹叙夹议的手法，深入浅出，由点及面，由面到点，寓道理、观点于事实之中。另一种分析式金融报道主要是就某一问题说理，即金融评论。一般主题重大，内容严肃，观点鲜明，反映了有关部门或编辑部的意见或倾向。因为金融问题很少动用评论，所以报纸涉及金融的社论、评论员文章并不多见。大量见诸报端的是一些笔触轻松、语调明快、短小精悍的言论，记者常以此表达自己的观点或为读者解疑释惑。这是金融报道中不可缺少的一种体裁。

二　金融报道的基本原则

在20世纪末的亚洲金融危机中，我国保持了金融稳定、人民币不贬值，令世人瞩目。然而，我们也应看到，在改革开放中发展起来的金融在发挥宏观调控作用、支持经济稳健发展上做出巨大贡献的同时，金融领域深层次的矛盾逐渐显现，防范和化解金融风险成为当务之急，成为经济工作中一个突出的问题。在这样的背景下，金融报道不可避免地处于一种特殊的境地：一方面，金融报道为广大受众所关注，成为新闻媒体激烈竞争的热点地带；另一方面，金融报道极其敏感，稍有不慎就会对社会、经济造成很大破坏，成为新闻媒体如履薄冰的难点。探讨搞好金融报道的路径，是当前新闻界的一个重要命题。

（一）树立"核心观"，金融报道要讲政治

金融市场是市场经济的核心，金融体系是现代经济体系的核心，金融安全则是现代经济条件下经济安全的核心。要重视金融工作，防范和化解金融风险，保障金融安全、高效、稳健运行，促进社会主义市场经济发展。可以这样说，金融问题不仅是经济问题，更是社会问题和政治问题。一句话，金融报道要讲政治。首先要"政治家办报"。新闻工作者必须有明确的政治方向和政治立场，必须有鲜明的政治观点，必须遵守严格的政治纪律，必须具备高度的政治鉴别力和政治敏锐性，只有团结、稳定、导向正确，才能为我国改革开放事业鼓与呼，为经济发展加力；反之，则会给改革开放、经济发展添乱。亚洲金融危机爆发以后，包括《金融时报》在内的我国新闻媒体及时报道了这场危机产生、蔓延的原因、过程以及由此得到的教训，对我国政府采取正确的应变措施，防范金融危机在我国发生以及保持金融、经济和社会的稳定起了积极的促进作用。但也有个别新闻媒体不讲政治，不顾党中央、国务院一再重申的"人民币不贬值"的立场，在有关人民币币值方面发表了错误的观点，造成了较大的负面影响。

（二）树立"风险观"，金融报道要讲大局

金融报道的风险性，要求新闻媒体必须加强大局观念、风险意识，像防范金融风险一样，百倍警惕，严防金融新闻风险的发生。为此，要在以下五个"风险区"防范金融新闻风险。一是方针政策"风险区"。金融报道要与党中央、国务院的金融、经济方针政策保持高度一致。在货币政策、金融机构体系、金融市场体系和金融调控监管体系的宣传上，要与国家金融管理部门的精神保持高度一致。二是法律法规"风险区"。金融报道不仅要严格遵守宪法和新闻管理文件，还要严格遵守《中国人民银行法》《中国商业银行法》《证券法》《保险法》等法律法规，防止出现违法违规的宣传。三是敏感问题"风险区"。对不良贷款，利率、汇率、准备金率的调整，人民币的印刷发行等金融敏感问题，金融报道尤其要小心，非正式公布和实施的，不能随便抢发。四是金融数据"风险区"。金融业的统计资料和有关数据往往关乎国民经济重要机密，金融报道必须使用的全国性金融数据，要以中国人民银行公开发布的为准。国有商业银行、政策银行的有关全国性数据，要以国有商业银行、政策银行的总行公开发布

的为准。内部材料和研讨会上的数据不能引用。五是证券期货"风险区"。证券期货市场对信息非常敏感，金融报道必须从金融稳定、经济发展和社会安定的大局出发，宣传上要与中国证监会的精神一致。证券期货报道和股评文章，不能制造和传播虚假信息，误导股民。

（三）树立"安全观"，金融报道要讲导向

除了军事安全外，国家安全还包括经济安全、科技安全、信息安全、生态安全等，金融安全也是其中的一项重要内容。随着经济全球化的发展，国际合作的领域日趋宽广，而竞争也日趋激烈，维护国家经济、金融安全已成为各国优先考虑的问题，尤其是金融安全问题已被提到更加突出的地位。原因在于金融是现代经济的核心，金融体系是市场经济的命脉，是市场配置资源的主要渠道。金融业渗透到社会经济生活的方方面面并且作用越来越重要，再加上其又是一个特殊的高风险行业，一旦金融机构出现危机，很容易在整个金融体系中引起连锁反应，引发全局性、系统性的金融风波，其后果往往殃及整个经济生活，导致经济秩序的混乱，甚至引发严重的政治危机。1997年下半年发生的东南亚金融风暴及近些年来世界上发生的金融危机，具有普遍的警示意义。自1980年以来，世界上已先后有120多个国家发生过严重的金融风险和危机，这些国家为解决金融问题所直接耗费的资金高达3000多亿美元，有的为举债借贷甚至不得不接受苛刻的条件，付出昂贵的代价。特别是东南亚金融危机，使东南亚有的国家几十年努力奋斗而积累起来的财富几乎顷刻消失。危机的影响还远远超过经济领域。世人惊愕于金融危机引发的印尼政权的倾覆，还惊愕于它引发泰国、日本的政权更迭和俄罗斯的政局动荡。各国金融危机已经反复证明，如果一国在防范金融风险问题上认识不足或处理不当，就会威胁到自身的经济安全乃至国家安全，而一国的金融风险、金融危机就可能会演变为经济危机、政治危机甚至国家危机。因此，维护金融安全，已成为各国金融法的一个基本原则。

（四）树立"金融观"，金融报道要讲学习

提高金融报道水平乃至提高整个新闻报道水平，必须树立"金融观"，重视学习金融知识，加强对金融工作、金融政策、金融市场乃至金融理论的了解。这样，就能掌握金融工作的脉络，掌握金融运行的规律，掌握金融既是经济的核心又为经济服务的辩证关系，就能在金融报道中高瞻远瞩，"一览众山小"。否则，就会出现舆论导向的偏差，甚至因为金融常识性错误而造成报道的负面影响。学习金融知识，掌握金融政策、法规和金融理论，是市场经济条件下新闻工作者必须具备的条件。新闻工作者学习金融知识，大致可以从以下几个方面入手。

第一，要从金融基础知识入门。金融业专业性很强，从大的方面可划分为银行、保险、证券、信托四大板块和金融机构、金融市场、金融调控监管三大体系，学习金融知识，应逐步按照金融机构—金融业务—金融市场—金融监管的顺序，由表及里、由浅到深地进行。第二，要抓住金融政策法规的关键。金融是经济的核心。经济和社会发展的各项方针政策都在金融领域充分得到反映。同时，与市场经济体系相配套的金融法规也在日益建立、健全。学习掌握金融方针政策和法律法规，是学金融的关键。第三，要向金融理论深入。金融业理论性很强，只有掌握了金融理论，才能写出有深度、有观点的金融报道，才能成为"专家型"编辑、记者。第四，要结合经济拓宽视野。金融是经济的核心，又是经济的组成部分；经济是基础，经济决定金融，金融服务经济并对经济起促进作用。金融报道同样不能离开经济全局单纯报道金融，因此，搞好金融报道，既要学金融，也要学经济。第五，要立足马克思主义、毛泽东思想和邓小平理论。学习和遵循党的基本路线，是做好新时期新闻工作的根本保证，也是新闻工作者必须具备的最重要的素质。马克思主义、毛泽东思想和邓小平理论是党的基本路线的理论基础，只有打好这一理论基础，掌握和运用辩证唯物主义、历史唯物主义，新闻工作者的政治、业务素质才能提高到一个新的水平，金融新闻报道才能提高到一个新的水平。

三　搞好金融报道的基本要求

金融报道的现实金融是现代市场经济的产物。市场经济既是高深莫测的，又是寻常而具体的。金融也是如此。大到国家的金融政策，只有专业人士才能给予清晰的解释；小到股票、债券，胡同里的普通百姓也可把玩；深到复杂多变、关联度极高的金融原理，似乎只有大学里的教授才能说清；浅到时时有异动、忽上又忽下的行情曲线，好像大爷大妈也能给解释得头头是道。这就是金融报道要面对的现实。有没有这样的一篇报道，既可以在行长们的案头站得住脚、经得起推敲，也能够在股票交易所门口的马路边有销量？如果真能两全其美，那算不算就是金融记者们的最高追求了？类似的问题，金融报道的记者同行们可能天天遇到、天天在摸索。那么，如何才能做好金融报道工作呢？

（一）"好看"，寻找专业性与可读性之间的平衡

在专业性与可读性之间怎么权衡、怎么取舍、怎么兼收并蓄，这是多年来国内金融报道领域的一个核心课题。即便是在英国与美国这样的现代金融报道比较发达的地方，媒体从业者也依然要经常面对专业性与可读性之间的表面矛盾，并从中不断寻找两者之间的兼顾之道。金融报道如何才能"好看"？

第一，"好看"讲的是贴近，不贴近受众最想看的东西，报道就不会好看。而受众对金融报道贴近性的要求又是多层次、多角度的。这表明，媒体对自身受众群的分析和归类至关重要。高端受众群的需求和低端受众群的需求之间，可能有比较一致的地方，但也势必有大量不一致的地方。本媒体的金融报道更倾向于哪一端，这实际上不是要由一线记者们去随机解决的问题，而是要由媒体编辑方针的制定者去通盘考虑和做出选择的方向性问题。

第二，"好看"讲的是报道时机。要把金融报道在受众最想看的那个时机里拿出来，晚了不行，早了也不行。很多以周为出版周期的金融专业媒体，往往都不约而同地选择了每周六出版。道理很简单，它要在第一时间对过去一周的金融市场行情做出分析。这是最浅层面上的对报道时机的重视了。而在日常的金融报道中，对一项金融政策的解读是越早拿出来越好，还是有目的地在受众群最关心这一问题的那一刻拿出来，这里面需要极强的对报道时机的把握能力。

第三，"好看"讲的是有用。金融报道提供的观点和信息对受众确确实实地有用，受众才会觉得这样的报道好看。事实上，对金融报道可用性的需求，并不仅仅来自金融界的专业受众群。金融行为的普通参与者们，那些在较浅层面上参与金融活动的普通百姓，也需要不断从金融报道中获得对他有用的信息和观点。这就要求金融报道从业者增强服务的意识，要有目的地去寻找受众的需求，要善于把报道的新闻性和实用性统一在一起。

第四，"好看"讲的是深入浅出。要善于把金融领域比较深奥的东西表达得更容易被读者接受和喜爱。不少受众提出，我们的一些金融报道过于高深难懂，像论文而不像新闻。受众其实很敏锐。随着新闻竞争的深入，经济类报纸的专业特色逐渐明显起来，对采编从业者的新闻素养和经济理论知识素养都提出了更高的要求。但这不等同于我们要把金融报道写

得越来越艰涩难懂。金融报道"专业性、权威性、宏观性、前瞻性"的特点与"可读性、贴近性、服务性"的特点其实并不矛盾。要找到它们之间的共通之处，需要编辑、记者在思维方法和工作方法上不断创新。

(二)"视角"：追求"大""小""深""浅"

随着媒体的主观报道愿望与受众的客观需求越来越贴近，衡量一个金融报道是否好看，就会在不同角度、不同层面上出现多种标准。受众在选择，而从事金融报道的新闻同行们也需要不断地做出判断和选择。金融报道应在"大""小""深""浅"4个字上下足功夫。

第一，从大处着眼。一是把握大方向。媒体要正确处理改革、发展、稳定三者之间的关系，把握正确的方向，恪守新闻纪律，增强社会责任感，坚持正确的舆论导向。二是依托大环境。过去，我们依据的是国内的经济环境。而今，从事金融报道，就不能不把着眼点和报道角度转移到国际经济环境上来，以此作为衡量金融新闻价值和取舍的重要标准之一。三是扩大报道面。随着金融改革的步步深入，不论是资本政策、财政政策方面的改革还是金融机构等方面的改革，将带来越来越多的素材，媒体的金融报道应顺应形势，拓宽报道领域。

第二，小处落笔。金融报道要善于抓题材大、有代表性和普遍意义的事件，但通过一件小事情也能见微知著。关键在于对事物的认识程度。从小处下手，可以使报道做到开口小、立意深。日常生活中的普通人是金融活动的主角，以"人"的角度写作有许多独特的优势。首先，它直观生动，受众可以从感性角度认识了解金融政策或事件。其次，金融新闻所具备的知识性、信息性等外在因素必须服从于金融活动的主体——人的内在需求。所以，以"人"为视角，也符合金融新闻自身的规律和特点。

第三，深入挖掘。这主要是由金融新闻的专业性和服务性决定的，表现在报道形式上便是深度报道比较多，重视运用背景材料分析新闻事件发生的原因、意义、影响或发展趋势。市场经济使原来较单一的现象变得复杂，人们的利益趋于多元化，其中出现的新事物也往往利弊共生，这种情况要求在采写金融深度报道时要注重体现思辨功能，加大金融分析、金融评论或记者述评的力量。

第四，浅显易懂。金融新闻要写得让人看得懂、愿意看，就必须在语言和表现形式上下功夫，力求通俗易读。金融报道中，阐述性、论述性的文字多，而叙述性、描写性的文字少。实际上，文学语言的介入，会强化金融报道的表现力，让思想更熠熠生辉。金融报道要做到浅显易懂，还要力求表现形式多样化。此外，还可以借助直观性强的图表和数字，强化报道的影响力。

第三节　电视金融报道的难点与方法

一　电视金融报道的难点

金融与老百姓的关系越来越密切，每一项金融政策的出台都会对投资者的投资行为和经济发展产生巨大影响。也正因为如此，人们对金融政策的动向越来越关心。如人民币为什么不会贬值，适当的货币政策内容是什么，为什么要实行这样的政策，等等。电视观众希望从事金融新闻报道的人能帮助他们综合地分析信息，帮助他们做出判断，把解疑释惑作为金融报道的一项主要工作来做。然而电视媒体在金融报道方面还存在许多难点问题。

第一，缺乏形象性。电视记者，常常会很羡慕在报社工作的文字记者，因为他们只要熟悉专业知识，在做金融报道时，文字的表现几乎不存在什么障碍。但电视就不大一样了，它有一个极难跨越的障碍，那就是缺乏形象性，没有形象就难以表现，没有表现就不能称之为地地道道的电视节目。众所周知，金融业尤其是现代金融业是富于智慧的行业，从市场设计到商品开发，从操作运作到监督管理，一切都是人类智慧的聚合。而实现这些智慧的工具，仅仅是人面前的那部几乎无所不能的电脑。商品和钱，对于寻常百姓而言，它们都是实物，看得见、摸得着。商品与金钱的交换也很形象，往往需要人置身于五花八门的商品世界中，经历寻找、选择、点钞、付款等过程。但对金融业而言，金钱和商品只不过是电子账户上的几个数字符号，它们之间的交换也很特别，通常是人坐在电脑旁轻轻地按动几下键盘，却将数以亿计的鲤鱼变成某种股票债券或者其他的金融商品。高度集约化经营、"人气不足"、过程不直观正是金融业的特点。这严重制约了电视金融报道的形象性表现。难得的是，美国纽约证券交易所和芝加哥期货交易所居然保留了两个"文物"——那里的股票与期货交易是用手势来完成的，如果连这点"人气"也没有了，电视工作者在金融新闻的报道方面就更加苦不堪言了。

第二，金融问题的复杂性。电视金融表现力的另一个障碍是金融问题的复杂性。人们经常把金融比喻为经济肌体中的血液循环系统，这种比喻很形象，从这个比喻不难理解金融问题的复杂程度。金融的形象与事物本质之间往往存在相当的距离。比如，人们在谈论降息问题时，目光大都集中于两个方面，一是储蓄金额的增减，二是企业成本的升降。但是从以往若干次降息的结果看，降息后储蓄额的减少有限，应当看到，在银行信贷风险同样很大的前提下，储蓄量的减少恰恰是件好事，一来可以降低银行经营的难度和风险，二来可以促进百姓消费，而且无论从企业成本方面看还是从拉动内需的角度说，市场对降息的要求无疑是强烈的。那么为什么央行在降息的问题上依然谨慎，而且每次降幅甚小？显然，问题并不在于降息后储蓄会不会大量减少，问题到底在哪？——汇率！大幅降息会使境内外银行存款出现利差，如果外贸公司因国内利息太低不愿将外汇收入汇入国内结汇而将它存在境外账户上，那么中国外贸顺差就会减少甚至会出现逆差，从而给人民币汇率稳定带来压力。上边这个例子反映了金融问题的复杂性，但就是这样一个复杂问题，纸媒只用了400多字便表述清楚了，而且如果读者没有读明白的话还可以再读一遍。但是，如果电视媒体使用电视访谈的报道形式，如何才能把这样一番道理用电视的手段表现出来呢？如果电视报道没有把问题一下子就说清楚，就会失去观众。

第三，金融报道的专业性强，专业术语多，对报道的准确性要求也非常高。一个对经济了解不甚透彻的记者，很难胜任这类报道。适于电视表现的是那些就事论事的事件或现象，而不适于表现的是逻辑，尤其是理论性较强的逻辑，但金融问题往往都有较强的理论性和逻辑性。所以，电视金融报道，尤其是新闻报道，需要记者跑更多的路，想更多的表现方法，从而大幅提高了电视金融记者采访与编辑的难度。

二 电视金融报道的方法

探索金融报道的电视表现形式最重要的前提在于"熟"，只有充分地熟悉经济、熟悉金融，同时熟悉电视、熟悉新闻，才有可能在贴近性上深入探索，才有可能找到最佳的表现手段。访谈是电视媒体中能够确保快速反应的一种有效手段，需要我们更好地加以利用，力求通俗、生动、切中要害，一下子就谈到百姓心里去，一下子就抓住观众。金融在经济中的作用日益突出，与千家万户的联系也越来越紧密。金融领域的任何动向，金融部门的每一项政策、措施，都会在不同范围、不同领域产生不同程度的社会影响。电视金融报道在专业化、社会化、理性化等方面的追求，或许是让电视金融报道深入人心、贴近受众的一种可行的方法。

一是报道专业化。要做好电视金融报道，首先要熟悉行业。要有金融专业知识，了解金融业务，这是搞好分析性电视金融报道的前提与基础。金融学是社会科学中的一个重要分支，也是专业性很强的社会科学之一。各类金融事物和现象，总要受到一般规律的制约，能掌握它的基本原理，用它的价值观审视和评价社会经济现象、行为，是搞好电视金融新闻报道的关键。和一般新闻一样，金融新闻爆发的时候，是媒介抢发新闻的第一时间；但是，若只道"所以"而不言"所以然"，就很难有新闻深度，更不易站在较高的立足点透视新闻。金融新闻对这一点要求尤高，这是因为它比一般社会新闻、政治新闻、经济新闻等在理解上更难，专业性要求更强。一些事件为什么会产生、某些政策的出台有什么背景、一些现象产生的来龙去脉等，这些都需要有人给提供详尽的资料。有时往往是这些背景性资料比新闻本身更重要。如关于降息、国债、费改税的背景分析，老百姓对事件本身发生的关心程度远远不如对事件发生后会产生什么样的影响的关心程度，而后者，正是分析性金融报道的长项。此外，记者还应多多储备自己所服务的媒体及所分工的金融行业的新闻事件，因为掌握的行业新闻事件越多，发现和采写新闻的机会就越多。例如，同样是工商银行的一份关于其机构改革的新闻稿，一般的记者往往就事论事发了：工商银行要机构改革了。但是熟悉金融行业的人，从这条稿子就能感受到与众不同的信息，能从中感觉到记者对行业的熟悉程度。再如，央行允许外资银行开办人民币业务了，不熟悉行业的记者可能只是泛泛报道允许哪家银行开办了此项业务，熟悉行业的记者则能掂出其分量：中国金融业对外开放迈出了实质性步伐。显然文章中加一句话或几个字，说服力差别就大了。

二是报道生活化。要做出有一定深度的电视金融分析性报道，必须跳出金融圈子，从金融与社会生活的结合点上着手写，让观众通过这个点，看到社会生活的有关侧面。如果按专业行业知识告诉老百姓消费信贷是指由金融机构提供信贷支持消费者进行消费活动，通货膨胀是指纸币的发行量超过流通所需的金属货币量，观众可能会摸不着头脑。换一种说法，告诉观众，消费信贷就是花明天的钱办今天的事，通货膨胀就是你口袋里的钱"毛"了，这就容易多了。刚开始做电视金融记者，总感到成天与数字打交道，金融业务枯燥难懂，写来写去也无非贷款增加、储蓄增长等数字堆砌的文章。因此，每次发完这类稿，自己总觉得多少有些意犹未尽的遗憾。回头思考一下，这些报道乏味的重要原因是只报道了表面现象，没有表现金融与社会的广泛联系。其实，金融作为整个国民经济的血脉，社会经济生活的每一个新变化莫不与它息息相关。留心一下不难发现，时下，人们已不再满足于知道经济生活中发生了什么，而是想进一步了解这类现象为何会发生，它会产生什么影响，自己应该如何配合和适应有关政策的调整等。金融报道要多做一些分析性文章，应该是有需求、有市场的。比如新近推出的利息税这一消息事关每个百姓的切身利益，新闻报道不能只把官方的公告"播发一下"就作罢，还应解释清楚征收利息税的原因何在，征税后对工业企业、居民储蓄等各有何利弊，对经济增长影响如何。这里涉及一系列前因后果的探寻，涉及众多群体利益的变动，按这些思路作一篇分析性的金融报道，使观众对利息税的认识不仅仅是利息减少的"肉疼"感觉，而是有更全面深刻的了解了。债券热销、消费偏冷是经济生活中的两个有目共睹的现状，观众关心的是为什么会出现这样的情况。将这两个看似不相关的事件结合起来，做全面深入的剖析，就可能会得出这样的结论：老百姓的投资渠道太少了，无论是政府还是读者在这方面都是大有作为的。

三是报道理性化。经济规律本身就具有预见性，这种预测是建立在把握大量的经济事实和经济理论的基础上的科学分析、推理和判断，而不是凭空想象。在进行电视金融报道时要运用理性思维，不失时机地透过错综复杂的现象，提出符合事物发展规律的预见和对策。提出问题、分析问题、找出解决问题的对策，这是进行分析性金融报道应遵循的一般规律，看似老生常谈，但做起来是颇需要费一番功夫的。因为提出什么样的问题，如何提出来，又如何进行分析和提出怎样的对策等，着实是大有学问的。进行电视金融报道，应基于这样一种思维方式：凡是存在的金融现象，虽不一定合理，但必定是有条件的，只有从改变其存在的条件入手，才能改变现象本身，或促成现象转化。因此，对大家熟悉的"热点"金融问题，要么从原因、要么从结论上力求得出点新意来。在报道时，对重大的金融事件分析时，可大处着眼，小处着手；对影响较小的事件可小处着眼、大处着手。如在进行美国金融危机这一题材新闻报道的时候，要关注的应是金融危机对我国的警示，而观众最关心的是金融危机会给自己的生活带来什么样的影响。进行金融报道，还应着力提高自己的语言表达能力，力求言简意赅而又生动活泼，这就要勤学苦练。还有一个方法：向同行学习。因为大凡宏观、微观金融新闻的发布，都有几十家传媒同行到场采访，做完本次报道后，不妨翻翻同行的报纸，总有高手做得比你强，人家对此事是如何写的？为什么我没这么写？我缺的是什么？经常这样和高手过过招，"脸红心跳"多了，水平自然而然也就提高了。

注意搜集和积累金融素材，尤其是对于金融宏观数据，这也是做好分析性金融报道必须做到的。因为在金融新闻中，准确而形象的数字应该是最"经济"地说明问题的方式。大而言之，数字在金融报道中所体现的功能，表现为它是我们正确认识金融现象的重要依据。比如说描述这个人很穷，再多的形容词也不如用数字来表述：他兜里连一分钱也没有了。再比如说，股市暴跌若干点，一般观众很难理解其含义，但如果表达为千亿美元瞬间泡汤，这分量一般人就容易掂出了。当然这些必须建立在全部的数据及事实是真实的基础上，因为宏观金融数据的一个微小偏差，其影响都难以预料。从这个角度而言，可以说没有准确的数字运用就谈不上准确的金融报道。而要做到准确并不难，有点责任心就成。这就是在金融报道写成稿时养成从头至尾核对准确数字的习惯，对拿不准的，打个电话问问金融主管部门就行。此外，平时注重收集和积累的素材还有与金融密切相关的宏观统计数字，金融政策和理论界对"热点"金融问题的最新研究成果、对"热点"金融问题的评判标准及依据，以及有利于发现金融新闻信息的各种必要的方针政策、报道思想乃至思维方法等。这些做法充其量说得上是合格，要做得出色，还必须建立在对金融业的基本运作十分了解、对宏观经济运行规律有更深、更好掌握的基础上，有自己独到的真知灼见，这样才能从例行的新闻中找到独家的东西。

搞好电视金融报道，最重要的是提高电视记者的素质，尤其是要加强学习。提倡学习，不是一般地学习金融知识，而是要学习经济、金融理论，学习相关的政策法规，加强调查研究，从书本中学，在实践中学。这不仅有助于记者较快地理解经济金融现象，而且还是记者与采访者相互沟通的第一步。强调学习，还需要电视记者不断更新知识。随着改革的推进以及对外开放的扩大，金融报道的内容也不断变化，包括量的增加和质的提高。就银行而言，过去记者只接触中央银行、国有商业银行，近年又增加了股份制商业银行、政策性银行等，今后还会出现真正意义上的投资银行或商人银行。就证券品种而言，过去只知道国库券、股票、企业债券，现在可转换债券、证券投资基金、房产抵押贷款证券等都需要我们去研究去探索。过去我们了解人民币就够了，现在还要关注汇率变化，关注美元、日元、欧元等国际货币的走势及其对国内经济的影响。我们知道，抑制通货膨胀要收紧银根，压缩总需求；对付通货紧缩，我们同样需要弄懂什么是"罗斯福新政"，为何货币供应量回升但物价还是负增长。金融对社会经济生活的日益渗透，对金融记者的知识结构提出了更高要求，不深入学习相关业务，不广泛收集相关信息，就很难和被采访者有共同语言，就无法全方位了解事实真相，难以写出高人一筹的报道。

第四节　国外媒体金融报道的特点

伴随着金融全球化的进程，金融日益成为世界经济的核心。金融报道在国外媒体新闻报道中的地位也提高到空前的高度。国外新闻媒体从事的金融报道大体可以分为两大类，一类侧重于新闻服务，另一类侧重于行情信息服务。前者可以说是一般性金融新闻报道，主要是为一般受众服务的；后者是专业性信息服务，主要是为投资者服务的。两种报道的服务对象不同，报道的目的、内容和方式也不同。本节主要介绍国外媒体一般性金融新闻报道的特点。

一　高度重视，把金融报道放在显著的地位

除经济或金融专业报刊外，国外的综合性报纸和广播电视通常都辟有金融版或专栏进行日常报道。在国内外金融市场发生重大事件时，金融新闻经常占据报纸和广播电视新闻节目的头条位置。比如 1987 年 10 月纽约股市暴跌，第二天出版的《纽约时报》在头版用整版篇幅和通栏大标题刊出有关报道。当晚电视新闻几乎全都是这方面的报道。2008 年美国金融危机期间，金融新闻几乎每天都会出现在各大媒体的头版上。在版面安排上，常常压倒诸如国家领导人的重要活动等其他新闻。一个值得注意和借鉴的做法是，各国媒体不仅对已有定论的事实积极进行报道，而且对一些前景尚不明朗的动态也给予相当的重视。又如，1994 年 12 月墨西哥宣布比索贬值和 1997 年 7 月泰铢贬值引发金融危机时，最初几天的形势不太明朗，还没有引起各国政府和国际金融机构的重视，但西方媒体包括拉美国家的媒体对这一动向非常敏感，及时做出了反应，迅速加以报道，有的报纸还把这类消息放在比较突出的位置。几天后，危机爆发，媒体的相关报道铺天盖地而来。与此相对照，我国媒体对这两件事没有给予应有的关

注，反应比较迟钝。据笔者所看到的，我国媒体当时只有少量的简短报道，整个媒体的报道重心仍在国内其他事件上。

二　时效快、反应迅速

在金融市场全球化和计算机网络化的今天，金融报道的时效更显突出。在这方面，除了网上新闻和各金融机构的专线或专业网页外，通讯社和广播电视报道的时效性最为突出。在正常交易日，各通讯社就发出了快讯。中盘报道则发布当地时间大约中午 1 点时的交易形势。广播电视也采取类似形式，跟踪报道市场形势和各方面的反应并做出相关的分析评论。在市场发生动荡时，则做特殊处理，一般采取随时跟踪报道的方式。无论通讯社还是广播电视，对较大的波动情况都会随时进行报道，不受时间和次数限制。金融危机期间，汇率剧烈动荡，各新闻机构每天以快讯、详讯、综述和新闻分析等多种形式，连续发出有关股市变化的报道、政府稳定市场的措施以及各方面的反应。

三　报道地域"全球化"和信息综合化

各国媒体的金融报道走出只报道本国或少数几个大市场的旧套路，转而面向全球市场。以墨西哥主要综合性报纸为例，其报道面不仅涉及本国及西方、拉美各主要市场，而且注意报道其他地区，尤其是包括中国在内的各新兴市场的形势。从一些媒体报道的总体来看，其取舍稿件的标准已有较明显的变化，不再像过去那样以是否对本国有直接影响或与本国有直接关系为标准，而是注重全球市场的总体宏观观察和分析，因而报道的视野也随之显著扩大。如在墨西哥《至上报》这样的综合性报纸的金融版上，全世界各地市场的形势基本上都可以看到。所谓信息综合化，是指金融报道的领域已不单纯是市场行情及相关信息，而是影响金融的各种因素。打开报刊金融版或电视金融专题栏目，可以看到政府金融政策、年度报告、金融行情、市场趋势、宏观经济形势以及主要企业经营情况报告、世界各国货币、世界各国经济情况等报道，可以说面面俱到。

四　重视分析和评论，提高报道的深度和力度

与一般报道相比，金融报道的深度主要表现在对金融形势的分析和评论上。一般国外的财经媒体既注重当日动态分析评论，又重视阶段性总结分析和前瞻性分析。分析的来源主要是专家评说，记者自己的议论相对较

少（当然一些媒体自己也有金融专家）。在发表专家的见解时，一般都注明是某某金融问题专家，提高报道的分量，以期引起受众重视。相对而言，对前景展望的前瞻性分析难度较大，经常预测失误会影响媒体的声望，为避免这类失误，国外财经媒体大都采用客观报道多种不同观点的办法加以处理，让受众自己去判断。当然，有些媒体，特别是一些有影响力的媒体，自己也以社论或评论、新闻分析等方式直接发表言论，表明自己的观点。

五 炒作、垄断和操纵舆论的问题突出

随着传播手段（广播电视、卫星、互联网等）的不断发展，发达国家媒体对国际舆论的影响日益加强，而对金融报道的影响更为突出，一些媒体蓄意操纵国际舆论的现象日益严重，其做法有制造假新闻，不负责地传播谣言、发布对市场有不良影响的推测性分析或所谓内部消息，以达到影响市场的目的。如1995年5月的一天，美国道·琼斯通讯社发布消息说，墨西哥可能发生军事政变，当天上午墨西哥金融市场大乱，股价和比索汇率暴跌。美国投机家则浑水摸鱼，大捞了一把。墨西哥政府事后提出交涉，道·琼斯通讯社竟然答辩说该社有责任发布任何对金融市场可能产生影响的谣言。西方媒体还常常利用自己对新闻的垄断地位，在一些重大问题上制造对西方有利的压倒性舆论，从而达到左右国际舆论的目的。在金融全球化、开放资本市场、对冲基金、发展中国家的金融开放、新自由主义经济模式、世界金融走势等一系列问题上，西方媒体控制或主导全世界舆论的主要做法是发表政府部门、专门研究机构、专家学者的报告或谈话，发表倾向性非常明显的观点。对支持和反对什么，媒体都有鲜明的立场。可以说，这些报道都是以维护发达国家及其企业的利益为出发点的。因此，我们在阅读西方财经媒体这些稿件时，必须认真加以分析判断，独立思考，切不可人云亦云。

第五节 财经基础知识：金融衍生工具，
与我们不遥远

一 金融衍生工具的概念

（一）金融衍生产品

衍生产品是英文 Derivatives 的中文意译。其原意是派生物、衍生物。

金融衍生产品通常是指从原生资产派生出来的金融工具，也叫衍生工具或衍生证券。1994 年 8 月，国际互换和衍生品协会（International Swaps and Derivatives Association，ISDA）在一份报告中对金融衍生产品做了如下描述："衍生品是有关互换现金流量和旨在为交易者转移风险的双边合约。合约到期时，交易者所欠对方的金额由基础商品、证券或指数的价格决定。"

（二）金融衍生工具

金融衍生工具是指某种金融产品，其自身的价值是由其所关联的其他产品原生资产的价值所确定的，这正是"衍生"两字的来源。目前国际上流行的金融衍生产品主要包括远期合约（Forwards）、期货（Futures）、期权（Options）和掉期（Swaps）四种。而这四种产品门类之下的相关产品可以是某种商品，比如石油，也可以是股指、利率、汇率和债券等。

二　金融衍生工具与公众的关系

金融衍生工具，通常被认为是风险管理工具。现代经济，从本质上而言就是信用经济，信用在现代社会生活、生产的各个方面扮演着越来越重要的角色。毋庸置疑，信用的可获得性以及人们从观念上对信用的接纳促进了现代社会的发展。信用使得一个人即使收入菲薄也能买得起房子、汽车和其他消费品。这样反过来又创造出新的就业机会，促进经济增长。信用能促使企业快速增长，如果没有信用的存在，企业仅凭自有资金的积累很难发展成国际性的大企业。信用还使得国家和地方政府能够满足公众对一些公共产品的需求。但随着信用的迅速发展，各种信用风险也越来越引起人们的注意。从借款人个人不能按时还钱，到银行呆账、坏账的增多，一直到债务国不能偿还债务本息，这一切已经影响到了社会的正常经济秩序。

信用风险指的是因交易一方不能履行或不能全部履行交收责任而造成的风险，无力履行交收责任的原因往往是破产或其他严重的财务问题。信用风险的来源是多方面的，主要分为两大类。第一类是借款人的履约能力出现了问题。贷款的偿还一般通过取得经营收入、出售某项资产，或者通过其他的途径借入资金而实现。不过，最主要的还是通过生产经营，由其经营所得来偿还。因此，衡量借款人的履约能力最主要还要看其生产经营能力的大小、获利情况如何。这一点无论是对个人、企业还是国家而言都是如此。第二类是借款人的履约意愿出现了问题，这主要是由借款人的品格决定的。借款人的品格是指借款人不仅要有偿还债务的意愿，而且具备在负债期间能够主动承担各种义务的责任感。这就要求借款人（不论是企业还是个人）必须是诚实可信的，并且能够努力经营。对于国家而言，一般不存在这方面的问题。不过，借款人的品格是难以用科学方法加以计量的，一般只能根据过去的记录和经验对借款人进行评价。如果存在完备的信用档案，那么借款人在过去时间里违约的次数基本上可以反映出借款人的品格。

随着信用的日益发展，信用风险也越来越引起人们的注意。信用风险的来源主要有两种：一种是借款人的履约能力出现了问题，另一种是借款人的履约意愿出现了问题。对信用风险的防范主要经历了以下几个阶段：（1）《巴塞尔协议》对风险资产和最低资本限额的规定；（2）测量信用风险的内部方法和模型，如 J. P. 摩根的 Credit Metrics 信用风险管理系统；（3）全面风险管理；（4）信用衍生产品。其中，信用衍生产品主要采用远期合约、互换和期权这三种基本构建方法。信用衍生产品的主要作用在于：一是分散信用风险；二是具有保密性；三是提高资本回报率。信用衍生产品市场的参与者非常广泛，包括了商业银行、投资银行、固定收益投资者、保险公司、高收益市场基金、新兴市场基金以及一些非金融性的公司。信用衍生品市场是一个新兴市场，所以目前并无明确的监管条例。信用衍生产品的监管一般套用相关的监管规则，或者与监管框架较成熟的传统产品进行类比。信用衍生产品市场的发展，对金融机构尤其是对银行必将产生深远的影响。

三　新型的金融衍生工具：对冲基金

（一）对冲基金的基本内涵

对冲基金（Hedge Fund）是一种衍生工具基金，亦即对冲基金可以运用多种投资策略，如运用各种衍生工具（如指数期货、股票期权、远期外汇合约乃至于其他具有财务杠杆效果的金融工具）进行投资，同时也可在各地的股市、债市、汇市、商品市场进行投资。与特定市场范围或工具范围的商品期货基金、证券基金相比，对冲基金的操作范围更广。经过几十年的演变，对冲基金已失去其初始的风险对冲的内涵，对冲基金的称谓徒有虚名。对冲基金已成为一种新的投资模式的代名词，即基于最新的投资理论和极其复杂的金融市场操作技巧，充分利用各种金融衍生产品的杠杆效用，承担高风险、追求高收益的投资模式。

（二）"对冲基金"的通俗讲解

对冲基金是什么？这是一帮手里有一块钱，就敢借一百块来玩的人。手里有了这么抢手的资产怎么可能浪费？当然是拿出去抵押，好继续投机。而他们拿来抵押的抵押品，正是当初投资银行卖给他们的 CDO（债务抵押凭证的缩写），然后换得了 5 倍到 15 倍的贷款。在这种利益的驱动下，投资银行做 CDO 的热情越来越高，对冲基金买这些 CDO 的热情也越来越高，买了之后，拿出去抵押换贷款的热情也越来越高。于是乎，不知不觉间，数以十万亿计的美元通过 CDO 不断从银行里卷出来。当美国保持低利率，美国地产一路飘红的时候，一切都好，但是当局面变坏时，局势就会变得不可收拾。投资银行家们虽然已经意识到这一点，但是眼前的利润让他们甚至不愿去想明天，就一头栽了进去。如果你以为金融家们的故事讲到这里就结束了，那你实在是太小看他们了。

华尔街金融家们的思维，似乎永远能超乎常人的想象。CDO 不是有风险吗？好，美国投资银行的大佬们再次做了个发明，弄了个东西叫作信用违约掉期，简称 CDS。简单地说，当你买了 CDO 以后每年赚很多钱。可是你担心将来地产动荡，不良贷款率增加，手里的 CDO 变得不值钱。这时候，投资银行家们推出 CDS，你只要将一部分利润分给别人，那就可以将你所承担的风险完全推给购买 CDS 的人，实现无风险收益，是不是很爽？而购买 CDS 的人，一毛钱也不用出，就可以每年分利润，是不是也很爽？又一次皆大欢喜，然后投资银行在这过程中又再次大捞一笔，天才吧？仅仅这些，投资银行的大佬们还不满足，既然 CDS 有固定收益，那为什么不可以将它也包装起来再次证券化，送到市场上去卖呢？

本来因为巨大的市场风险，那些资产评级公司不敢给这种证券评级。眼看 CDS 证券化的路要夭折了。这时候，著名投资银行机构——雷诺公司登场了，它做出了一个大胆的金融创新。那就是将 CDS 产生的现金流积蓄成一个备用的"资金池"，这样一来，一旦出现违约情况，你可以先亏你白得的那份钱，不会亏到自己的钱。而当你觉得不妥的时候，你可以在亏到你自己的钱之前，将它卖掉。想想看，以前你投资 CDO 债券，为了得到现金流，你必须真金白银地投钱进去，而且必须承担可能出现的投资风险。现在，你的钱可以不动，只要承担一些风险就会得到稳定的现金流。天啊，世上还有比这更让人暗爽的投资产品吗？有了这个理由，资产评级公司几乎是毫不犹豫地就盖上了评级 AAA 的大印。然后，这个投资产品就在美国卖疯了，包括养老基金、教育基金以及众多外国基金在内的大量基金蜂拥买入。正是通过这些渠道，区区一万多亿美元的次级债，便迅速膨胀到数十万亿美元。表面上看，在这个游戏里唯一得到益处的只有投资银行机构，它们是无本生利。

但是因为过于贪婪，投资银行机构过度贷款给对冲基金，并且鼓励投机行为，甚至于投资给对冲基金，这给投资银行机构带来的损失同样是巨大的。而最重要的是，被它们害得倾家荡产的很多人，同样是美国社会的一部分，是其客户。一旦美国地产出现震荡，将带来大规模的破产潮，从而引发美国经济衰退，而美国投资银行机构在这种衰退潮中，同样难以独善其身。整个美国社会就像是一个人，而美国投资银行机构就像是它的大脑。投资银行依靠吞噬自己的身体为生，只要它吞噬的速度控制得好的话，这个身体确实可以不断长出新肉来供它吞噬，但是万一它过于贪婪，一口气将自己的身体咬得体无完肤的话，那么最后也必将葬送它自己。这些道理，无论是华尔街精英，还是站在幕后的金融寡头都清楚，但是当巨大的利润出现在眼前的时候，他们却没有一个人可以抵挡住这种诱惑，疯狂地吞噬利润，以至于最后将自己也吞噬掉，这几乎是所有金融寡头的悲剧。

四　美国金融危机——次贷危机

（一）次贷危机的含义

次级抵押贷款，简称"次贷"，是指银行或贷款机构提供给信用较差或收入较低、无法达到普通信贷标准的客户的一种贷款。这种贷款通常不需要首付，只是利息会不断提高。引起美国次级抵押贷款市场风暴的直接原因是美国的利率上升和住房市场持续降温。

在美国的房地产贷款中，贷款被分为标准贷款和次级贷款两类。

标准贷款，又名一级贷款，就是能满足银行全部要求的贷款。它是在确定贷款人有足够的还款能力和还款意愿的条件下发放的贷款。具体地，一看收入，二看存款。看你有没有能力购买房子，有没有能力偿还贷款。

次级贷款，是相对于标准贷款而言的。次级贷款的全称叫次级抵押贷款，又叫次级按揭贷款，不完全符合标准贷款的条件。如收入不够、银行存款不够或信誉不够，按常规是贷不到款的。次级贷款就是给那些信用评分达不到一级贷款标准的人提供的贷款。就是这样，要拿到次级贷款，也要达到一定的评分标准。

在美国，信用评分在 620 分以上的借款者可获得一级贷款。一级贷款的贷款利率较低。而低于 620 分、高于 500 分的借款者就只能得到次级贷款。次级贷款的利率比一级贷款的利率要高得多。信用评分低于 500 分的借款者，在美国就根本贷不到款。信用低的人申请不到优惠贷款，只能在次级市场寻求贷款。但次级市场的贷款利率通常比优惠级抵押贷款高 2 ~ 3 个百分点。它由于给那些受到歧视或者不符合抵押贷款市场标准的借款者提供按揭服务，在少数族裔高度集中和经济不发达的地区很受欢迎。

(二) 美国次贷危机产生的原因

美国 "9 · 11" 事件过后，政府为了拉动经济，大幅降低了贷款利率。这刺激了消费需求，让那些本来没有购房能力的人也有了购房的意愿。此时房地产金融机构抓住时机大肆进行宣传，甚至用极具诱惑力的广告吸引购房者。这些房地产金融机构为了多卖房而降低贷款标准，甚至不惜弄虚作假，帮助那些本不具有还贷能力的人获得购房贷款。一时间，美国房地产业一片 "繁荣"。随之而来的是房地产价格快速飙升，房地产行业的泡沫急剧膨胀。这时，美国政府又不得不为抑制这一过热现象大幅提高贷款利率。这样一来，一大批还贷能力较差的次级贷款购房者就无法偿还贷款。房地产金融机构不得不大量收回房屋。由于收回待拍卖的房屋太多，加之许多房屋在收回时被愤怒的贷款人大肆破坏，收回的大量房屋，要么卖不出去，要么价格一落千丈。大量的房地产金融机构因无法收回资金而破产，次贷危机由此爆发。

如果这样讲太过于专业化，那么我们举一个通俗的例子。

假设有一纽约市民 Peter，他的收入不是很稳定，甚至于根本就没有稳定的收入，但他想买一栋房子。这放到以前基本上是不可能的事情，只能是梦想。但是在 21 世纪初的时候，情况不同了。次级按揭贷款公司会告诉你：没问题，我借钱给你，不但借钱给你，而且一切条件从优。你是不是担心还不起？没关系，最初几年只还一点点，后面再增加还款额度。什么，你怕将来还不起？别傻了，你看看现在的房价，天天往上涨，你到时候真没钱了，把房子卖掉不就可以了吗？我敢贷，你还不敢借啊？就这样，Peter 借了这家贷款公司的钱了。从理论上来说，贷款公司所说的话也没错。只要美国房地产价格一直上涨，这个贷款是不会出问题的。但是问题是，房价怎么可能一直往上升呢？贷款公司一想：嗯，不对，这个很危险，我不能自己承担这个风险。这时候，贷款公司就想到投资银行（投行）了。投行是美国金融的核心支柱，同时也是那些金融寡头的核心利益所在。美国甚至于世界的绝大部分金融活动，归根结底都被控制在美国投行的手里。在投资银行家的嘴里有一个常用的词，叫金融创新。什么是金融创新？金融创新就是你可以想到的、你可能赚到的钱，我通通帮你变现。

投行的大佬们一看，这贷款虽然风险大，但是利润更大啊，应该很有搞头。于是，投行的大佬们大笔一挥：干。贷款公司的人顿时松了一口气，而投行的经理们就开始忙活了。忙什么呢？忙着包装啊。包装给谁看，给资产评级公司看。资产评级公司说白了，就相当于质监局。你的苹果上市之前，先给你打个标签，AAA 就是最好的苹果。口感好，味道香，还有益身心。一般来说。只要有了这个标签，你的苹果就好卖了。投行经理们日夜赶工，将这些贷款按照质量的高低分成三个部分，第一个部分就是低级部分，称为普通 CDO，占 10%；第二个部分是中级部分，份额同样是 10%，称为中级 CDO；第三个部分是高级部分，份额最多，达 80%，称为高级 CDO。投行经理们抓破脑壳，给这些贷款准备了一大堆的报告、数据和数字模型。然后，兴冲冲地到了资产评级公司。投行的银行家们很诚恳地说，我这个普通 CDO 以及中级 CDO，确实是有点危险，让人觉得他这人很实在。紧接着，他又说，但是我这个高级 CDO，那可真是比帝国大厦还可靠和保险。随后，他们马上丢出一大堆数据，你看，过去 3 年来，我们的不良贷款率是多么低啊。再接着，又抛出一个拿过诺贝尔奖的专家做的数字模型，你看，根据这个当今世界最新的数字模型，在可预见的未来，不良贷款率也将一直保持在很低的水准。是不是很安全？而且，万一这个贷款真的出了什么问题，也是先赔普通 CDO 和中级 CDO 部分的钱，高级 CDO 的钱是到最后才动的。除非美国房地产崩盘，否则，再怎么惨也不可能动到高级 CDO 的钱的。

当然，这些资产评级公司里的人，也不比投资银行家傻。他们怎么可能被投行忽悠到呢？但是当作为衣食父母的投行给了资产评级公司足以对外界交代的材料又把评级公司的腰包塞得鼓鼓的时，资产评级公司二话不说，大印一盖，高级 CDO 的评级就成了 AAA。什么叫 AAA？简单地说，就是一百分。

有了这个评级，投行就好办事了，高级 CDO 轻而易举地搞定，卖了个满堂彩，大家发财，将来地产下跌，贷款崩盘，也不关我的事。贷款公司、投行都实现了无风险收益，风险全部转嫁给了持有高级CDO的买家。但是有个问题，如果按照这样的话，那就算次级债的问题爆发出来，那也只能伤害普通美国民众的利益，伤害不到这些投行的利益，更伤害不到那些金融寡头的利益。投行们的行为如果只是到这里为止，那么它们确实只赚不赔。但问题是金融家的贪欲是无穷无尽的。赚完这个钱，投资银行的银行家们又回头来盯着普通CDO和中级CDO，心想，这东西反正摆着也是摆着，我是不是该找个什么方法，让这玩意儿也帮我赚点钱。略加考虑之后，投资银行的大佬们又想起了一个好办法，即找对冲基金。对冲基金是什么？干惯了"刀口舔血"的活。普通CDO和中级CDO确实是风险比较高，但是相对来说，收益也确实很高。一般来说，世界主要发达国家的银行利率最低的就是日本。对冲基金一盘算，我到日本银行去借钱，换成美元，来买这个CDO，每年的收益率相当高啊，而且是无本生利，为什么不干？干！于是，对冲基金将这个包袱接了过去。投行甩了包袱，对冲基金多了个生财之道，又一次皆大欢喜。风险被层层转嫁出去之后，一切似乎都在投资银行的银行家的掌握之中。然而，事情的变化往往是始料未及的。

随着住房价格下跌，购房者难以将房屋出售或者通过抵押获得融资。受此影响，很多次级抵押贷款市场的借款人无法按期偿还借款，次级抵押贷款市场的危机开始显现并呈愈演愈烈之势。伴随着美国次级抵押贷款市场危机的出现，首先受到冲击的是一些从事次级抵押贷款业务的放贷机构。众多次级抵押贷款公司遭受严重损失，甚至被迫申请破产保护，其中包括美国第二大次级抵押贷款机构——新世纪金融公司。同时，放贷机构通常还将次级抵押贷款合约打包成金融投资产品出售给投资基金等，随着美国次级抵押贷款市场的危机愈演愈烈，一些买入此类投资产品的美国和欧洲投资基金也受到重创。更为严重的是，随着美国次级抵押贷款市场危机扩大至其他金融领域，银行普遍选择提高贷款利率和减少贷款数量，致使全球主要金融市场隐约显出流动性不足危机。

第十一章 证券报道

第一节 证券新闻及其特征

一 证券新闻的界定

证券新闻，是专指反映各种证券（包括股票、政府公债、公司债券、金融债券）活动的专业新闻报道。狭义的证券新闻指证券新闻消息；广义的证券新闻则包括反映证券活动的通讯、特写，新闻预测分析乃至新闻评论。这是对这种体裁的内涵与外延的界定。证券新闻具有强大的生命力与广阔的发展前途。

首先，从国内市场经济发展的趋向看，需要越来越多的证券新闻。伴随着中国特色社会主义市场经济体制的建立，我国证券投资活动空前活跃，许多企业、金融部门，大胆进行改革，积极借助各种社会力量进行建设，各类证券纷纷出现。特别是国家批准在上海、深圳两地设立证券交易所后，又出现前所未有的"股票热"。越来越多的人投资证券，因而需要大量的证券新闻。

其次，从国际新闻传播界传媒结构的比例的发展趋势看，越来越多的国家与地区增加了证券新闻传媒这个新品种。现在美国、日本、德国、法国的报刊中有 1/3 左右为经济类报刊，并都有专门的证券报。有的国家与地区虽然暂时无证券报刊，但证券新闻经常见诸报端。与我国飞速发展的经济相比，现有的证券新闻与人们日益增长的证券新闻需求有些失衡，因而，证券新闻的发展还需要大力加强。

二　证券新闻的特征

在了解证券新闻的内涵和外延的同时，还应掌握证券新闻的基本特征。

一是时效性。在充满竞争的市场经济条件下，"时间就是金钱"，"信息就是财富"。一则有效新闻，一条首次传播的信息，早一天早一小时获知，可能由此带来巨大的经济效益。相反，如果晚一点获知，可能造成重大损失。有的证券新闻带有时限性，如国家权威部门批准首发的重大证券新闻，应及时传播，以防止滞后给本区域或更大范围的股民造成不应有的损失。

二是准确性。证券新闻无论文字还是数据，应达到精确的质量要求。证券新闻本身不许出半点儿事实偏误。尤其是各种数据，倘若差一点，则往往会造成不堪设想的经济损失。如一家晚报公布某一种企业的股票行情时，误将 17.3 印成 7.3，使得一股民受惊心脏病发作长期卧床，闹出一场啼笑皆非的"新闻官司"。由此可见准确性的重要性。

三是阐释性。与其他新闻报道相比，证券新闻还应特别重视做一些适度的必要的新闻解释。从我国的实际情况来看，有相当多的群众对证券经济活动还不甚了解，有必要在证券新闻中进行必要的新闻解释。如需要对证券活动中"一级市场""二级市场"，对股票交易中的"牛市""熊市""多头""空头"等专业术语进行恰当科学的阐释。

三　证券新闻的报道技巧

要搞好证券新闻，我们还需要掌握一些证券新闻的写作与报道技巧。证券新闻的写作与报道虽然无固定统一模式，但进行类新闻的写作与报道时还应掌握一些技巧或方法与注意事项。

第一，要以马克思主义理论为指导，注重借鉴国内外证券经济理论的一些科学论点，搞好证券新闻报道。马克思主义理论博大精深，其中亦有关于证券方面的科学理论。如马克思的《资本论》的第五篇谈的就是股份问题，并明确指出股份是新社会和旧社会的桥梁，还对股份这一特殊的经济活动现象做出许多具体论述。我们要使证券新闻不仅具有动态的时效性，还具有一定的理论深度，同时注意借助马列主义的"望远镜"与"显微镜"。此外，还应注意积极参考国外证券理论的一些先进的科学观点。

第二，采制与发表证券新闻，应有全局观念。证券新闻的采编者应是证券经济学某一方面的专家，对宏观经济形势有相当水平的观察力与判断力。这是因为证券活动本身就是一种高级、复杂的经济活动。国家政局的变化、产业结构的调整、原材料价格的涨跌等许多因素往往会给证券市场带来这样或那样的震荡。因此，采制与发表证券新闻，尤其应重视宏观上的把握，否则往往会造成导向失误与重点偏移。

第三，证券新闻的采制与发布必须建立在可靠的数据之上。可靠的数据是各类经济活动的生命支点。证券新闻离不开大量数据，而现在许多数据往往属于"泡沫数据"，失真性颇大。因此，一些数据尤其是重要数据，必须经国家或地方权威部门的正式审核，方能引用或发布，不能为抢时间贸然将一些失真数据运用到稿中草率发布。倘若这样做，虽然可能制造出一些有"轰动效应"的新闻，但会带来巨大的社会负效应。

第四，预测性证券新闻不能做结论性评价，要留充分的余地。一些证券新闻述评，应明确标明，文章仅代表个人观点，不代表传媒意见，公民入市，应风险自负。特别是对一些重大证券活动现象做新闻述评时，尤其不宜把话讲满。如当我国股票市场呈"牛市"趋向时，在做新闻分析时，既要讲看好当前我国的经济形势及从事股票投资的有利环境与外部条件，同时也应告诫股民仍不能松懈，要做好承受风险的心理准备，因为股市本身就带有很大的投机性与多变性，切不可过量投资或掉以轻心。如果这样，把话讲全面了，证券新闻就自然提高了自身的价值，为股民所喜爱。

第五，证券新闻用语应平白贴切，尽量少用一些形容词与修饰词。证券新闻不同于其他通讯报道，应该一是一、二是二，真实准确，采编证券新闻不宜为追求所谓的文采而滥用溢美之词，证券新闻的标题制作可以讲究一些修辞，但不宜为猎奇吸引人而夸张。只有这样，证券新闻才能更加符合证券经济活动的实际，求得好的新闻传播效果。

第二节　证券新闻报道的基本原则

证券市场是对信息需求最迫切、使用效率最高的市场，证券新闻作为信息传播的主要载体也就显得格外重要。如果说新闻一般具有传播、宣传、表达、批评、服务、娱乐等功能的话，证券新闻则更多地表现为传播功能，证券报刊更多地带有信息纸而非新闻纸的特性。正由于证券市场对信息需求迫切，市场化程度高，证券新闻的采制和发布也最需要规范、法制和自律。证券新闻为成千上万的投资者决策提供信息依据，直接关系到他们的盈亏成败、利益得失。从事证券信息传播的媒介的担子更重，来不得半点疏忽。

一　证券信息传播的第一时点概念

所有新闻传播都强调时效性，证券传播的时效性既表现为必须以最快的速度（包括采用电子传媒实时传播、同步传播）尽可能多地采集与市场有关的各类信息，又表现为法律规定的所有重大信息必须在第一时间报告证券交易所和证券监管机关以后，由各证券传媒同时发布。笔者称之为"第一时点概念"。"第一时点"既强调快（你慢了一步，这个信息就没有意义了），又强调重大信息必须在第一时间获得者获得后才能公开发布。信息的广泛传播和有效控制，构成了证券新闻"第一时点概念"的两个方面。一方面，信息传播越迅速越广泛越好，任何信息源和媒介都要争取把信息尽快公之于众。如果说，其他新闻的时效性还常常是个定性概念的话，证券新闻的时效性则表现为一个个量化的时段。根据《公司法》《股票发行与交易管理暂行条例》等法律、法规，证券市场中各类重大信息和文件的发布都有明确的时点：招股书在发股前2~5日发布；上市公告在上市前3日发布；公司年度报告在财政年度结束后120天内公告；中期报告在60天内公告；临时发生的重大事件应立即报告；收购事件在三个工作日内公告；等等。特别是发生可能对上市公司股价产生较大影响的重大事件时，上市公司必须立即报告交易所和证监会，并向社会公布，说明事件的实质。证券期货监管之类的会议以及与证券市场有关的各种政策法规，在会议或做出决定后的第一天就应予以报道，越早报道就越可以让投资人及时得到真实消息，驱散市场谣传，有效地防止内幕交易和证券欺诈行为的发生。所有重大信息还应尽量做到在交易所闭市后通过电子传媒立即向全世界发布。另一方面，如上所述，国家法律、法规规定的特别是来自上市公司的重大信息，均应经交易场所和证券监管部门发布，如擅自发表，信息源和媒介都要受到处罚。

准备公开披露的重大信息之所以必须在第一时间报告交易所和证监会，是遵守一个原则，即内幕消息不得提前泄露。在第一时间获得者之前获知信息的即为内幕人员。国务院证券委发布的《禁止证券欺诈行为暂行办法》规定的内幕人员包括同证券发行与交易有关的公司董事和监事、券商、会计师、律师，以及由于其职业、地位有可能接触和提前获得内幕消息的人员，如新闻记者、报刊编辑、电台主持人、编排印刷人员等。法律法规对这些内幕人员的证券交易行为有很严厉的限制，而这种限制必须也只能由证券交易所（第一线监管）和证券监管部门来实施。正因为如此，编辑、记者由于工作关系，即使提前获得了有关重大信息，在第一时间获得者尚未获悉并准予报道之前，绝不能披露。

证券新闻之所以必须坚持"第一时点"原则，从理论上说，是因为证券市场是所有市场中效率最高又同千千万万投资人利益关系最为紧密的市场。"时间就是金钱"这句话用在别的地方也许只是个比喻，在证券市场则是铁一般的事实。有些重大信息，哪怕只是早一分钟获知，就能发大财或者避免重大损失。用最快的时间让所有投资人都能公平地获知并消化一切可能同市场价格波动有关的重大信息，是证券信息传播坚持"第一时点"原则的根本利益所在，也是一切证券传媒必须恪守的职业道德。

二　证券信息传播的完整性原则

在上市公司的所有公开披露文件中，都必须醒目地写上"本公司董事愿对刊载资料的真实性、准确性和完整性负个别及连带责任，确信没有任何重大遗漏和误导"之类的文字。真实性是任何新闻的铁律，证券新闻在这方面要求更高、更严格、更精确。例如，说某公司产品份额在国内位居第一，必须注明是根据全国性行业组织某年的统计，其确切的市场份额是多少；说某产品技术等级已达到国际水平，同样必须找到是哪个国际组织在哪个年代的证明资料；等等。但对证券新闻来说，更重要的还是坚持完整性原则。

什么是完整性原则呢？比如一家企业原来业绩很差，经过一番努力以后效益大增，如果不是证券报道，记者完全可以满怀激情地把这一过程展现出来以鼓舞人心。但对证券新闻来说就有不够完整之虞。证券报道在赞扬其业绩大增的同时，还得如实报道绝对利润是多少，在同行中处于何等地位，今年的效益出色是确实经营得好还是有某种偶然性的原因，以及在市场竞争中还会有哪些潜在的不利因素等。所有这些信息都要完整地加以披露，否则就会因"重大遗漏"而产生误导。由此看来，所谓完整性原则，首先就是两点论原则，既讲成绩，又讲问题；既讲获利，又讲风险。

用一句证券行话来说，就是利多利空都要讲。

完整性原则的第二个表现是平衡性原则。运用公开信息和资料对证券市场包括个股走势进行预测分析并见诸报端，同样要贯彻完整性原则，不能说涨时一切信息都是利多，跌时一切信息都是利空。一切负责的证券传媒都应该把推动市场上扬或下跌的多种因素予以充分揭示，并运用版面语言进行平衡处理，让读者自己择其善者而从之。实践证明，这是一种较好的方式。

完整性原则的第三个表现是过程性原则。所谓完整，既包括空间上的各个侧面，又包括时间上的来龙去脉。过程性原则就是对证券新闻的来龙去脉要有较多的了解，从事证券新闻采编的编辑、记者要有相当的专业知识和专业眼光。

完整性原则说到底是因为证券市场是一个全方位的市场，唯有综合各个方面的信息，才能使投资人做出正确的投资抉择。一般新闻报道可以选择某个角度做突出处理，其他略去不写，证券新闻则还是多侧面全方位为好，这绝不是说证券新闻可以不要重点，面面俱到，证券新闻强调的是不能有任何重大遗漏和误导。证券传媒的完整性原则不仅表现在自己的报道应尽量做到客观公正、多侧面，同时还应发挥舆论监督作用，如对部分上市公司报喜不报忧，有意无意地隐瞒某些重大事实，新闻媒介就应当予以揭露和批评。

三　误导性信息的及时澄清原则

证券新闻的失实会给整个市场以误导，损害的是投资大众的利益。并且一旦造成误导，给投资人造成的损失是无法挽回的，而且数额巨大，波及面极广。因此，及时澄清误导性信息是证券新闻的又一条重要原则。

信息误导包括信息源误导、传媒误导和股评人士误导三个方面。首先，对信息源来说，国务院发布的《股票发行与交易管理暂行条例》第六十一条已明确规定："在任何公共传播媒介中出现的消息可能对上市公司股票的市场价格产生误导性影响时，该公司知悉后应当立即对该消息作出公开澄清。"对类似的误导股票市场价格的新闻，媒介不仅不能提供舞台，而且应该发挥舆论作用，协助证券监管机构，督促信息源尽快澄清。其次，大众传媒一定要保持客观公正的立场，在采访证券新闻特别是公司新闻时，不能借职务之便，去打听那些尚未公开的可能影响证券市场价格的重大信息，即使得知了也不能公开报道，这应该作为证券记者的一条纪律。对此，国务院证券委员会发布的《禁止证券欺诈行为暂行办法》第七条也有明文规定："禁止任何单位或者个人以获取利益或者减少损失为目的，利用其资金、信息等优势或者滥用职权操纵市场，影响证券市场价格，制造证券市场假象，诱导或者致使投资者在不了解事实真相的情况下作出证券投资决定，扰乱证券市场程序。"违反此规定，将予以法律处罚。目前不少报刊刊登的股评人士推荐个股的文章以及一些中介机构的"投资价值报告"，其内容确是"运用公开的信息和资料，对证券市场做出的预测和分析"，应该说是可以的，但也要注意其中有无误导性文字，用各种语言文字引诱投资人去买某个股票的，也应该视为误导性信息，不能让其随便出笼。

第三节　证券报道存在的问题及其对策

我国证券市场目前并不成熟和完善，"政策市"和"消息市"曾是一度困扰我国证券市场的两个问题。究其原因，前者与我国转轨时期的特殊体制有关，后者则是信息披露制度不完善造成的恶果。证券传媒作为沟通整个证券市场的重要中介，对于在可调节范围内的后一个问题，也负有一定的责任。

信息披露原则，是股市重要信息传播必须遵循"三公"（公开、公平、公正）原则的具体途径。所谓信息披露，主要是指股票发行公司按照国家和证券交易所规定，在指定报刊及时公开企业的重要信息，以有益于投资者进行自行判断的行为。另外，证券市场的各级主管机构如果要对市场做出重大政策变动，按规定也应及时予以信息披露。为使投资者在尽可能集中的报纸中于第一时间阅读到上市公司的信息，我国实行了"指定报刊制度"①。与西方发达国家相比②，我国在信息披露上虽也有明文规定，但规定太过笼

---

① 指定报刊制度，即将报纸刊物作为第一时间披露上市公司信息的唯一手段。中国证监会在 2000 多种报刊中指定了七报一刊作为其指定披露上市公司信息的新闻媒体，它们分别为《上海证券报》《中国证券报》《证券时报》《经济日报》《金融时报》《中国日报》《中国改革报》《证券市场周刊》。

② 西方发达国家对股市的信息披露是极为重视的，而且规定极为详细，甚至对"或有事项"，如上市公司在打官司时输赢的可能性以及对企业的经营会有多大影响，也要求在新闻媒体上予以详尽披露。

统，还有许多遗漏，因此对上市公司传媒和新闻传媒的信息披露不能像西方国家那样进行最大程度的约束，出现了一系列的问题。

一　证券报道存在的主要问题

目前我国证券传媒在信息披露方面存在的主要问题有以下几种。

（一）信息发布不准确、不及时

我国股市报道在传播过程中信息的真实性和准确性不尽如人意，信息污染与信息误导现象较严重，股市传媒有意无意地充当一些造势者的传声筒，传播一些干扰股市的不实信息。许多应该及时在正式场合或指定传媒披露的信息却没有这样做，反而被一些没有指定信息披露权的小报刊抢发了出来，有的甚至从非新闻渠道泄露出来，因而导致市场上传闻风行，而且常惊人地准确，使一些靠"搏消息"的人在股市上大发横财并造成股市的破坏性波动。此外，还有许多正规传媒违反信息披露原则而抢发所谓的"内幕消息"。

（二）信息披露与新闻报道存在利益问题

媒介在处理信息披露与正面宣传两方面问题时，轻前重后，受众对此提出质疑。之所以如此，除了人们普遍高兴做的"多栽花、少栽刺"和多年延续下来的"好大喜功"外，还有机制上的原因。如有的新闻媒体存在利益倾向，除法定信息披露外，在形象宣传与公司价值分析之间青睐前者。这样，不但可以保住信息披露服务赞助，还可以有源源不断的广告收入。

（三）股市批评报道领域有盲点

出于种种关系和顾虑，即使在得到各界高度赞扬的股市批评报道领域，也存在一些盲点。如对股票市场出现的一些大的内幕交易和违规交易，我国股市传媒很多都未能及时在官方调查处理前予以"曝光"，特别是震惊海内外的"327"国债事件①，尽管事件触目惊心，新闻界却长期保持沉默，直到上面处理后才做报道。

---

① "327"国债事件：以万国证券公司为首的数家证券公司联手在327品种国债期货交易时，蓄意违规，恶炒做空，其过度投机不仅造成数亿国有资产流失，而且严重扰乱了整个国债期货市场的正常运作秩序。事发后，国务院下令暂停并整顿国债期货市场。

二　采取的一些对策

（一）增强证券新闻报道中"法"的理念

市场经济是法治经济，经济生活离不开法律调控。上市公司"内幕消息"泛滥等违规现象暴露了一些上市公司、证券商及投资者法制观念的淡薄。从各类新闻媒体看，涉及证券行业法制的报道在证券新闻中所占的比例较小，而且往往都是发生在违法违规事件后进行报道、评论。事实证明，通过新闻媒介加强法制宣传，普及法律知识，在一定程度上可以起到事前控制、防患于未然的作用。规范化、法制化是我国证券市场发展的主旋律。

（二）强调证券新闻报道的"第一时点"

所有的新闻传播都强调时效性，但是证券新闻传播的时效性又有个法定时间的限制，也就是法律规定的所有重大信息必须第一时间报知证券交易所和证券监管机关，由各证券传媒统一发布。由此，这个合法披露时间内的第一时间被称为"第一时点"①，它要求证券新闻媒介既要快（抢新闻），同时重大信息又必须在第一时间获得者获得后才能公之于众。提前披露内幕信息将给市场造成混乱，对于投资者个人造成的损失更是难以估量。证券新闻必须坚持"第一时点"原则，缘于证券市场是一个"时间就是金钱"的市场。有些重大信息，哪怕只是早一分钟获知，就能发大财或避免重大损失。因此，证券信息传播坚持"第一时点"原则，应是一切证券传媒必须恪守的职业道德。

（三）遵循证券信息传播的完整性原则

综上所述，证券信息传播的完整性原则，缘于证券市场是一个全方位的市场，唯有综合各方面的信息，才能使投资者做出正确的投资抉择。因而证券新闻不能像其他新闻那样选择某个角度突出处理，其他略去不写。证券新闻并不是要面面俱到，而是强调不能有任何重大的遗漏和误导。坚持两点论原则，既讲好处，又讲不足；坚持平衡性原则，既讲风险，又谈机遇；坚持过程性原则，对证券新闻的来龙去脉要有一定了解。

---

① "第一时点"概念由《新闻报》贺宛男在"学术探讨"中提出。

（四）误导性信息的防范和及时澄清

新闻不能失实，证券新闻更不能失实，因为一旦证券新闻失实，给投资人造成的损失是无法挽回的，而且数额巨大，波及面极广。值得对证券传媒特别提出的是，一些纯技术性原因造成的失实误导，一定要尽量避免，一旦出现更要及时澄清。因为这些小错误的破坏性影响不可低估。对于传媒而言，一是要把握信息源的可靠性，防止出现信息源误导；二是要提高从业人员的责任心，对此，不少报社内部已做出严格要求，对因疏忽而出现错误者将予以严厉惩罚。

（五）用辩证观点进行报道

股票行情报道需要辩证法。掌握股票的价格走势是运用投资策略的依据，是投资者成败的关键。证券市场行情的涨与跌、冷与热，都是对立统一的一对矛盾，二者受许多因素的制约和影响，在一定条件下会向相反方向转化，而不是静止的、固定不变的。报道证券行情需要掌握辩证法。正确分析市场行情变动的原因特别是深层原因，找准相互转化的条件，股市过热时吹点凉风，过冷时放点暖气，及时阐明潮涨潮落、柳暗花明、久盘必跌等道理，才能进行正确引导。

其他报道也需要辩证法。证券市场中的风险与机遇、守法与违法等许多话题都是辩证统一的矛盾体，将辩证法融入证券报道中，用唯物辩证观点观察、分析、思考问题，防止片面性和绝对化，既符合证券市场的规律，也能大大提高报道的质量。例如，股票市场利润很高，但风险也很大，它们是证券市场中矛盾的对立面，证券新闻报道中用唯物辩证法的观点正确引导投资者很重要。

（六）要抓好证券新闻报道中点面结合

证券新闻中的"点"是指某一具体的股市动态信息，而"面"的概念则是客观反映整个股市乃至整个证券市场的发展情况，包括证券交易的总体趋势、国家金融宏观调控决策等。搞好"面"的报道，可为股民提供整个证券市场的信息，从而帮助他们掌握证券投资决策的依据。一般媒介都不会轻易错过对一些"点"的新闻的报道。对证券新闻中"面"的报道，要有针对性、重点性，如果不分轻重缓急，乱稻草般随便抱来"堆"给读者，就失去了证券新闻的价值。从事证券新闻报道的记者需要有敏锐的眼光、准确的判断力和掌握股市变化的娴熟"技艺"。

（七）继续坚持搞好股市批评报道

股市批评报道之所以能开展得好，是有"先天"优势的。一是与股市报道的题材有关。投资者需要股市报道能及时地对所有可能损害到他们的经济利益的事件和信息予以揭露和监督，更希望新闻报道能代表他们的利益为他们说话撑腰。二是市场运作的需要。股市是世界上市场化程度最高的一种金融资本市场，它的调控动力主要来自市场主体的经济行为以及市场信息，政府机构的调控约束一般只限于宏观方面，所以舆论监督就显得尤为必要和大有可为。三是当前我国股市建设的主要趋势是规范化，新闻媒体的舆论监督力量是一支不可替代的力量。鉴于此，证券媒介应继续发扬股市批评报道的优势，并在可能的情况下把胆子放得更大一些，把这一传统项目搞得更出色。

第四节　财经基础知识：洗钱——你可能忽略的部分

一　什么是洗钱

洗钱活动最早出现在 20 世纪初。当时美国芝加哥的一名黑手党成员开了一家洗衣店，在每晚计算当天的洗衣收入时，他把那些通过赌博、走私、勒索获得的非法收入混入洗衣收入中，再向税务部门纳税，扣去应缴的税款后，剩下的非法所得就成了他的合法收入。这就是"洗钱"一词的由来。

洗钱是指将毒品犯罪、黑社会性质的组织犯罪、恐怖活动犯罪、走私犯罪或者其他犯罪的违法所得及其产生的收益，通过金融机构以各种手段掩饰、隐瞒资金的来源和性质，使其在形式上合法化的行为。

金融行动特别工作组（FATF）对洗钱是这样定义的：许多犯罪活动的目标是给犯罪者或犯罪集团赢得收益。洗钱是这些犯罪者掩饰其非法所得的方法。巴塞尔委员会在 1988 年 12 月防止银行洗钱的声明中指出：犯罪者利用金融系统进行支付，将资金从一个账户转移到另一个账户，隐瞒金钱的来源以及收益，通过安全储存设施对银行支票进行保管，这些活动通常被称为"洗钱"。

二　洗钱是怎样运作的

"洗钱"这一黑色的产业，以极快的速度成长为仅次于外汇和石油开采的世界第三大商业活动。它的触角无所不及，影响恶毒深远，是世界经济血脉上的一个毒瘤。凡是洗钱活动都具有四个共同的因素。

第一，必须隐瞒钱的归属和钱的来源。在它以另一种面目出现以后，如果大家都知道这笔钱归谁所有、从何而来，洗钱就毫无意义了。

第二，它必须改头换面。如果有人想洗每张面值为 20 美元、总计 300 万美元的现金，他的目的绝不只是把这些钞票打成捆。改头换面还意味着压缩钱的体积。与一般的看法相反，你不可能在一个公文包里塞进 100 万美元，因为 100 万美元的面值 100 美元的钞票摞起来很高，重量也很重。

第三，洗钱过程不得留下明显的痕迹。如果有人能自始至终了解钱的来龙去脉，洗钱的目的就全落空了。

第四，必须始终控制洗钱的全过程。不管怎么说，许多参与洗钱的人都知道这钱是不干净的。所以，如果有人偷这笔钱，钱的主人很难采取法律手段来对付这种行为。

鉴于此，洗钱的周期包括三个不同阶段。

第一个阶段是浸泡阶段，这是统一部署阶段。一个积攒了 500 万美元现金的毒品贩子面临着把多达 25 万张的纸币投入银行系统的艰巨任务。他们和造假币者不同。造假币者只需使他伪造的货币进入流通领域就万事大吉了，而洗钱者则不得不凭借银行往来账户、邮政汇票、旅行支票和其他流通工具来把这些钞票传送到世界金融系统中去。

第二个阶段是分根阶段，又可称为大洗阶段。在这个阶段，洗钱者使这些钱与其不正当的来源脱离。通过使这些钱尽量多地变换账户让这些钱在他为此目的而设在世界各地的控股公司之间出入并依靠银行保密制度和律师委托人隐瞒自己身份的特权，他编织了一个令任何审计查账的人都无可奈何的复杂的财务交易网。

第三个阶段是甩干阶段，有时也被说成是回收和汇总资金的阶段。洗过的钱重返流通领域，但此时已是清清白白的，而且常常是应纳税的钱了。

第十二章　公司报道

第一节　公司的基本知识

一　公司的含义

　　"Corporation"与"Company"在我国虽然都被翻译为"公司"，但它们在英文中却是两个完全不同的概念。通常认为"Company"为英国英语，而"Corporation"是美国英语。Company 指依公司法规定的程序组织的以营利为目的的社团。"Corporation"是一个实体，具有独立的法律人格，类似于"法人"的概念。而"Company"的基本意思是"伙伴""同伴"，并不带有独立实体的含义，因此不是一个特定的法律术语，只是"企业"的统称。因此，一个经济组织在其名称中带有"Company"一词，并不意味着它就是我们通常理解的公司法人。在美国打开任何一家报纸或在公共场所，随时可见各种公司的广告铺天盖地，不论什么"公司"（Company）。

　　公司是市场经济中最重要的主体，是典型的企业法人，公司法是调整公司法律关系的法律规范，是民商法体系中十分重要的法律部门。在现实生活中，公司已经成为被广泛采用、最受欢迎的投资形式，它以有效地限制投资风险、有效地募集经营资金，同时进行科学的经营管理为特色，受到大多数投资者的青睐。公司法上的公司是指依照公司法在本国境内设立的有限责任公司和股份有限公司。公司是依公司法成立，有独立的注册资本，并以股份形式构成的自主经营、自负盈亏的法人企业。大陆法系中的公司被认为是依照有关法律登记成立、以营利为目的社团法人。英美法系中的公司被认为是依法联合从事某项经营活动的人自愿组合对外承担有限责任的法人。

（一）一般特征

1. 公司是企业。公司必须是商品生产者和经营者，以营利为目的，直接从事商品生产、流通或服务等经济活动；必须自主经营，独立核算，具有独立的经济利益，自负盈亏；必须依法纳税。企业的组织形式有多种，公司是其中之一。

2. 公司是法人。公司是具有民事权利能力和民事行为能力、依法享有民事权利和承担民事义务的组织，具有法人所具备的组织特征、财产特征和人身特征，即依照公司法或其他有关公司的法律、法规成立，拥有能够独立支配和管理的符合法定数额的财产，具有法律所虚拟、创造和认可的独立人格。

3. 公司是由符合法定人数要求的股东出资经营的股份制企业。这是公司与其他企业较为显著的区别之一。

4. 资本来源广，企业规模大，管理效率高。

（二）责任形式

公司的所有者承担公司债务的责任方式一般有三种。（1）有限责任。公司的所有者对公司债务只担负有限度的责任。分两种情况：一是所有者仅就出资额承担有限责任；二是所有者就出资额的倍数承担有限责任。这种责任不仅有一定限度，而且是所有者仅对公司负责，并不直接对公司的债权人负责。公司以法人的名义和资格以全部公司法人财产对债权人承担有限责任。（2）股份有限责任。将公司的全部资本划分为等额的股份，股东以其所认缴股份为限对公司承担责任，公司则以其全部资产对公司的债务承担责任。（3）无限责任。公司的全部所有者或部分所有者对公司的债务负无限连带清偿责任。

二 上市公司的含义

上市公司就是指所发行的股票经国务院证券监督管理机构核准在证券交易所上市交易的股份有限公司。或者说，上市公司是股份有限公司中的一个特定组成部分，它公开发行股票，达到相当规模，经依法核准其股票进入证券集中交易市场进行交易，筹集资金。根据我国1993年《公司法》第一百五十一条规定，上市公司是指所发行的股票经国务院或国务院授权的证券管理部门批准在证券交易所上市交易的股份有限公司。上市公司具有下列法律特征。

（一）上市公司是股份有限公司

根据 1993 年《公司法》第一百五十一条的规定，上市公司在性质上属于股份有限公司。因此，上市公司具有股份有限公司的全部法律特征，即股东人数的广泛性，公司股份的均等性，股份发行和转让的公开性、自由性，股东责任的有限性，公司经营的公开性。上市公司是典型的合资公司和企业法人。

（二）上市公司是符合法定上市条件的股份有限公司

所谓上市是指股份有限公司的股票被批准在证券交易所上市交易。根据 1993 年《公司法》第一百五十一条的规定，股份有限公司的股票发行后，股东就可以在依法设立的股票交易场所依法转让其所持股份，这些依法设立的股票交易场所构成了我国目前的股票交易市场，而证券交易所是其中最重要、最集中的部分。由于具有高度的组织性、规范性，证券交易所对上市的股票有较高的要求，这种要求具体表现为公司法对上市条件的严格规定，因此上市公司不是一般的股份有限公司，而是符合上市条件的股份有限公司。

（三）上市公司的股票在证券交易所上市交易

股份有限公司符合上市条件，不等于其所发行的股票必然进入证券交易所交易。根据 1993 年《公司法》第一百五十一条规定及有关证券交易的法律、法规规定，符合上市条件的股份有限公司必须依法定程序进行申请，经国务院或国务院授权证券管理部门批准后，其股票才能在证券交易所上市交易。因此只有依法经过批准，所发行的股票可以在证券交易所上市的股份有限公司才能称为上市公司。

第二节　公司报道的基本方法

一　正确判断与理解上市公司的生态环境

宏观经济形势与微观经济主体之间的正向关联肯定是存在的，二者之间不可能出现明显的背离。宏观经济所出现的变化，一是同国家采取的扩大投资和积极的财政政策密不可分的；二是在于衡量宏观经济形势的指标与衡量企业经营状况的主要指标不同，导致人们在看待经济形势与企业经营状况时，往往对二者进行不恰当的比较。一般而言，在分析宏观经济形势时，最重要的指标是GDP 增长率，其核心概念是增加值（包括工资、职工福利费等项目）。而衡量企业盈利状况的主要指标是销售毛利率、销售净利率、主营业务利润率等效益指标，其核心概念是收入与成本（包括工资、职工福利）等项目之差，即利润。衡量标准的不同使宏观经济形势与企业经营状况之间并不具有直接可比性。

由于历史的原因，中国的企业在其理念上与国外的企业有很大的不同。中国的企业不仅要考虑利润，它还负担着多重经济和社会目标，如地方政府的税收和解决就业问题等，造成企业效率低下。而目前中国的 A 股市场对企业的要求还是太低，不少上市公司把市场当成圈钱机器，没有真正转变经营机制。国外成熟市场对上市公司的要求则高得多，上市的过程就是迫使企业改制的过程。此外，上市公司经济担保遍地开花，问题百出，导致涉讼频繁，官司不断，有的甚至不得不进行股权拍卖，濒临绝境，其严重程度可以说到了令人触目惊心的地步。这一矛盾的形成，也致使许多上市公司频频亏损。在上市公司中，违规担保的出现，最终总是要严重损害投资者的利益。有的公司利用自己对上市公司的控股权和上市公司的融资能力、信誉，通过要求上市公司提供高风险的担保等办法，想方设法从上市公司榨取不正当利益，肆无忌惮地损害中小股东的权益。

由此看来，部分上市公司出现亏损的原因与当前宏观经济形势逐步向好的趋势并不矛盾。但值得注意的是，上市公司亏损家数较多，在客观上也反映了当前经济体系里仍然有许多问题没有很好地解决，经济好转的基础并不十分稳固。目前的经济回升受政策性和外部因素影响较大，市场价格仍有波动，集中反映出社会有效需求不足的矛盾还没有得到根本缓解，制约经济发展的一系列矛盾不可能一蹴而就地得到解决，经济增长的内在活力仍然不足。所以，做好上市公司报道就要把握好中国经济发展的脉搏以及国内局势的大气候。

二 如何做好上市公司报道

一篇好的上市公司报道，其价值不亚于专业咨询机构的分析报告，一旦发表就会引起公司股价波动乃至整个资本市场的关注。当然，上市公司报道不是股评，不能建议受众买进或卖出股票，而只能把公司目前的情况真实地反映出来。受众的知识面、经验、投资理念不一样，对文章的价值判断也会产生较大的差异，但好的上市公司报道起码能让一部分受众受益。那么，如何才能写出有价值的上市公司报道呢？

（一）一定的专业素养是写好上市公司报道的前提

资本市场专业性非常强，又和国内外政治、经济、文化有着千丝万缕的联系，可以说，全球的资本市场都是相通的。没有足够的资本市场的知识，不了解全球资本市场的动向，不能够洞察国内证券市场的发展方向，就不会站在资本市场的高端来写文章。

（二）出现拐点的公司最有报道价值

有价值的上市公司报道，不是在公司经营情况最好时进行的报道。受众关注这家上市公司的报道希望能够借此获得有益信息，为自己的投资决策提供一份参考，而在公司上升阶段的报道给受众的益处不大，为什么呢？因为其股价上涨已经充分反映了公司目前的经营情况。上市公司是公众公司，有严格的信息披露制度，大部分上市公司对媒体的采访是非常谨慎的，所以不要指望公司主动说出以后的经营情况和一些相关的数据。上市公司公开披露信息是了解公司的重要途径。"拐点"不是指一个时间点，而是指一个时间段，这个时间段可能是三个月，也可能是半年，甚至一两年。在这个时间段，公司的季报、半年报会出现明显的好转，产品库存周转率加快，现金流量加大，营业额大幅度上升，这些都是公司经营在好转的信号。另外，公司高管变更、行业景气度提升也是企业出现变化的前奏。

（三）善于观察上市公司的细微变化

通过对上市公司员工的收入与精神状态等方面的观察也可以发现一些有价值的新闻线索。比如一家上市公司连续几年发不出工资之后，员工工资在某一个月突然上调了，而且不拖欠工资，这表明公司的盈利能力开始增强。另外，公司的员工突然变得忙起来，甚至要经常加班，这都是公司向好的标志。从广告上也可以看出公司经营的好坏及变化。一个企业的广告突然多起来，这说明公司有扩大生产规模的想法。相反，如果一个经常做广告的企业连续几个月都看不到它的广告，这说明公司的经营可能遇到了很大困难，现金流很不充分。其实，我们在日常生活中是能够感觉到上市公司拐点出现的，何况记者经常和当地各职能部门接触联系呢？

（四）学会用说故事的方法来报道上市公司

尽管上市公司出现拐点本身也是新闻，但由于时间跨度长，事件不突出，静态的东西非常多，因此写出来往往和投资价值分析报告差不多。虽然对特定受众来说实用价值很高，但对非证券投资受众来讲就显得故事性、新闻性不强。为了解决这一问题，让上市公司报道的实用性、新闻性、可读性有机地结合在一起，记者在写作的时机上最好能有一个比较好的新闻由头，比如高管更换、资本重组、年报公布等，在内容上以点带面，以一个一个的故事为主，用故事来说明公司发生了哪些转折性变化。

第三节　公司报道应该注意的问题

一　公司报道的准确性——警惕报道中的陷阱

一般投资者了解上市公司的渠道很少，更不可能亲自到上市公司进行了解与调研，所以，公司报道的真实性、及时性和准确性在很大程度上影响着证券投资的盈亏。在证券信息披露工作逐渐走向规范的同时，也要看到目前公司报道在多方面原因的影响下，报道失实的状况还程度不一地存在。

二　避免出现报道过程中的信息传递失误

在市场经济中，越来越多的行为主体（包括法人和自然人）成为独立的经济人，信息是其进行决策、选择行动的主要依据。新闻有经济上的使用价值，新闻差错可以直接导致经济损害，有时难以挽回。

（一）某些新闻的细微差错或倾向，有时会发生难以估量的损害

某报一篇文章报道某上市公司的利润数据失误，将每股股票（面值 10 元）预计利润 2.67 元误印为 8.67 元，马上引起股市波动，两天内股价上涨了 20%，报纸及时更正后，股价又迅速跌落。一字之差，使许多投资者蒙受了经济损失。

（二）错误报道企业的不规范运作和违法运作，误导经济行为，造成损害后果

一方面，企业是独立核算、自主经营的法人；另一方面，由于种种原因，企业还存在很多不规范运作。如果报纸不加识别，你怎么干，我就怎

么报，这样就很容易出事。有些虚假信息就是通过新闻媒介得以传播的。其结果不但损害了相关企业的商誉，而且扰乱了公平竞争的市场秩序。

（三）防止新闻侵犯商业秘密的问题已经提到日程上来

商业秘密，是指不为公众知悉，能为权利人带来经济利益，具有实用性并经权利人采取保密措施的技术信息和经济信息。过去报道过的将宣纸、绍酒、陶瓷等制作工艺泄露给外国人的事件，还是从维护国家利益的角度提出的。长期以来，我们没有商业秘密的概念，这概念最早见诸《民事诉讼法》《反不正当竞争法》，商业秘密被明确规定为经营者的一项重要的合法权益。商业秘密，不仅包括化学配方、工艺流程、技术秘诀、设计图纸等技术信息，而且包括管理方法、产销策略、客户名单、货源情报等经营信息。根据法律规定，侵犯商业秘密的行为主体不仅有经营者，还包括"第三人"，新闻记者应在其中。就是说，新闻记者如果了解了某企业的科学管理方法、产销策略等商业秘密，未经企业许可，就在新闻媒介上擅自报道，就构成侵犯他人商业秘密的行为，对这种行为可处以 1 万元至 20 万元的罚款。证券市场的内幕信息是一种特殊的商业秘密。根据 1993 年《禁止证券欺诈行为暂行办法》的规定，内幕信息有 26 项之多。接触或能够获得内幕信息的人员即内幕人员，包括新闻记者、报刊编辑和电台节目主持人。泄露内幕信息的，除没收非法所得并处以 5 万元至 50 万元的罚款外，还可以依法追究其他责任。[1]

三 应当加强对上市公司进行必要的舆论监督

对上市公司进行舆论监督是资本市场建设的需要。鉴于部分上市公司弄虚作假损害投资者的利益，新闻媒体应当充分发挥舆论监督作用，维护群众利益，维护中国证券市场的长远健康发展。监督上市公司的新闻报道，让投资证券市场的受众觉得最"贴近"、服务性最强；监督上市公司的新闻媒体，在投资型受众中权威性、公信力强，触及率高。国内外新闻媒体所有成功的上市公司舆论监督报道都有一个共同特征：取材于各种公开信息，就事论事，严谨客观，决不"触雷"，绝不让监督对象找到反咬一口打官司的可乘之机。

国家立法规范上市公司运作，制约其营私舞弊的关键一招是，严格规定各种必须如期如实公开的经营信息。利用舆论监督舞弊的上市公司，一

---

① 魏永征：《新闻传播法教程》（第六版），中国人民大学出版社，2019。

要能"看穿"上市公司公开报告，揪住其自相矛盾、不能自圆其说的"小辫子"；二要善于比对，拿来公司不同时期的相关公告，横看竖看，在经营行为及业绩报表的连贯性中，察觉其作风不正派的蛛丝马迹。怎样利用定期报告和其他公开信息，监督上市公司有无舞弊嫌疑？有行家建议从五方面着眼。一看资金是否被挪用。不少上市公司"一年绩优、二年绩平、三年亏损"，主因是大股东违规挪用公司在股市募集的资金。二看关联交易是否清白。一些上市公司通过关联交易向股东或关联企业转移利润、资产，通过不公平交易（如以低于市场价格向关联方卖出或以高于市场价格向关联方买入商品和服务）损害公司利益以中饱私囊。三看对外担保是否过多、是否清楚。对外担保多，尤其是风险巨大的对外担保多，并且公告对此言辞含糊，则很可能有猫腻。四看收益和现金流是否匹配。有些公司虽然每股收益很高，但经营活动产生的每股现金流很低，甚至为负。要睁大眼睛分析是否有人操纵利润。五看利润是否忽高忽低。这也有操纵嫌疑。以上建议可当作入门课的内容。记者知识积累越厚，"看点"自然越多。[①]

四 建立信息通路，做好跨国公司报道

随着中国日益融入全球经济，跨国公司在华的经营活动也逐渐成为中国经济生活中的一项重要内容，媒体也将其作为报道的一个重点领域而加以关注。尽管跨国公司报道已经占据西方商业媒体的重要位置，但是对于中国媒体来说，还处于探索阶段。希望媒体给予足够的关注，做好对跨国公司的报道。

（一）了解信息通路的特点与规律，采取有针对性的策略

首先需要深入研究跨国公司的经营管理，尤其是其信息通路的特点与规律，采取针对性策略。随着在华经营的深入，中国市场在全球市场的重要性提高，这时，跨国公司在其不断扩充和完善的公司职能机构中，以建立市场部或公关部为主要标志，在华媒介信息通路基本建立起来。此后，公司新闻信息发布开始有了正式渠道和相应制度。其信息通路有几个特点和规律。

（1）归口管理。跨国公司对媒体很重视，认为媒体信息通路畅通与否对公司新闻传播效果的好坏有着至关重要的影响，而且制度是媒介信息通路的基本保障。几乎所有跨国公司都设立专人负责公司的新闻发布和媒体采访，

---

① 霍鹏远：《上市公司的舆论监督刍议》，《新闻记者》2005 年第 10 期，第 18～19 页。

包括高层管理者接受记者采访在内，严格的制度一方面改变了过去媒体采访有可能找不到最便捷联系方式的情况，另一方面也制约了媒体采访的自由度。

（2）信息提供及时、丰富。在中国的信息发布可以看作是跨国公司全球信息发布系统的延伸，因此，基本可以做到中国媒体与全球媒体同步得到公司信息，而媒体专员手里又汇集了来自全球的公司信息，这对于媒体迅速、全面了解一个企业可以提供更大的帮助。一般来说，在公司提供给媒体的信息中，都会提供一些相关的背景介绍资料。

（3）公关公司扮演信息传递者的角色。公关公司从根本上讲受雇于跨国公司，很长一段时间在中国新闻界流行着"公关牵着新闻走"的说法，便暴露出中国媒体在跨国公司报道初期的稚嫩。用公关还是不用公关，以及哪些事情由公关公司做，哪些事情自己做，不同的跨国公司有不同的选择。但总体来说，公关公司的出现，使跨国公司与媒体的日常沟通更密切了，它们往往会在不同媒体中为客户选择固定的记者作为联系人，在对来自跨国公司的信息进行新闻性提炼、寻找报道角度方面做工作，甚至包括撰写新闻稿。但是从媒体的立场来说，总是希望客观中立地看待企业与机构的信息，而不是对新闻稿简单地进行发布。如今，很多跨国公司也开始选择委托专业信息发布机构，定期通过电子邮件向媒体发送信息。

（4）对发布信息内容的选择性。跨国公司在建立与媒体进行信息沟通制度的同时，根据公司需要对所发布的信息进行选择也是一个原则。在跨国公司主动发布的信息中，有助于建立良好的公司形象是核心原则，一般来说，重要的业务进展如新产品的推出、建立新的合作等，高层人事变动，公司获取奖励等信息较多。在涉及一些争议问题时，公司官方渠道一般会给出比较简单扼要的声明。此外，跨国公司也会在公司高层来华时，就公司有关的战略、市场、技术、产品甚至政策环境组织媒体专访，或者组织文章，系统介绍公司。可见，跨国公司从自身立场建立起来的媒体信息通路带有很明显的自我服务的特色，媒体的报道如果缺乏主动性和策略性，苍白之感是难以避免的。

（二）建立多种信息源，打破信息不对称

打破跨国公司报道中的信息不对称，最根本的策略在于打破媒体对跨国公司信息通路的单纯依赖，建立多种信息源，同时增加有关跨国公司经营管理活动的专业知识，走内外功兼修的道路。

（1）建立"线人"网络和专家团。一些媒体在报道跨国公司时，除了传统的公司新闻发言人外，常常出现两类采访对象：一是业内或者内部人士，二是机构研究人员。从"线人"网络和专家团那里获得信息，是媒体打破信息不对称困局的重要手段，这在近几年出现的一些市场化的商业媒体中运用较多。由于跨国公司报道主要还是对其经营管理活动的报道，记者在从事跨国公司报道时，要注意与管理界、法律界、金融界和经济研究部门人士交朋友，有意识地与跨国公司所在的行业中的专业人士交流、沟通，从交流中可以了解市场信息并汲取"营养"。在构建"线人"网络、采用"线人"提供的信息时，还必须注意两个问题：首先，不要强人所难，不要让他们泄密；其次，部分"线人"出于自身利益的考虑，会提供不实或片面的信息，记者如果采信这些信息就会降低工作效率和犯错误。

（2）从公共信息中收集跨国公司信息。在中国，媒体及公众获得上市公司信息的途径之一，就是上市公司按照中国证券法和公司法要求在指定媒体上披露的公告。跨国公司非中国上市公司，对其重大经营活动，虽然没有在中国进行信息披露的制度，但一些公共信息中涉及跨国公司的仍然可以作为媒体的报道线索。例如，国家有关的经济管理部门、地方政府在发布的统计信息中已经将跨国公司纳入其中；商务部公布的如外商投资企业500强，地方发布的外商投资信息等；质检部门对跨国公司产品实行检验的结果等。此外，行业协会、研究机构等方面的报告也值得关注，例如，中国连锁经营协会公布的对连锁企业的调查报告中就专门对外资零售企业在华经营状况进行了细致分析。对网络信息的利用也是一个方面，记者可以到互联网论坛上寻找线索，为采访跨国公司做一些初步的鉴别和素材收集工作。

（3）扩大关注面。中国媒体报道跨国公司，初期主要的关注点在企业本身和企业高层上，关注点也多为战略、市场等层面的问题。随着跨国公司与中国经济联系更加紧密，在跨国公司周围会出现一个中国企业群体，它们与跨国公司的商业合作关系其实更是中国公众关注的新闻点。近期有些热点事件的报道都是从中方企业首先获得线索而展开的，在打破信息不对称上取得了很好的突破。

（4）加快培养专业记者。跨国公司的经营活动具有全球性，其经营管理水平居于世界领先地位，客观上导致要掌握跨国公司的市场营销、产品、技术、品牌、行业等相关知识需要很多的积累，需要记者的勤奋，尤其是深入发掘报道各类信息背后的原因和逻辑时，需要记者掌握的相关信息更多。笔者认为，记者在借助调研报告和行业资料的同时，还要多从同行业、企业的角度获得参照信息，并力求从国外权威媒体上获得关于该跨国公司的信息资源支持。

但是在对跨国公司的报道中还有两个值得提醒或者说应该引起业界关注的问题。一是新闻媒体要强调并坚持对所报道的内容进行核实，尤其是要对跨国公司本身进行核实，以免给跨国公司的正当权益造成损害。二是新闻媒体受经济利益的驱使，在涉及跨国公司的报道，尤其是一些重要问题的报道时，在报道原则和尺度上要有保留意识。随着跨国公司日益成为中国媒体尤其是市场化媒体重要甚至主要的广告客户群，跨国公司与媒体新闻报道之间多了一层经济利益上的微妙关系。受惠于这种"合作关系"的媒体在挖掘跨国公司的新闻真相时，如何选择值得注意。

第四节　财经基础知识：公司尤其是上市公司的基本术语

财务总监（CFO）。CFO（Chief Financial Officer）意指公司首席财政官或财务总监，是现代公司中最重要、最有价值的顶尖管理职位之一，是掌握着企业的神经系统（财务信息）和血液系统（现金资源）的灵魂人物。在一个大型公司运作中，CFO是一个穿插在金融市场操作和公司内部财务管理之间的角色。担当CFO的人才大多是拥有多年在金融市场驰骋经验的人。

上市公司财经路演，又称投资者关系活动，是以构建投资者关系为契机，以专业化的研究分析为先导，以现场推介及网上路演为平台，以媒体宣传为助推器，以财经路演工具为引导，通过开展一系列设计、展示、推荐、解释和沟通等推广活动，帮助上市公司或拟上市公司塑造和维护其市场形象，加深投资者、分析师、媒体传播界及公众对上市公司投资价值的了解和认识，确立其在资本市场的价值定位，增强投资者购买和长期持有公司股票的信心，避免上市公司的价值被低估，避免其被遗忘或廉价控制乃至被恶意吞并的厄运，使上市公司的股票价格和其真实价值相匹配，从而顺利实现其在证券市场上的融资计划，并走上持续稳定的发展道路。

"壳"公司。与一般企业相比，上市公司最大的优势是能在证券市场上大规模筹集资金，以此促进公司规模的快速增长。因此，上市公司的上市资格已成为一种"稀有资源"，所谓"壳"就是指上市公司的上市资格。由于有些上市公司机制转换不彻底，不善于经营管理，其业绩表现不尽如人意，丧失了在证券市场上进一步筹集资金的能力。要充分利用上市公司的这个"壳"资源，就必须对其进行资产重组。买壳上市和借壳上市就是更充分地利用上市资源的两种资产重组形式。

买壳上市。这是指一些非上市公司通过收购一些业绩较差、筹资能力弱化的上市公司，剥离被购公司资产，注入自己的资产，从而实现间接上市的目的。国内证券市场上已发生过多起买壳上市的事件。

借壳上市。这是指上市公司的母公司（集团公司）通过将主要资产注入上市的子公司中，来实现母公司的上市。

买壳上市和借壳上市的共同之处在于它们都是一种对上市公司的"壳"资源进行重新配置的活动，都是为了实现间接上市。它们的不同点在于，买壳上市的企业首先需要获得对一家上市公司的控制权，而借壳上市的企业已经拥有了对上市公司的控制权。从具体操作的角度看，当非上市公司准备进行买壳或借壳上市时，首先碰到的问题便是如何挑选理想的"壳"公司。一般来说，"壳"公司具有这样一些特征，即所处行业大多为夕阳行业，其主营业务增长缓慢，盈利水平较低甚至亏损；此外，公司的股权结构较为单一，利于对其进行收购控股。

上市公司年报，是上市公司年度报告的简称，即上市公司一年一度对其报告期内的生产经营概况、财务状况等信息进行披露的报告，是上市公司信息披露制度的核心。除金融业等特殊行业的上市公司在年报披露时要按有别于其他上市公司的专门财务披露外，一般而言，上市公司年报披露应包含的基本内容相同，其基本格式也有统一的规定。上市公司年报及其摘要的编制必须以证券市场监管当局制定的有关规范为依据。年报披露的内容是投资者完整了解公司时所必要的、有用的信息。投资者对年报披露的信息进行认真阅读和分析，可以捕捉年报所包含的重大线索与信息，发掘年报信息中所隐含的投资机会。

第十三章 产经报道

第一节 产业与产经的基本知识

一 产业的含义

产业是一个相当模糊的概念。在英文中，"产业""工业""行业"等都可以称为"industry"，比汉语中的概念更加模糊。所以，对于不同目的的研究，必须给"产业"以特定的定义。一般认为，"产业"指的是生产具有一定替代关系的同一类商品的生产者的集合，"产业"与"市场"是同义语。因为只有为同一市场生产同类产品的企业才能构成同一个产业，而同一产业内的各个企业都是在同一市场上相互博弈、展开竞争并追求其最大化利润目标的。当然，这里的市场指的是狭义的局部市场，而不是广义的一般市场。

人们的认识水平总是随着社会生活的发展而不断发展的，对于产业的认识也经历了一个过程。"产业"一词最早由重农学派提出，特指农业。在人类迈入资本主义大生产时代后，产业主要是指工业，在英文中，产业与工业的表达方式都是 industry。马克思主义政治经济学曾将产业表述为从事物质性产品生产的行业，并被人们长期普遍接受为唯一的定义。20 世纪50 年代以后，随着服务业和各种非生产性产业的迅速发展，产业的内涵发生了变化，不再专指物质产品生产部门，而是指生产同类产品（或服务）及其可替代品（或服务）的企业群在同一市场上的相互关系的集合。

产业有广义和狭义之分。从广义上看，产业指国民经济的各行各业。从生产到流通、服务以至于文化、教育，大到部门，小到行业，都可以称为产业。从狭义上看，由于工业在产业发展中占有特殊位置，经济发展和工业化过程密切相关，产业有时指工业部门。产业经济学中研究的产业是广义的产业，泛指国民经济的各行各业。产业的概念是介于微观经济细胞（企业和家庭消费者）与宏观经济单位（国民经济）之间的若干"集合"。现代经济社会中，存在大大小小的、居于不同层次的经济单位，企业和家庭是最基本的，也是最小的经济单位。整个国民经济又称为最大的经济单位；介于二者之间的经济单位是大小不同、数目繁多的，因具有某种同一属性而组合到一起的企业集合，又可看成是国民经济按某一标准划分的部分，这就是产业。

为适应产业经济学的各个领域在进行产业分析时的不同目的的需要，可将产业划分成若干层次，这就是"产业集合"的阶段性。具体地说，产业在产业经济学中有三个层次。第一层次是以同一商品市场为单位划分的产业，即产业组织，现实中的企业关系结构在不同产业中是不相同的。产业内的企业关系结构对该产业的经济效益有极其重要的影响，要实现某一产业的最佳经济效益须使该产业符合两个条件：首先，该产业内的企业关系结构的性质使该产业内的企业有足够的改善经营、提高技术、降低成本的压力；其次，充分利用"规模经济"使该企业的单位成本降到最低。第二层次是以技术和工艺的相似性为根据划分的产业，即产业联系。一个国家在一定时期内所进行的社会再生产过程中，各个产业部门通过一定的经济技术关系发生着投入和产出即中间产品的运动，它真实地反映了社会再生产过程中的比例关系及变化规律。第三层次是大致以经济活动的阶段为根据，将国民经济划分为若干部分所形成的产业，即产业结构。

二 产业经济的含义

产业经济，简称"产经"。产业经济是一门应用性质的学科，产业这个概念是为满足产业分析的需要而产生的。产业经济学是从微观经济学中分化发展出来的一门相对独立的经济学科，微观经济学是产业经济学的理论基础。两相比较，微观经济学相对侧重基本经济理论，而产业经济学则侧重实际应用。

产业经济学到底是研究什么的呢？在西方，产业经济学又称产业组织学或产业组织理论（Industrial Organization），是战后迅速发展起来的应用性经济学科。其主要代表人物之一的美国著名经济学家斯蒂格勒

（G. Stigler）于 1982 年荣获诺贝尔经济学奖。起初，它只是从供给角度研究经济究竟是如何运行的，并不被认为是一门独立的经济学科；70 年代后才逐渐完善，当今已成为国际公认的相对独立的应用型经济学科。关于产业经济学的研究范围，一般认为，这门学科是以市场（或产业）这一层次为研究对象，从同一市场中各厂商的关系这一角度来分析厂商行为及其后果的。因此，产业经济学是以"市场与企业"为研究对象的，是从市场角度研究企业行为，或者说从企业角度研究市场结构的。

产业经济学虽然是一门实用性很强的经济学科，但在近年来的发展过程中，它又有了自己的理论和方法，成为一门相当理论化的学科。在西方，产业经济学的发展不仅使自己的理论体系日臻完善，而且影响了其他经济学科的产生和发展。例如，规制经济学（Regulation Economics）就是在产业经济学的基础上发展起来的；一些应用性的微观经济学科，如劳动经济学、国际贸易学、发展经济学等都从产业经济学的发展中受益不少。与产业经济学联系较多的工商管理学科还有公司治理结构、市场营销学、企业战略、国际企业管理以及公司理财学等。近年来，产业经济学的发展甚至对宏观经济学的研究也产生了一定程度的影响。

三　产业经济的研究领域

产业经济与产业经济学的研究领域大体上是一致的。依照国内产业经济学的研究传统，产业经济学的研究领域主要涵盖以下四个方面。

产业结构。产业结构是指产业间的相互联系与联系方式。产业结构研究主要从经济发展的角度研究产业间的资源占有关系，即产业结构的演化规律，从而为经济发展和产业发展的政策制定提供理论依据。产业结构研究一般不涉及过于细致的产业分类及产业之间的中间产品交换、消费、占有问题，所以它是产业经济学的"宏观"部分。产业结构研究除了讨论各国产业结构演化的一般规律外，还要涉及产业结构规划和产业结构调整等应用性的研究。

产业关联。产业关联又称产业联系理论，它较产业结构理论更广泛、细致、精确、量化地研究产业之间的质的联系和量的关系。产业关联领域的主要理论方法是投入产出经济学，它运用投入产出表和投入产出数学模型，把一个国家在一定时期内所进行的社会再生产过程中各个产业部门间通过一定的经济技术关系所发生的投入产出关系加以量化，以此分析该国在这一时期内社会再生产过程中的各种比例关系及其特性。它的特点之一是能很好地反映各产业的中间投入和中间需求，这是产业关联理论区别于产业结构和产业组织的一个重要特征，也是产业经济学区别于宏观经济学和微观经济学的一个重要方面。而且，从技术上看，应用产业关联理论可以细致地研究国民经济中的所有产业，只要这种产业是以生产技术和工艺的相似性为依据划分的。在产业经济学中，它是一个介于产业结构和产业组织之间的"中观"领域。

产业组织。产业组织理论主要研究产业内企业之间的关系，特别是企业之间的交易关系、资源占有关系、利益关系和行为关系。在现实经济生活中，产业内企业之间的这些关系是多种多样的，这些关系的变化与发展不仅影响企业的生存与发展，还要影响产业本身的生存和发展，而且将影响到该产业对国民经济发展的贡献。产业组织研究的目的就在于通过对经济运行过程中产业组织状况的分析研究，得出对特定市场效果和竞争秩序状态的判断，从而为政府维持基本的市场秩序和经济效率提供实证依据和理论指导。产业组织的研究领域是产业内企业之间的关系。所以，在产业经济学体系中，产业组织属于"微观"领域。

产业政策。产业政策是国家政府为了实现某种经济和社会目的，以全产业为对象，通过对全产业的保护、扶植、调整和完善，积极或消极参与某个产业或企业的生产、交易活动，以及直接或间接干预商品、服务、金融等市场形成和市场机制的政策的总称。产业政策是对国民经济的整体和整体活动进行结构性的科学规划和安排，解决经济建设的总体布局问题，从而求得国民经济可持续发展的经济政策。产业政策是产业经济理论的落脚点，是产业结构理论和产业组织理论的政策体现。通常，产业政策包括产业结构政策、产业组织政策、产业技术政策和产业布局政策等方面的内容。

第二节 产经报道的界定与分类

一 产经报道的界定

产经报道是指以现代产业经济为报道领域，以与百姓生活息息相关的汽车、房产、IT 等国民经济支柱产业为报道重点，对于发生在这些产业经济领域里的新近出现的事实所做的报道。它着眼于为企业服务，重点报道现代产业经济领域的人和事，为受众提供行业热点和最新资讯，介绍与剖析企业的成功经验与做法。为广大企业和经济界人士及时提供重要经济信息以及前沿动态，汇集热点事件、焦点问题、经济现象、宏观政策、风云人物等，使其成为企事业单位了解经济动态、把握经济发展趋势、沟通信息的重要窗口，从而成为各界进行科学决策的重要媒介参考。要突出前瞻性、启发性、借鉴性、实用性和可操作性。产经报道的功能体现在四个方面，即传递经济信息，提供决策依据；传播经济知识，剖析经济现象；解读经济政策，推进制度创新；守望经济环境，监督经济行为。

二　产经报道的分类

产业发展是一个国家或地区产业演进的动态过程。产业的演进是同社会分工的产生与发展相联系的。不同时期的产业的发展重点与对象是不同的。反映社会经济发展变化的新闻媒体，就应当及时反映不同历史时期的经济发展变化。因此，在一个国家的不同经济发展阶段，财经报道所反映或报道的经济对象也是完全不同的。随着财经报道越来越细分化，产经报道的地位也日渐突出。目前，一些财经媒体都开辟有产经报道的版面。自然，产经报道的领域也是不断变化，各个时期或阶段，其报道的对象与分类也是有所差异的。目前，在我国，产经报道大致应当包括工业报道、农业报道、房地产业报道、IT产业报道、汽车产业报道、旅游业报道等。"专业化"被越来越多的媒体所看重。这集中体现在三方面：一是财经报道的领域被细分，主要细分为政经类、财经类、产经类、社经类等类型，不同类型的财经媒体如综合类报纸的经济版、财经类报纸的板块都在围绕这些类型的报道大做文章；二是财经报道的内容更专业，要求记者深入经济细胞，挖掘经济现象背后的内核，甚至在这点上一比高低；三是财经报道的人才更专业，许多媒体的财经记者都有经济学科专业的背景，而且学历越来越高。

三　产经报道的主要类型

（一）工业报道

工业报道必须改变站在企业角度报道企业的习惯，应该把企业及职工的新闻放到整个社会，以新闻价值中的贴近性原则为指导，发掘工业新闻与受众的结合点，并以此为新的报道角度和视点，报道工业新闻。今天的工业报道向两端扩展，一方面为经济活动的参与者提供经济环境描述、经济活动分析和经济信息，另一方面为还不十分懂经济的老百姓提供入门向导。企业是市场经济中最活跃的细胞，是创造社会财富和核心推动力的首要担当者，所以企业活动的从事者、企业的经营者、企业的管理者以及关注社会经济发展的人们，会要求财经报道更加体现经济本身的色彩，更加触及经济活动本身，就像财务状况更能说明一个企业的经营业绩和运转情况一样。

1. 工业报道的着眼点

工业报道的着眼点可以从以下三个角度来考虑。

其一，从企业经营发展角度去提供政策分析。所谓政策分析，就是通过对政策与规则的分析和解释，帮助企业把握运行规则与经营环境，从而更健康地发展。从企业发展的角度说，每一个政策的颁布，每一个规则的修订，都孕育着巨大的商机，关键是能否从相应的角度进行分析。

其二，从促进经济发展角度报道企业发展面临的问题。因为，几乎每个人都会关心竞争故事、实战秘诀，都会关心如何处理关键问题，更何况，其中一定会有一些很有意思的人与事。媒体在讲企业的发展故事时，往往会比较习惯地把自己放在第三者的位置上，以取得一个有利的观察位置。但久而久之，职业习惯反而使得记者们的观察演变成模式化的关注，可能体现出的关注既不是在关注企业的发展，也不是在关注受众的需求。

其三，从经济运行中人的需要出发关注企业发展。关注企业发展是为了关心人的需要，这包括受众的需要，更包括经济运行中企业内外人们的需要。还要关注企业中个人的发展、个人的生存环境、个人的感受与群体的心理。如此多的人工作、生活在一个经济体中，这个经济体的兴衰一定会影响这些人，不仅影响这些人的经济利益，更影响发展机会；不仅影响他们的精力、智慧、心愿的实现，更影响他们的生存环境和心理感受。把这些东西报道出来，企业的兴衰才能让人们深切地体会、感受到，才更能让人们真正关注企业的生存环境和发展，才更能让人们认识到为什么要在更大范围推动变革。

2. 工业报道的新特点

在市场经济的新形势下，国企改革的报道呈现新的特点。

第一，政策信息需求增大，导向性增强。国企改革需格外慎重，因受政策影响加大，媒体发布的政策性信息成为企业的迫切需要。这类报道对指导国企改革起到了不小的作用。

第二，典型多自上而下。现阶段国企改革的每一步多为全局性问题，自由空间小，改革典型多由上面发现，经研究给予肯定后，再组织媒体去报道。这种典型比起以前的典型更经得起时间的考验，更为扎实，更易于推广。

第三，舆论监督作用更强。深层次的改革中出现的问题往往是严重的，因此批评报道就格外引人注目，打击力度也增大，最典型的如中央电视台的《焦点访谈》栏目，几乎每一期报道都引起上下一致的轰动，有的报道能引起当事方领导班子的彻底变动。

（二）农业报道

农业是国民经济的基础，农业与社会大众的生活息息相关，农业报道已经成为财经报道中越来越重要的"拳头产品"。但是，农业报道中，依然存在许多问题，有待完善。

1. 树立新的农业报道观念

农业报道必须转变观念，更新理念，适应新形势，树立新的报道观。

第一，农业报道要从"简单劳动"向"复杂劳动"转变。如果把提供农业信息的报道称作是农业报道中的"简单劳动"，那么我们可以发现，农业报道中的简单劳动越来越贬值的趋势非常明显。最主要的原因是农业和农村经济发展的大环境变了，对农业报道的需求也发生了根本性变化。与简单地提供信息相比，不断强化市场意识，则是农业报道更应当担负的重任。而强化市场意识、传播市场理念，需要认真分析当前制约我国的农业和农村经济发展的深层次矛盾，需要借鉴发达国家现代农业的经验，需要以敏锐的嗅觉发现和挖掘我国农业领域的新亮点……所有这些都需要在农业报道方面提升层次，做好转化、加工工作，即农业报道要从以体力型为主的"简单劳动"向以智力型为主的"复杂劳动"转变。

第二，从"农情"和发展趋势中定位农业报道。我国的"农情"是以人多地少为基本特征的。我国农业的自然禀赋和人力资源条件都不十分优越，我国的农业进步是一个长期缓慢的过程。这就要求我们的农业报道，不但关注农业生产的内容，还应当关注劳动力素质的提高、土地资源的节约利用等可持续发展领域。今后一个时期我国的农业和农村经济发展有两大趋势。一是农业发展的市场化趋势。农业市场化，既是社会主义市场经济体制建设在农业领域的必然延伸和扩展，也是农业发展必需的转变。二是传统农业向现代农业转变的趋势。现代农业与传统农业最大的区别是，现代农业从组织形式、生产方式、融资渠道、经营管理等诸多方面更企业化了。从这一点上看，伴随着我国农业现代化的必然是工业化和城市化。农业报道把握这一趋势就需要不断研究发达国家农业现代化历程，研究我国农业发展如何融入工业化、城市化进程。

第三，在"质变"的关键点上做文章。由传统农业向现代农业转变，是一个从量变到质变的过程。从事农业报道的新闻工作者不妨将以下质变关键点作为农业报道的重点。一是农业生产方式的组织方式创新。农业报道要发人深思，给人以启迪，必须登高望远，关注宏观的、重大的、深层次的和全局性的问题。二是农业专业化服务组织的发展。有关专家有这样的说法，欧美等农业发达国家，每1个农民身边有8个左右为其提供专业化服务的人员。农业专业化服务组织对发达国家农业发展发挥着不可替代的作用。三是农村土地制度的创新。综观上下五千年的中国经济史，土地情结深重。它既是中国社会动荡之源，又是中国社会进步之力。当前，我国农业和农村经济发展同样面临着两难的土地制度抉择：一方面，出于稳定农民、稳定农村的考虑，需要农村土地政策保持连续性；另一方面，固化的土地经营承包权明显抑制了土地的资本属性，不利于规模经营，不利于农业效率的提高。"矛盾之中孕育新闻"，农业报道应当密切关注农村土地制度的创新。四是农村人口城市化的问题。农村人口城市化既是我国农业和农村经济发展的趋势和目标，又是相得益彰的发展战略。农业报道要在推进农村人口城市化和工业化上下功夫，努力打破制约农村人口城市化进程的观念障碍和制度藩篱。此外，对农业和农村基础设施建设、能源建设、农民教育、农村全面小康等可持续发展的问题，也应当给予关注。

2. 搞好农业报道的基本方法

（1）研究农业规律，熟悉农业政策。熟悉我国农村的历史变迁和国际农业发展的历史、现状和趋势。只有善于把农村、农业、农民问题放在国民经济的全局来看，放在改革开放的大背景下看，放在全球经济一体化的大环境中来看，才能把握农业报道的大局，不断揭示矛盾的实质，发现解决问题的途径，采写出比较经得起时间检验的农业报道。

（2）明确农村经济报道的主调。新闻报道的基调，是建立在对农村经济形势正确分析的基础上的。因此，农村经济报道应以这 6 个字为主调：稳定、改革、发展。稳定，是积极稳定，即牢牢把握改革大方向，稳步前进，而不是绝对静止、原地不动；改革，现在没有什么人不讲改革，问题是朝什么方向改、怎么改。我们不能以为凡"改"都是改革，凡"新"都是新生事物；发展，新闻媒介的目光自然要紧紧盯住种种生产力的新生长点。此外，像小城镇建设、农业综合开发、扶贫、生态环境保护等，也都应成为经常的报道内容。无论哪方面的报道，都应当是立体而不是平面的。既要反映新成绩、新经验，也要报道新情况、新问题乃至改革、发展中遇到的新矛盾、新摩擦。要引导人们全面认识事物，实事求是地寻求解决问题的途径。

（3）更新观念，变换角度。新闻媒介，担负着引导人们认识事物、思索问题的任务。要帮助别人换脑筋，得自己先换脑筋，不能以其昏昏，使人昭昭。新闻，无论就总体而言还是就个体而言，都要给人以新的东西，不仅要及时反映原有事物的新发展，而且要随时报道源源不断涌现的新事物，还要不断开辟新的报道领域。换换角度观察问题，反映人们不常注意的"冷背面"，往往也能给人以特殊的新鲜感。不一定非要写"轰动"性的大事件，只要肯下功夫，就能够写出有一定轰动效应的文章来。

（4）拉着农民的手，跟着市场走。农村经济进入了崭新的发展阶段，农民的物质和精神生活出现了新气象。选材要站在农民的角度上，分析哪些是农民真正需要的、哪些又是他们不需要的；多层次、多角度地向农民提供思路和信息，应该根据农民的需求和愿望，充分开发农村观众所关心的信息；为农民排忧解难，真心实意地为农民办实事，维护农民的利益，成为农民朋友首选的"代理人"，帮助他们解决困难，维护他们的合法利益；帮助农民转变观念，面向市场，把着力点放在餐桌需求与农民的关系上。

（三）汽车报道

当前，我国汽车工业获得长足进展，国内汽车消费不断升温，与汽车相关的信息日益受到公众关注，各类媒体的汽车报道应运而生，并不断创新形式、丰富内容，为运动汽车工业健康发展创造了良好的舆论环境。就汽车报道与汽车发展的关系而言，汽车报道领域的成长，离不开中国汽车工业的发展和消费市场的繁荣；同样，汽车业要获得健康持续稳定的发展，汽车消费市场要营造并保持良好的秩序和环境，也离不开媒体特别是主流媒体的客观报道、理性分析和舆论导向。这是许多开展汽车报道的媒体的基本理念。今天的汽车报道，应当由过去单纯对企业行为进行报道转变成现在对行业重大问题进行报道；由过去一般性的浅度报道转变成现在分析性的深度报道；由过去单纯从技术角度报道转变成用经济、文化等眼光进行报道，增加报道的人文性；由零碎报道转变为有组织的策划报道为主等。这是做好汽车报道的基本着眼点。那么，如何做好汽车报道？

汽车领域如今已经成为各媒体的报道重点之一，但不可忽视的是，在丰富多彩的汽车报道舞台上，目前还存在一些比较突出的问题。比如报道上不够客观公正、舆论导向有失偏颇、个别媒体执业人员在采访作风上捕风捉影、少数报道内容流于庸俗化等问题。这些现象的存在，既让汽车报道的受众感到迷惑，也让汽车界的人士为之困扰，同样的，也让媒体自身感到忧虑。要解决上述问题，提高汽车报道的权威性、指导性和可读性，可以从以下三个方面加深认识、加强努力。

一是汽车报道应客观地、历史地、辩证地谈问题。汽车报道是新闻工作的一方面，新闻报道的基本原则，即客观、真实、公正，在汽车报道中同样必须认真遵守，汽车报道出现一些不和谐的声音，恰恰是因为没有遵守或者违背了这一基本原则。比如说舆论倾向有所偏颇。我国汽车合资企业发展了30多年，一直没有出现自主品牌，其中有诸多复杂的因素。而少数汽车报道将此上升到一种有欠理性的高度，简单地归结出"市场换技术"是不成功的结论，这种与国内汽车业实际不相符合的报道和评析，令一些企业骑虎难下，也可能造成合资方的一些误解。而对于有的企业费尽心血开发生产的自主汽车品牌，一些报道不加分析判断地予以否定，或者不屑一顾，同样也是与实际不符，也有可能给车企开发自主汽车品牌的进程带来负面影响。发生在汽车报道领域的这两种情况，看似两个极端，本质却是一样的，就是主观判断的多、客观分析的少，看眼前的多、讲历史的少，冷嘲热讽的多、善意批评的少，缺乏辩证统一看问题的角度和深度。

此外，在采访作风上，同样要遵循新闻工作者的普遍要求，即深入实际，调查研究，不搞虚假报道。但实际上，捕风捉影、道听途说式的报道，在汽车报道中并不鲜见。有的时候，为了在媒体竞争中出头露面，个别媒体或从业人员将新闻真实性原则置于脑后，听到风就是雨，起了不好的作用。比如在收购国外品牌时，许多消息各执一词，盲目猜测，让受众真假难辨。

二是汽车报道必须把握其特殊性，汽车报道的特殊性主要体现在两个方面。一方面是汽车报道在媒体经济报道中的特殊地位。在经济领域中，汽车业只是工业的一个支柱，在媒体报道中，汽车报道也只是一个方面，由于汽车业在最近一些年的高速发展，加上汽车与人民群众的生活密切相关，汽车报道的版面要大于其他产业，就像足球报道在体育报道中一样。在网络媒体中出现了大量汽车专栏、汽车频道、汽车节目。经济报道中能够享受这样的待遇，大概也只有房地产、股市和电信业了，其他产业报道规模上无法与此相比。另一方面是汽车报道在媒体经营中的特殊地位，精美气派的汽车广告可能是媒体老板最喜闻乐见的广告，而汽车报道与汽车广告之间的关系也比任何产业与广告的关系来得紧，因此在汽车消费者不断增加、汽车广告投放不断增加的背景下，如何处理好汽车报道，也是媒体遇到的新问题。

在这方面也有不和谐的声音，比如有些媒体只是个别汽车厂商的代言人；比如某品牌车出现了问题，媒体对此发出的声音差别很大，有的指责该品牌车质量差，号召消费者不要买，有的为该品牌车开脱，认为任何品牌车都会出问题。不管谁是谁非，都是广告在起作用。

我们感到，解决这些问题的关键是加强媒体的社会责任意识和从业人员的职业精神和职业道德以及媒体的队伍管理，媒体的这种社会责任意识的出发点和落脚点应当是通过汽车报道营造我国汽车业发展的良好舆论环境，维护广大消费者的合法权益。如果媒体从业人员将自身的利益放在国家利益和人民群众的根本利益之上，那就是歪曲了开展报道的本意。在某些诱惑下，失去了社会责任感或者抛弃了独立客观化原则的媒体，可能会获得一时之利，但最终失去的将是汽车厂商和消费者的信任和支持。

三是汽车报道要有提高质量的意识，努力奉献优秀作品。随着汽车进入家庭，它已经影响着人们的生活理念和生活方式，在这种情况下，汽车报道出现生活化、娱乐化的内容，应当说满足了社会需求，是正常的，也是必要的。但是作为媒体来讲，应当警惕汽车报道中出现的某些庸俗现象。比如不少汽车报道过度刊发汽车模特的照片，以此吸引眼球；再有个别媒体报道对两个品牌车相撞后的惨烈景象加以渲染，来比较谁的车的性能好，而不顾车祸当事人和家属的切身感受。

还有少数的报道过分热衷于娱乐消息，比如说这个歌星今天开了什么车、明天换了什么车等。如果此类报道大量充斥我们的栏目，汽车报道的质量将何以维持和提高？我们认为汽车报道在给受众带来信息和服务的同时，还应该善于分析汽车发展的大势，服务于汽车发展的大局，服务于广大汽车企业，服务于广大的汽车消费者；要通过媒体工作者的努力观察和思考分析，写出带有思辨性、启示性的文章，不能只有微观而不顾宏观，不能只看中发行量、收视率而不顾媒体的社会责任。总体来说，我国的汽车产业与世界一流水平虽然还有很大的差距，但正在蓬勃发展，前景美好，这给我们汽车报道提供了广阔的发展空间和大量的可报道的内容。许多汽车媒体为产业的发展做了大量客观有益的报道，这是汽车报道的主流。上面讲到的问题在现实中只是少数情况，而且引起了许多媒体的高度重视，相关各方正在不断地加强自身的学习教育，加强队伍建设，加快改进提高。①

（四）房地产报道

房地产是关系国计民生的重要行业，牵涉到政府、房地产企业和购房者方方面面的利益关系。住房对于当今中国人来说，不只是单一的消费行为，还存在一定数量的投资甚至投机行为。房地产领域出现的问题，原因不只存在于房地产环节，还存在于金融、股市、财税政策、城市化进程、财富分配等诸多方面。它既是经济问题，同时又是社会问题、政治问题。房地产行业矛盾的特殊性，决定了房地产报道不同于其他报道，媒体需要树立大局意识和全局观念，把握好经济利益和社会责任的关系，努力推动房地产市场和经济社会多方面的协调发展。

1. 正确把握房地产报道的舆论导向

房价高、房地产热，是当前我国从上到下各阶层共同关注的问题。如何理性地看待房地产行业出现的问题，正确搞好房地产报道的舆论导向？房地产目前出现的问题，从本质上讲，是前进中遇到的问题，是改革和发展过程中出现的不平衡、不协调的矛盾造成的。从长远眼光看，不仅可以被解决，而且政府已经在着手解决。解决的途径就是处理好发展与公平的关系，平衡各方的矛盾关系，立足进一步完善和深化改革，最终实现包括房地产在内的各产业的全面发展。

2. 正视房地产报道中存在的问题

我们在肯定媒体对经济发展的促进作用的同时，也发现了其中存在的

---

① 刘士安：《增强社会责任感　搞好汽车报道》，《中国记者》2006年第5期，第65页。

问题，如报道倾向娱乐化、解读政策片面化、信息来源匿名化、数据分析主观化等。因此，有关媒体房地产新闻报道的社会责任问题也摆在了新闻工作者的面前。从媒体上报道的房地产新闻看，其中存在的问题主要体现在以下几个方面。

一是报道倾向娱乐化，开发商成为媒体追逐的"明星"。与其他产经新闻相比，房地产报道的娱乐化倾向似乎更胜一筹。在不知不觉中，"另类狗仔队"成了房产记者的代名词。

二是曲解误读政策现象普遍，误导社会舆论。房地产行业关系到国计民生，市场的变动也与人民群众息息相关，因此，能否正确报道、解释政府出台的行业政策直接关系到市场的健康发展，关系到人民群众的生活。

三是数据分析缺乏科学性，不利于营造良好的社会舆论环境。对于财经报道而言，数据变化往往是经济状况的"晴雨表"。因此，能否对相关数据进行科学、正确分析关系到报道本身的权威，也关系到整个市场的发展导向。

四是人云亦云，跟风严重，缺乏独立思考。媒体在报道时应该遵循客观、公正、全面的原则，要具有独立思考的精神。然而在现实当中，当一则政策出台后，一些地产大腕往往会站出来发表自己的观点，这些观点在媒体的助推下得以迅速"放大"。仅仅听地产商的一面之词，其报道自然也沦为片面之作了。

五是鲜花淹没了批评，媒体舆论监督功能缺失。一些媒体，尤其是地方媒体和行业性媒体，由于经济利益的因素，在自身的社会角色定位上迷失了方向。有些报道常常站在开发商的角度，成为这些利益集团的"吹鼓手"。

3. 房地产报道的着眼点：维护百姓利益，增强媒体公信力

观察房地产市场的变化及调控过程，新闻报道的客观性、超越性和公正性显得愈发重要。自2004年以来，全国范围内房价持续走高，成了百姓心头的难抑之痛。房价飞涨不是某个原因、某个力量单方面作用的结果，而是多重因素、不同利益主体相互影响、纠葛，共同推动了房价上涨。要分析今天的房地产市场及其价格走势，就不能不对房地产市场的利益关系的格局变化及其博弈过程进行分析。在这些利益主体中，开发商、地方政府相关部门和一些"专家学者"、房地产研究机构以及部分媒体联手，占据行业话语的制高点，并形成一个行业性"话语链"，有的甚至变成"房托"。毫无疑问，房地产商是其中发育程度最高的利益主体，也是较早意

识到以群体力量影响政府政策和社会风向的一个群体。

一些地方政府和职能部门或明顶暗抗，或用暧昧的态度暗示，直接参加了房地产市场的利益博弈。地方政府"经营城市"的做法，事实上对房地产市场起到了"托市"之效。由于投资规模大、见效快，对相关产业拉动作用明显，不少地方政府将房地产业的支柱产业作用发挥到了极致，通过抬高房价、地价，最大限度地利用房地产业刺激当地的经济增长。事实上，仅仅靠地方政府和房地产商，还不足以操控房地产价格。近年来，一些专家、学者，在或明或暗的"赞助""邀请"下，频频出现在各种论坛、媒体上，只说一些利益集团需要他们说的话，宣传房价看涨的种种理由。"就像当年和庄家沆瀣一气的股市'黑嘴'一样，这些人事实上是当起了'房托'"，一位资深房地产观察人士直言，相形之下，楼市"黑嘴"们更有市场，对舆论的导向作用更大。投资性资金成为当前房地产市场的第四个利益主体。而这个主体又分为海内、海外两个部分。据有关媒体报道，在上海的买房资金中，有四成来自海外，三成来自国内游资，三成属本地资金。不少炒家将楼市当作了股市，在身边"谁买房谁赚钱"的诱惑下，"炒房团"甚至使普通人家也蠢蠢欲动，加入投资商品房的行列。

与强势的利益主体相对照，另一方博弈的主体则是普通购房者、失地农民和城市拆迁户。毫无疑问，这一方主体基本缺乏"话语权"，很难表达自己的主张。值得注意的是，这次中央政府的调控远非令行禁止，而是在面对博弈对手和复杂的博弈环境时依据对方的反应，不断出台新的政策措施和施压手段。这与前两三年开始的宏观调控情形有了较大不同。

毫无疑问，中国住房社会保障体系的脆弱是产生房地产调控争议的重要原因之一。一些地方政府没有通过制度安排或调控手段，让低收入户买得起低档房或限价房；许多城市没有启动廉租房建设，经济适用房供应也严重不足。国家统计局数据显示，全国24个大中城市里，每套120平方米以下的住房占商品房面积的比重不到50%。楼市调控的主要目标是遏制房价过度上涨。但一些大城市房价增幅"越调越高"，自然会引来消费者怨声载道。深圳等城市的一些消费者发起的"不买房行动"，更是将口头上的怨言变成行为上的对抗。供需关系日趋对立，令有识之士深感忧虑。这些事实表明，房价上升太快，并非行业之福。只有营造出和谐共赢的供需环境，房地产市场才会有良性发展空间。否则只会让政府和百姓忧虑，反过来采取更严厉的应对措施。而这种利益群体在心态乃至行为上的对立，客观上对政府的宏观调控提出了新的要求——和谐供需关系。

4. 怎样搞好房地产报道

房产新闻有别于一般的产经新闻。与一般的产业不同，房地产业与公众的基本需求——"衣食住行""安居乐业"有着密切关系，与我国目前影响数亿人的城市化进程有着密切关系，又与财富再分配和"业主"这一新身份伴随的个人权利义务新法律关系建设纠缠在一起。仅仅凭借对房地产经济规律本身的理解已很难迅速判断出一个房产领域新闻的真正价值所在。把握不准，就会要么把新闻做小，要么把导向搞错。前者会失去"话语权"，后者则会落下"笑柄"乃至带来更严重的后果。在借助于传统意义上的房产专家、经济专家对房地产新闻的判断之外，当下的社会现实使法律专家、社会学家甚至政治学家也应被列入房地产报道要求助的专家榜单，而深入新闻的核心概念则将大大有助于提升判断力和把关能力。

（1）从市场化过度入手报道。针对房价过高和房地产市场过热，国家多个部委联合出台了多项政策措施，被称为"房地产新政"。住房体系由以计划调配为主到市场调配无疑是巨大进步，但过度市场化或超越经济社会发展阶段的市场化，同样不利于房地产行业的健康发展。正确认识房地产行业，就需要在看到"市场之手"的同时，能够认识"政府之手"的重要作用。科学认识"两只手"的关系，掌握"两只手"之间的辩证方法，对于搞好房地产新政的报道关系重大。"新政"的出台，目的就是要解决房地产行业出现的过度市场化倾向问题，突出政府在其发展过程中无以取代的宏观调控地位。这就要求报道首先从讲政治的高度与中央在口径上保持高度一致，宣传"新政"的各项措施、特点和预期实现的目标。在大力宣传"新政"的过程中，从房地产市场化过度引发的矛盾出发，宣传"市场之手"与"政府之手"在房地产发展中存在的辩证关系，以使报道更深入、更理性，起到政府、地产商和广大百姓形成共识，推动房地产行业健康发展的积极作用。

市场经济的本质是一个公平交易、机会均等的动态发展体系。判断市场化程度高低，不能仅从一个行业考察，而是要看市场体系的整体是否得以公平确立。我国房地产领域出现的问题，很大程度上是由于在社会贫富差距没有得到很好解决的情况下，房地产行业的发展如一匹脱缰的野马，自然而然就会成为各种矛盾的焦点。"房地产新政"的出台，就是要控制这匹烈马，让它依照一定的规矩和速度，跑得更稳、跑得更远。

（2）找准经济功能和社会责任的平衡点。房地产过热和群众买不起住房的矛盾，是当前社会各界最为关注的问题。如何认识这一矛盾？媒体很需要解决的是要弄清房地产与住房两个不同的概念，以及这两类问题分别需要理顺的难题。房地产与住房表面上看有很多相似的地方，但这两者之间的区别是明显的。前者更多强调经济属性，而后者则主要属于社会问题范畴。房地产报道需要做的是处理好两者之间矛盾关系的本质，找准房地产与住房在经济功能和社会责任上的平衡点。

房地产作为一个产业，追求经济利益理所当然。问题是这种经济功能过度放大，会给经济社会发展带来不利影响。房地产的非理性增长，与地方政府将房地产作为城市发展的支柱产业有很大关系。地方政府与房地产商成了利益共同体，热衷批租土地，包括征用农地用于大规模房地产开发建设，依靠房地产投资带动当地经济发展并通过土地收益、房地产税费直接填充地方财政。

相对于房地产过热，地方政府对于住房保障等社会公平方面给予的关注却少得多。地方政府对普通民众最基本的住房需求关注不够，住房保障职责缺位，廉租房、经济适用房建设滞后；在土地供应、市场监管、住房金融政策等诸多方面，地方政府所应发挥的功能也严重缺失。而一个健康的住房政策的合理政策导向应是，政府通过公共政策手段，严格根据需求，科学确定具有保障性质的住房建设和供应。公平缺失，会形成严重的社会问题，制约和谐社会的健康发展。

找准经济功能与社会责任的平衡点，对于目前把握房地产报道意义重大。这就要求房地产报道不能仅仅站在房地产商、政府、消费者等一方的立场上，而要兼顾各方面的利益关系，在推动经济的同时，维护社会公平和社会和谐发展。

（3）靠理性增强房地产报道的建设性。与房地产行业矛盾的复杂性相比，新闻报道却显得简单甚至浅薄。靠理性增强房地产报道的建设性，提升房地产报道的思想性不仅迫在眉睫，而且今后一定要成为常态。

房地产报道不能只停留在房价涨落的层面，需要更多透过现象看本质的分析性、调研性报道。专家认为，房价过快增长是由多方面原因造成的，既有经济增长方式以投资拉动为主，投融资渠道不畅，农村人口较快进入城市，城市准备不足，房地产土地供应方式刚刚由协议出让改为"招拍挂"方式，阶段性出现土地供应量不足等方面的原因，也与住房结构还未能形成一个合理状态，政府对房地产市场引导不足，未能建立有效的低收入群体的住房保障制度，对行业暴利和市场消费行为缺乏有效的管理有关。

增强房地产报道的建设性，除了要求记者增强研究问题的能力外，对记者的视野也提出了更高要求。建设性有助于报道更好地维护中央的权威，从百姓切实利益出发，做好政府与群众沟通的桥梁。针对目前房地产行业存在的结构性矛盾，政府出台了一系列刚性规定。增加经济适用住房供应量、严格控制经济适用住房套型面积，严格实行项目招投标制度，严格销售价格管理，严格审查销售对象，严格上市交易管理，使优惠政策真正落实到中低收入住房困难家庭，加快廉租住房制度建设，积极研究发展租赁型经济适用住房的土地、税收和金融政策，实行经济适用住房租售并举等一系列措施不断出台，房地产面临的很多难题都在一一解决当中，解读这些措施和规定，把中央的政策说到群众心坎上，对于引导房地产消费、缓解结构性短缺、加快房地产行业的健康发展无疑具有重要意义。①

（4）房产报道应当注意社会责任建构。与其他领域的报道相比，房产新闻报道因其自身独特的属性而成为经济新闻报道中十分重要的领域，其所肩负的社会责任、舆论引导职责也尤为突出。房产报道的社会责任意识也应该得到加强，具体体现在实际工作中，则应该做到如下几点。

第一，认真研读经济政策，了解政策出台的背景，客观、理性地分析房地产业的经济问题。应该善于运用自己的独特眼光审视经济现象，不做企业的代言人，只有客观、理性地研究经济问题，不为现象迷惑，去伪存真，发掘经济新闻的深层意义，这样的报道才能有意义，才能出新。

第二，树立社会责任感，拒绝利益诱惑，认真履行媒体监督职能。房产报道要想重新获得社会民众的认同，扮演起"权威性、专业性、公正性"的角色，除了要完善相关法规之外，记者应该增强自律意识，要认识到自己的报道对社会所带来的巨大影响，要坚持媒体的使命，坚持做民众的"吹鼓手"。

第三，深入采访，辩证思考，避免失真报道。将来自开发商的说法、一些机构提供的资料，放在更真实、更宏观的社会生活中加以全面、辩证

---

① 刘洪恩：《房地产报道中的媒体立场》，《中国记者》2006 年第 8 期，第 26～27 页。

的分析，也就不难发现其中的"道道"，相应地，那些缺乏分量甚至失真的报道自然也就可以避免。

第三节　产经报道的基本要求

一　产经新闻要具有实用性

"产经新闻"不能只从产业角度做文章，还要从受众的实际需要出发，要对他们的生活有所帮助。从接近百姓的角度做文章才会收事半功倍之效。比如可以提供有关的信息、知识，如各国的住房制度、房屋建筑格局、室内装修动态、结合本市实际优化居室环境的方案等。如此，既提高了内容的实用性，必然会受到有相应需求的受众的欢迎，也使媒体能发挥更大的社会效益。

二　产经报道力求"四个最"

我国经济尤其是产业结构正在发生一系列变化。产业结构变化的引人瞩目之处，是出现了一批新的高增长的主导产业。理解这些产业的特征和增长机制，不仅对理解新的宏观经济现象，指导产业政策和产业规划有着特殊意义，对企业和各方面的投资者来说，也是把握投资机会、规避投资风险的最重要的前提条件。在这样的大背景下，产业报道显得比以往任何时候都更加受到重视。它要求产经报道能够做到以最快的速度，把最重要的信息、最深入独到的分析和观点传递到最需要的决策者和投资者手中。这顺应了国内外机构和投资者对我国产业发展信息的需要，同时也构筑了一个沟通政府、金融界、企业界和各方面投资者的重要平台，并引导产业经济发展趋势，促进资本市场健康发展。

三　产经报道应当追求"新""深""活"

产经报道首先要"新"。记者和编辑们自觉或不自觉地把产业新闻同经济工作混为一谈。产经工作和产业经济报道虽然目标一致，都是为搞好经济建设服务，但两者之间是有严格区别的。产经报道来源于产业活动、经济生活，但不是它们的全部。采写和编辑者应着眼于其中变化发展了的新情况，出现的新问题、新变化。

产经报道还要"深"。记者的"求深意识"是时代和历史赋予的神圣使命。改革的逐步深化使新闻媒体面临着许多新情况、新问题。产经报道有无深度，不仅仅看是否提出了问题，还要看对解决问题提出了哪些可行的思路，要探索问题的起因、症结、出路、对策，给人以"柳暗花明"的启迪。

产经报道要念好"活"字经。一是要从现实经济生活和企业的经营活动中捕捞出"生猛活鲜"的"鲜货"；二是要做到用这些"鲜货"烹调出的"菜"也是"色香味"俱佳。切忌从"冷库"里往外掏"新闻"，更不可出售"臭鱼烂虾"。

四　产经报道不同于传统意义上的行业报道

产经报道的核心应该是为行业、为行业内的企业和读者提供最有用的、最有价值的、最专业的信息和资讯以及各种增值服务。这些信息、资讯和服务是其他的一些经济类媒体和其他的一般性媒体提供不了的。中国的产业十分庞大，目前一些行业、产业的市场化程度很低，自然对媒体服务的需求有所不同，所以必须着重关注和服务于市场活跃、影响力大、市场容量大的行业和企业，如汽车、房地产等，同时兼顾其他的相关产业。这些也正是产经报道的重要内容。

五　产经报道应当在专业性与通俗性结合上下功夫，提高可读性、易懂性

一是以人为本，体现人文关怀。坚定地对公共权力和特权商业进行监督，强调调查求证与全面平衡报道；坚定地捍卫公众的利益，同时在采访中牢固树立平等意识和独立调查意识，善于质疑和求证，深入挖掘和立体采访，以媒体的力量推动社会进步。二是扑下身子找"故事"。要用日常语言为专业人士进行写作，要会讲故事。讲故事，是"华尔街日报体"的主要特征之一。财经报道是数字的，也是文学的。文笔好的记者能将一篇财经报道写得文采飞扬。同时，财经报道也需要用文学的手段来包装，体现自己由里而外的美。

六　产经报道要善于开发与利用产业新闻资源

每个行业都有与本行业直接相关的上下游行业，发生在与本行业相关的上下游行业的新闻信息，对本行业的生产建设和经营活动都会有直接或间接

的影响，都会引起本行业内的受众不同程度的关注。行业报对这类新闻信息应该比其他社会媒体更敏感，对这类信息从本行业的角度进行拓展和延伸处理，找出这类信息与本行业生产、建设和经营的关联点，拓展和延伸这类信息的内容价值，从而为本行业的发展提供借鉴或商机。在深度开发新闻信息资源的同时，还应注重报道结构的设计创新，实现新闻信息资源的优化配置，提升新闻信息的价值含量。在新闻采编应用实践中，产经报道的新闻信息资源深度开发一般常用连续式报道、系列式报道及组合式报道三种结构模式。

第四节　财经基础知识：经济全球化的动因是什么

一　房地产价格的高低——市场经济繁荣与衰退的晴雨表

房地产价格的高低，一直是经济繁荣或衰退的晴雨表。经济学家早就指出，经济的繁荣与萧条一如潮涨潮落、昼夜交替一样自然，经历着经济繁荣与衰退的周期循环。美国经济学家海曼·明斯基解释了经济循环发展的规律。他指出，经济平稳发展时，由于多余资金流入市场或银行数量增多，银行占有市场份额的竞争激烈，使市场借贷活动大量增加，利率降低，推动房地产价格猛涨，形成一个危险信号。接着是购房人行为的改变，投机者（Speculators）取代传统投资人，大举借贷购买资产，期望物业短期升值转手赢利。人为的炒作使资产价格远远超过其本身的价值。一旦银行融资减少，利率上升，房地产和其他资产价格开始下滑，就会出现资产亏损（Asset Deflation）。大笔举债购买资产的人希望破灭，又开始纷纷抛售，甚至血本无归，宣布破产。银行贷款无法收回，造成大量坏账。经济迅速进入低潮。历史的教训使人们对银行业之间有过多的竞争是否对经济发展有益提出了疑问。

很显然银行业广泛的公开竞争不会有好的结果。银行受到的诱惑总是要保持占有市场的份额，追求最高利润，也就是要贷款给愿意支付最高利率同时愿意缴付最高费用的人，而这些人通常恰恰是最有信贷风险的人。在经济萧条时期，如果贷款无法收回，也没有办法阻止它发生。因为各家银行在对客户进行信贷价值评估时互相竞争，从而放松评估的标准。这样，银行占有了多少市场份额，就会受到多大的打击。

经济的繁荣与萧条几百年来一直以一成不变的规律循环交替。对三百多年经济繁荣历史的最深刻认识就是所有的繁荣都会变为萧条。越繁荣，萧条就会越严重，无一例外。所以必须确定你所涉及的投资领域是否处于繁荣期，这样你就会知道它是否将进入萧条期。被信奉的另一条格言是要在经济低迷或处于黑暗时期购买股票或其他资产以及房地产，在繁荣时期出售。但是大多数人却恰恰相反，在繁荣期购买股票或地产，在经济衰退时再出售。

二　是什么原因在推动经济全球化

新闻媒介几乎每天都会提到"全球化"。有些人认为，全球化是通向更加美好未来的途径，通过"相对优势"论达成的专业化生产使各国获利，同时也为发展中国家提供了提高生活水平的机会。持批评看法的人认为全球化造成了一系列的社会问题，如工业化各国的高失业率、工资水平受到的压力以及目前金融市场的不稳定等。那么到底是什么因素推动了全球化进程的快速发展呢？有专家学者认为主要有以下几方面原因。

（一）通信和交通费用的降低是主要的因素

在 1945 年，如果你想从墨尔本飞到伦敦，飞机票的价钱大约等于两年的平均行业工资。但是到了 20 世纪 90 年代末期，同样的机票，价格只相当于三个星期的平均行业工资。因此交通运输费用已大大降低。这意味着也许在英国生产某种产品再把它运送到澳大利亚比在澳大利亚生产还要便宜。所以它改变了工业经济学的基本原理。

（二）促进全球化进程的另一原因是通信的发展

从历史上来看，距离一直是组织机构进行协调管理的一个主要障碍。随着计算机和通信系统的巨大发展，通信的费用也大幅度降低。我们再看一些数据，1930 年从纽约打电话到伦敦每分钟通常要花费大约 300 美元，而现在大约只需要一块钱。

（三）生产规模的扩大和顾客品位趋于一致也是推动经济全球化的原因

的确，在很多行业中，大工厂能够以比小工厂低得多的成本生产产品。在有些行业中我们可以看到"规模经济"有不断发展的趋势。换句话说，就是工厂的最小规模或者说工厂的最经济的规模变得越来越大。全球化的另一必要条件是顾客的品位日益趋于一致。在巴西有越来越多的顾客，他们的需要和要求与德国顾客的几乎完全一样。这种趋势使生产者能更容易地迎合两个市场的需要，因为市场的差别现在实际上已缩小到几乎不存在的程度。

（四）促进全球化的另一原因是政府的行为

历史上各国政府都曾设置贸易障碍。但是自二战以来，各种政府间的组织如关税及贸易总协定和世界贸易组织实际上一直鼓励各国政府允许贸易自由化，也就是消除政治障碍。因此贸易自由化也是经济全球化的一个必要的条件。

（五）跨国公司的发展也是经济全球化的因素之一

跨国公司指的是在两个或两个以上国家生产和销售它们产品的公司。现在这类公司在资本密集产业中占了统治地位，如汽车、民用电子、化工和制药行业等。跨国公司是全球化进程形成的主要中介之一。它们在资本全球流动方面扮演着重要角色。我们看到外国直接投资的增长速度大约是总投资额增长速度的三倍。不过，真正全球性公司的数目尽管在不断增加，却并没有多少公司是真正的全球性跨国公司。大多数的公司都还深深地扎根于自己国家的经济中。

第十四章　宏观经济报道

经济学有宏观经济学和微观经济学之分，经济现象有宏观经济现象和微观经济现象之分，由此经济报道有宏观经济报道和微观经济报道。"宏观"及其对应的"微观"是现代经济学的两个基本概念，有其确定而清晰的内涵。"微观"指家庭和企业个体决策行为及其在市场上的相互作用，属于"微观经济学"研究对象。"宏观"则主要说的是覆盖经济整体的变量，如一般物价水平、失业、汇率、经济增长等，属于"宏观经济学"研究范畴。因此，宏观经济报道重点关注宏观经济政策、宏观政策工具等宏观调控领域的经济问题。宏观经济政策指有关调节宏观经济变量状态及其变化趋势的政策，如反通货膨胀、降低失业率、促进经济增长和调整汇率等。宏观经济变量的基本特征是覆盖一国经济整体，因而，宏观政策工具具有影响整体经济的功效。一般而言不存在仅限于某个具体部门（如农业或纺织部门等）的宏观调控问题，也不存在仅限于某个地区的宏观调控问题。中央政府宏观经济管理部门（如中央银行、财政部等）具有宏观调控职能，但也不等于说中央政府对于经济生活的任何干预都是宏观调控。所谓对"宏观调控"界定过宽，是指把具体行业、区域甚至企业行为方面问题扩展或泛化为"宏观"问题，并实施"宏观调控"。

第一节　宏观经济以及宏观经济报道基本知识

一　宏观经济的基本内涵

按照研究对象范围的大小，经济学大致可以分为宏观经济学和微观经济学两大部分。宏观经济学也叫总量经济学。宏观（Macro）一词源于希腊文 Makros，表示"大"的意思。这是因为宏观经济学这一学科研究的对象是大型经济单位。通常是指一国的国民经济。进一步说，宏观经济学研究的主要是整个国民经济的经济运行，涉及的内容是整个社会的价格水平、总产出、就业水平和经济总量的决定。宏观和微观之间的关系可以形象地认为是森林和树木的关系。宏观经济学研究社会整体的经济行为，考察的是整个国家的产出、就业和价格，它分析长期的经济增长以及总产出的周期波动、失业率和通货膨胀、货币供给、国际贸易与国际金融等这些总体的经济行为。与之相对应的是研究个别市场、价格及产出行为的微观经济学。宏观经济学以整个国民经济为研究对象，通过研究经济中各有关变量的决定及其变化，来说明资源如何才能得到充分利用。

在理解宏观经济学的定义时，要注意这样几点。第一，它研究的对象是整个经济，研究整个经济的运行方式与规律，从总体上分析经济问题。第二，它解决的问题是资源利用。宏观经济学把资源配置作为既定的前提，研究现有资源未能得到充分利用的原因、达到充分利用的途径以及如何增长等问题。第三，它的中心理论是国民收入决定理论。宏观经济学把国民收入（国内生产总值）作为最基本的总量，以国民收入的决定为中心来研究资源利用问题，分析整个国民经济的运行；国民收入决定理论被称为宏观经济学的核心。第四，它的研究方法是总量分析。总量是指能反映整个经济运行情况的经济变量。这种变量有两类：一类是个量的总和，另一类是平均量。总量分析就是分析这些总量的决定、变动及其相互关系，并通过这种分析说明经济的运行状况，决定经济政策。

（一）什么是宏观经济

宏观经济指一定范围的经济总体及其总体运行。宏观经济作为一定范围的经济总体，具有复杂的空间构成、一定的运行规律及运行的基本要求。宏观经济总量的平衡是宏观经济运行的基本要求，也是宏观经济运行规律的综合表现。这种总量平衡最集中地体现在社会总供给与社会总需求的平衡上，宏观经济运行状况最终都要通过社会总供给与社会总需求反映出来。

1. 反映宏观经济运行状态的常用指标

（1）社会总供给与社会总需求。社会总供给指一定时期内社会各部门提供的可供市场购买的全部最终产品与劳务的价值总量，包括国内生产提供的和进口的。社会总需求指一定时期内社会通过各种渠道形成的对产品和劳务有货币支付能力的购买力。从需求来源看包括投资需求、消费需求、出口需求。它们被称为拉动经济增长的"三驾马车"。社会总供给与社会总需求的平衡是指一个国家或地区在一定时期内社会总供给与社会总需求在总量和结构上的协调与大体均衡的一种经济运行状态。

（2）衡量社会总供给与社会总需求是否平衡，主要从考察三种市场的状态入手，即商品市场、货币资本市场、劳动力市场。

衡量商品市场供求是否平衡的主要指标是物价上涨率。社会总供求关系的变化将通过物价总水平的波动反映出来，物价总水平是社会总供求关系变化的晴雨表。衡量货币资本市场的供求是否平衡的主要指标是利率、汇率。衡量劳动力市场供求是否平衡的主要指标是失业率。

（3）物价上涨率、利率、汇率、失业率及经济增长率成为社会总供给与总需求是否平衡的"显示器"。

2. 反映宏观经济运行状态的主要指标

测量宏观经济运行的最重要的指标有国内生产总值及其增长率、物价水平（通货膨胀率）、失业率、利率、汇率等。

（二）什么是宏观调控

宏观调控是国家运用财政、货币、信贷、税收、产业等宏观经济政策以及经济、法律和必要的行政手段影响、引导经济运行的全局性举措。宏观调控宣传是经济报道的重要内容。在各个经济发展时期，宏观调控的对象、方向不同，采取的政策和力度也不一样。

1. 宏观调控目标

宏观调控的目标有经济增长、充分就业、物价稳定、国际收支平衡。

2. 宏观调控体系

我国宏观调控体系由国家计划、财政政策、货币政策等相互配合构成。

3. 宏观调控手段

宏观调控主要是指政府运用财政政策、货币政策等经济手段、法律手段和必要的行政手段，对市场经济活动进行干预和调节，以保持经济总量平衡、促进经济健康发展。

二　宏观经济的研究对象

（1）经济增长。世界各国的贫富水平一直存在巨大的差异。富国和贫国之间的差异缘于它们各自不同的经济发展历程。一个国家的人均产出的增长率最终决定一国的贫富程度。因而，宏观经济学一个最重要的任务就是弄清经济增长的决定因素。储蓄率、投资、技术创新以及制度等是经济增长的重要决定因素。

（2）经济周期。经济周期指的是经济运行过程中的阶段性的不规则的上下波动。经济周期通常用 GDP 和其他一些宏观经济指标的波动来衡量。一个经济周期通常由这样几个部分组成：收缩期、波谷、扩张期、波峰。在特别的情况下，当一个收缩期过于严重的时候，就可能出现经济衰退。严重的经济衰退之后的低谷被称为经济萧条。实际 GDP 并不是在经济周期中发生波动的唯一指标，经济活动的波动还体现在失业率、股票价格和通货膨胀率等方面。从历史的经验看，当经济步入收缩期时，通货膨胀率往往随之下降，严重的时候会出现通货紧缩。应该说，在大多数情况下，通货膨胀与经济周期的走向吻合，并且，通货膨胀的波动往往比经济周期的波动更为剧烈。

（3）失业。失业指在当前工资水平下愿意工作的人无法找到工作。一个国家的总失业人数被称为失业人口，有工作的人的总数被称为就业人口，两者之和是一国的劳动人口。失业率是失业人口与劳动人口的比例。失业的类型主要有摩擦性失业、结构性失业、周期性失业。失业所带来的危害是产出与收入的减少、人力资本的流失、犯罪率的上升、人格尊严的丧失等。

（4）通货膨胀。通货膨胀指的是物价水平的上升。价格水平通常用价格指数衡量。

（5）国际经济。贸易和金融的全球化使得绝大部分国家的经济都是开放的，与世界其他国家之间有着紧密的经济联系。商品和劳务贸易以及金融资本在全球范围的流动和配置直接影响着一个国家经济的波动。

（6）宏观经济政策。对一个国家的宏观经济，要不要以及采用何种政策进行调控，一直是宏观经济学一个重要的和有争议的话题。宏观经济政策的合意性是政策制定者和宏观经济学家孜孜以求的目标。

第二节　怎样正确地分析宏观经济形势

现在传统媒体、新媒体都有很多关于宏观经济分析的文章和报告，国家统计局、中国人民银行和有关部委也定期或不定期地公布一些宏观统计数据。但是，我们可以发现对于不同的数据、不同的宏观经济现象，不同的专家有不同的解释。读懂这些文章和报告，正确解读宏观经济数据，对于从事财经报道工作的人来说至关重要。

一　什么是宏观经济问题

宏观经济更多的是一个经济的短期波动问题，宏观经济分析人员更加关心的是波动的起伏，致力于研究这种波动是否与经济的长期走势有大的偏离。宏观经济分析人员所观测的经济变量是短期经济总量。短期经济总量的最重要的指标就是我们大家非常熟悉的 GDP 以及物价水平、就业、汇率、利率、信贷资金、总消费、总投资、出口、进口等。由此可见，就业、物价、经济过热都属于宏观经济问题。

所谓宏观经济分析就是用一个经济逻辑框架，把一些宏观经济总量指标作为变量，来研究这些变量之间的关系，寻找产生波动的原因，并与 GDP 建立一个总量关系，数学上叫函数关系。这样的话，我们就能够知道经济为什么波动，也可以预测这样下去的结果是什么，可以预测下一个季度、年底、明年的经济走势。通过这样的分析，我们就可以知道宏观经济的问题所在，就可以运用一些手段来调控经济，这就是所谓的宏观调控。国家进行宏观调控也是这样的思路。这就是宏观经济的关注点、出发点以及它所研究的内容。

二　观察宏观经济的不同视角

所有研究宏观经济的人，不论是经济学家，还是一般的研究人员，他们的基本分析逻辑都差不多，但是实际上他们对于宏观经济的认识并不一致。面对同一宏观经济走势，有人认为是过热了，有人认为没有过热。还有人认为我国目前存在通货膨胀的现象，也有人认为并没有出现这样的情况。出现这种情况的原因在于以下两方面。

首先，他们所依据的进行宏观经济分析的基础理论往往是不同的。综观我国宏观经济学界，研究宏观经济所依据的理论主要有三个：一个是凯恩斯理论，一个是货币主义，一个是真实周期理论。其中最主流的理论就是凯恩斯理论，也是目前我国经济决策部门制定宏观经济政策所依据的主要理论。不同的宏观经济理论，其观察宏观经济的视角不同。

凯恩斯理论认为，整个宏观经济的波动是需求造成的。人的心理需求的预期是不稳定的。例如，有人预期经济向好，收入将增加，所以决定购买汽车，由此增加了对汽车的需求，与汽车相关的产业，如石油、钢材、旅游等就会被带动，使就业和收入增加从而带动总需求增长。汽车的需求量如果很大，就会产生巨大的乘数效应，经济就会繁荣。如果每一个人都有这样的预期，经济就会增长。这就是需求的拉动。这是凯恩斯理论观察宏观经济的视角。

坚持货币主义的经济学家则认为，宏观经济波动是由货币因素造成的。例如，流通的货币量增加了，银行放松银根，利率就下降，资金成本降低；工厂认为有钱赚，就增加生产，提高工资，奖金增加，购买力增加，就会发生凯恩斯所说的故事。这种观察视角说明，货币的投放引起了宏观经济的波动。但实际上，货币本身应该是不影响经济的，货币主义认为货币影响经济的现象是"货币的幻觉"。如果货币能够影响经济，我们只要印钞票就可以了。长期来看，货币不会影响经济，但短期，货币会造成经济波动，也就是所说的通货膨胀。按照货币主义的分析视角，对于宏观经济的分析，应该更多地关注银行信贷总量的变化、利率的变化、汇率的变化。

真实经济周期理论认为，宏观经济的波动，不是由需求因素造成的，而是由供给因素造成的。生产可能性边界给定了，经济走势就给定了，经济不景气，可能是因为原材料供给问题，可能是技术进步了，总之，完全是由外部的因素变化造成的。现在经济出现了问题，对于一些经济学家来说，可能就是能源问题、石油问题造成的。这种理论看问题的视角与需求理论完全不同。例如，汽车销售量增加，不是因为人们对经济看好，可能是因为汽车制造业发展到一定阶段，达到了一定的经济规模，产能增加了，汽车的成本下降了，其价格也下降，原来买不起汽车的人，现在可以买了，这与需求完全没有关系，完全是由供给因素造成的。

其次，宏观经济分析人员的自身因素。虽然经济学家都是以凯恩斯理论为依据，但是他们对现实的理解不同、感受不同，所以得出的结论也就有所不同。也有些经济学家之所以提出不同的观点，纯粹是为了标新立异，有意给人造成与众不同的印象，致使不同人有不同的观点。

三 如何解读宏观经济数据

（一）总需求的指标分析

衡量总需求最重要的一个指标是 GDP，这是一个总需求的指标，也是一个总供给的指标。按照凯恩斯理论，GDP 就是一个总需求指标，观察 GDP 就是观察研究需求总量的变化。GDP 等于消费、投资和净出口，它们分别对应的是消费需求、投资需求、国外需求（出口）等。这三种需求在现实中究竟用什么指标来衡量？

1. 分析消费需求

反映消费需求的指标是国家每个月公布的社会商品零售总额。看消费需求旺不旺，就是要看社会商品零售总额的变化。消费需求，特别是实际消费需求，即扣除物价因素后的消费需求基本上是比较稳定的，一般在 9%～10%，近年来，基本在这个波动幅度内。这是由于人们形成了一定的消费习惯，即消费倾向是稳定的，所以短期内表现出的社会商品零售总额是稳定的。但是从长期来看，它是变化的。消费需求也表示一个国家内部的消费能力，消费能力的变化对宏观经济影响是很大的。近年来中国的宏观经济向好，与中国老百姓的消费能力提高有很大的关系。例如，住房需求、汽车需求的增加对总体消费需求的带动。

2. 分析投资需求

投资需求比较复杂一些，它包括生产设备投资、固定资产投资等，还包括房地产投资、库存。国家统计局颁布的全社会固定资产投资总额主要反映生产设备投资。与消费需求不同，投资需求的波动是非常大的。通过对中国宏观经济景气指数的观察，投资需求的波动范围在 10%～20%。消费需求的波动范围一般仅在 1%～2%。对于大国经济来讲，投资需求的波动是造成宏观经济波动的主要原因。中国经济的波动基本是由投资膨胀引起的。投资需求波动包括三方面：一是固定资产波动；二是房地产投资波动；三是库存波动。据有关资料介绍，美国国家经济研究局非常关心库存变化，因为它最能说明需求的变化。库存突然增加，说明厂商对市场看好。未来向好，就增加库存；未来看淡，就减少库存。现在中国也有人关注库存，但目前没有一个好的指标来反映库存的变化。

3. 出口和净出口

出口与净出口反映的是国外需求。出口实际上与世界经济周期有很大关系，同时也与国家之间的贸易政策、汇率等有关。影响出口的因素很多，也比较复杂。在整个宏观调控系统之中，出口对一个国家来说，既是一个内生的变量，也是一个外生的随机波动的变量。

（二）总供给的指标分析

反映总供给变化的主要有这样一些总量指标：工业总产值、农业总产值、第三产业总产值、进口总额等。总供给是一个长期的指标，从本质上看，它的变化没有需求变化快。影响总供给变化的因素有三个。一是积累。生产增长依靠生产能力的增加、资金的积累。资金的积累分三个方面：企业自有资金，银行信贷，IPO 上市融资。现在，中国的经济增长率为什么这么高？主要原因是中国的积累率特别高，中国的国民积累率近 50%。中国人有较强的储蓄倾向，储蓄率比较高，不像美国，储蓄率不到 10%，收入 100 元，储蓄不到 10 元，而中国人收入 100 元要储蓄 40~50 元。储蓄率高为大量积累资金提供了条件。这是支撑中国经济增长的一个非常重要的因素。二是劳动力。中国的劳动力无论是质量还是数量都比较好，不谈文化水平有多高，仅从勤奋这一角度讲，在世界闻名；同时，中国的劳动力价格比较低，这也是中国经济增长的重要因素。三是技术进步。技术进步不足可能成为制约今后中国经济长期增长的重要因素。

目前经济界正在讨论中国总供给是否正在发生变化的问题。一是积累率的变化。未来积累率不可能继续维持在高位，造成这些变化的主要原因是人口老龄化。老人收入少，为了养老、看病等，要花费过去的积累。现在的年轻人与前几代人的观念不同，消费习惯也不同；以前人们更多的是偏好于未来消费，增加储蓄，现在的年轻人更多的是偏好于当期消费，减少储蓄。二是劳动力成本上升。过去，我国的劳动力成本很低，但是随着经济的发展，劳动力成本出现了上升趋势。

如何判定经济运行状况？如果总需求等于总供给，即二者如果平衡，说明经济运行处于良性运行状态，经济比较稳定；如果总需求大于总供给，那么就是经济过热；如果总需求小于总供给，那么就是经济过冷。

（三） 价格总水平的指标分析

前面分析的指标都是事后的统计指标，在统计学意义上，总需求与总供给是恒等的，也就是说仅靠实际交易结果分析，是无法直接观测到总需求与总供给是否平衡的。怎么办？这就要看价格总水平。

反映价格总水平的指标有：社会商品零售总额价格指数，主要反映零售商品的价格，代表性商品有 200 多种；消费价格指数，除了商品外还包括服务，但商品样本数较少，有 30 多种；生产资料价格指数，主要包括原材料如钢材、水泥、石油等的价格；GDP 平减指数，这是最综合、最全面反映价格总水平的变化的指标，但是 GDP 平减指数有个问题，就是计算比较复杂，有较长的时间滞后。在国外，一般来说，一年以后才能公布出这个指标。

（四） 货币指标分析

货币指标包括利率、汇率、货币量。货币指标实际上反映了资金市场的变化情况。通过这个市场可以观测经济的运行状况。货币市场是一个符号市场，它不能完全反映经济的运行状况，但它会影响经济的运行，具有指示器的作用。例如，银行的信贷规模与投资有很大的相关性，货币流通总量与价格也有一定的关联。货币市场对经济的变化非常敏感，所以，美联储公布基准利率为全世界所关注。

四　如何解读宏观经济政策

宏观经济政策是政府调控经济的手段。宏观经济政策大致有财政政策、货币政策。

（1）财政政策。财政政策分为三个部分。一是政府支出、政府购买，也就是政府自己能创造需求，比如发放国债以增加政府支出。如果把国债用于修路、架桥、修粮仓、搞电力、修基建等工程，就拉动了相关行业的需求，再通过乘数效应，拉动社会总需求。增加政府支出可以刺激经济，减少政府支出可以抑制经济过热。二是税收，税收实际上也是可以调节经济运行的。经济过热，提高税率；经济过冷，降低税率。这是一个理论上的说法，实际上调整税收政策是一件很麻烦的事情，程序很烦琐，一般不轻易采用。三是转移支出，政府利用这个政策功能，给农民种粮补贴，刺激农业生产。中国农业近几年增长，就是利用了转移支出。转移支出还包括社会保障，提高社会保障可以解除人们的后顾之忧，增加当期消费。

（2）货币政策。目前政府采取最多的货币政策是信贷政策。例如，这两年中央就是通过调整房地产信贷政策，紧缩信贷规模来调控经济。还可以通过增加银行准备金率控制信贷规模。我国银行的准备金率从6%提高到8%，对于商业银行来说是紧缩银根，这也是控制信贷规模，利用紧缩来调控经济的例证之一。

第三节　搞好宏观经济报道的基本办法

一　正确认识我国的宏观经济形势与宏观经济政策

宏观经济形势，就是指国民经济整体所处的态势及其发展趋势。宏观经济主要是研究总量问题的，但总量离不开结构。任何总量都是一定结构基础上的总量；任何结构都是一定总量条件下的结构。衡量一个国家和地区经济发展是否过热的主要标志，不能简单地看经济增长速度是否偏高，而应当认真分析，这种高的发展速度有没有可持久性。我国当前经济形势存在的问题与矛盾是相当复杂的，比较全面准确的表述应当是：经济有冷有热，结构失衡，体制不合，效益低下。当前的经济形势总的说是好的或比较好的。但是，从经济增长的质量方面分析，可以说相当严峻。因为我国经济，多年积累下来的一系列深层次矛盾和问题，至今可以说都没有很好地解决，有的甚至还没有缓解，甚至还在发展。这些矛盾和问题，如果不能尽快缓解或解决，或者处理得不好，不仅将使经济的可持续发展难以维持，而且必将造成严重的经济后果。

宏观经济政策，主要包括货币政策和财政政策。货币政策是国家调控国民经济运行的重要手段，它的变化对国民经济发展速度、就业水平、居民收入、企业发展等都有直接影响，进而对股市产生较大影响。货币政策主要有利率政策、汇率政策、信贷政策等。财政政策也是国家调控宏观经济的手段。一般来说，财政政策对股市的影响不如货币政策那样直接，但它可以通过影响国民经济的运行，然后再间接地影响股市。财政政策主要包括公共支出政策、公债政策、税收政策等，这些政策的变化对股市有着直接或间接的影响。

二　努力做好宏观经济报道

怎样搞好宏观经济报道呢？

（一）树立宏观意识，培养宏观思维方式，高屋建瓴洞察经济全局

要重视记者在财经报道中的宏观思维素养。什么是记者的宏观思维呢？顾名思义就是记者从全局和整体出发，用高屋建瓴综合系统的方法来思考问题，并将其放入更加广泛的社会背景下和社会系统中进行透视的思维方式。所谓宏观经济报道的宏观思维，就是从宏观角度去认识和把握事物发展的趋势，从有利于社会主义市场经济体制的完善、有利于经济现象中积极因素的成长的角度，来对经济报道的对象进行价值判断，写出高质量的经济报道文章。如果记者仅从一个局部、一个方面去思考问题，常常会只见树木、不见森林，难以适应现代市场经济条件下的财经报道工作。财经报道是财经知识与新闻知识的结合，最重要的环节是对财经报道的主题的提炼，即经济事件的意义和价值如何在新闻报道中得到体现从而成为新闻价值。财经报道中的宏观思维能力主要来源于这样几个方面：对市场经济理论及其动态和最新成果的掌握；对党的关于改革开放理论、路线、方针、政策的正确理解；对现实经济社会问题尤其是热点、难点问题的认识和把握。

（二）研究宏观经济问题，熟悉国家宏观经济运行规律，吃透中央精神

要熟悉经济情况，掌握经济运行特点，注重调查研究，对事物有自己的基本判断，这是发现新闻、写好新闻的重要基础。只有熟悉政策、熟悉经济，宏观调控报道才能做到既全面、准确地传达中央的声音，又用自己消化了、感悟了的语言说话，而非一字一句地照搬文件；既有鲜明的观点，又有充分的事实依据；既立足解决当前突出矛盾，又着眼宏观经济发展变化具有周期性、不确定性的特点，将眼光放长远些。要注意报道的连续性、灵活性和前瞻性，以争取主动，不断适应变化的形势，掌握报道的力度和时机。宏观经济问题错综复杂，涉及因素众多，政策性强，事关群众切身利益。记者首先要学习政策，吃透中央精神，深刻理解中央意图，

才能在思想认识上与中央保持一致，才能打下较为扎实的政策和理论基础，才能不断提高报道的准确性和权威性。

（三）多种角度多种新闻形式并用，搞好宏观经济报道

宏观调控报道范围广泛，内容丰富，既包括对党和国家的宏观经济政策的报道，也包括对宏观经济运行状况和变化趋势的报道；既包括对生产、流通、分配、消费环节的总体情况的报道，也包括对经济全局有重要影响的部门、行业情况的报道。这些报道，不仅党和政府重视，广大人民群众也十分关心。因此要进一步解放思想，在坚持正确舆论导向的前提下，从受众的需要出发，进一步扩大宏观经济报道面。要根据报道内容的轻重缓急"量体裁衣"，大胆创新，使宏观调控宣传更加迅速及时，通俗易懂，真实可信。探索多种新闻表现形式，搞好国家宏观经济报道。对党的重大经济方针政策和重大经济问题的宣传报道，国家的主流新闻媒体在这方面已经探索出一些较好的经验或做法。比如《人民日报》在宏观经济报道方面总结出的做法，即坚持两手抓，一方面运用述评、综述、评论等形式，从宏观角度进行宣传报道；另一方面运用消息、通讯、典型报道等形式，从微观角度进行报道。二者相互配合，效果更佳。宏观调控宣传涉及方方面面，经济运行中新问题、新情况不断出现，对记者的专业知识、报道技巧都提出了更高要求，需要一支有较高的政策理论素养、善于研究问题的专家型记者队伍。

（四）站在全球化的高度，通过讲述"中国故事"传播中国宏观调控的政策与措施

中国的宏观调控政策已经不可避免地成为世界焦点的一部分。而中国作为"全球化最大的实验室"，同时呈现两种景象：一是主动"去全球化"，中国既然已经成为世界经济和贸易主体的一部分，必然要具备"拿来主义"的气魄；二是中国作为世界上人口最多的国家和巨大的新兴市场，同样面临着"被全球化"的趋势，正确处理全球化过程中的真实问题，维护国家利益，这是每一个严肃的主流媒体最基本的立场。新锐财经媒体《21世纪经济报道》在这方面总结出了比较好的办法，他们不断拓宽视野，在我国宏观经济报道中引入国际化的角度，在报道的基础上，把问题引向深入；在纵论世界经济风云的同时，就中国宏观调控中涉及的话题进行讨论和碰撞，使得读者能够在更广阔的视野中分享这些看法，也为决

策部门提供了不少参考信息和观点。不仅如此，他们还在此阶段继续强化国家竞争力的报道，在比较中得到启发，在比较中使问题得到深化：中国必须超越"世界工厂"的概念，在全球价值链上获得自己应有的席位。同时，针对国际上一些国家对于中国宏观经济政策的"误读"进行客观的解读，用讲述中国宏观经济领域发生的故事的办法向世界阐释中国宏观经济调控的措施；现在世界虽承认了中国的经济增长奇迹，但仍然不乏偏见。"中国故事"往往被用来当作借口。当美国制造商面临通货紧缩压力时，原因是"中国"；当原材料价格面临上涨压力时，中国又被说成吞噬世界原材料的"饥渴之胃"；而现在中国进行宏观调控时，又被描述为阻碍世界经济增长的"威胁"之一。美国一位高级政府官员的话颇具代表性："中国的进口增长率为40%，美国在其中占了26%，我的确很有成见。作为一个美国人，我无法相信我们不懂得竞争。"对于这种声音，报纸进行了深刻的分析。这种报道站在国际的高度，通过讲故事的方式，寻找到了向国际社会正确传递中国宏观经济声音的有效措施与途径。

（五）掌握宏观经济报道的基本经济指标，从百姓视角报道宏观经济

如何从普通人的视角报道宏观经济，应当是值得我们从事财经报道的记者认真思考的问题。熟悉与掌握宏观经济报道的有关基本经济指标，相信在把握宏观经济大势与百姓利益方面应该是会有帮助的。比如税率、利率、经济增长率等经济指标，都与百姓生活息息相关。掌握最基本的经济术语，掌握一些重要的宏观经济指标的走势，相信对于记者更好地解读我国宏观经济政策与进行宏观经济形势分析是有较大帮助的。从微观视角透视宏观问题，不仅仅是就事论理这个层面的问题，更反映了记者立足于当今中国体制转换的时代背景之下的思维方式的变化和思维能力的提高。记者应运用多向思维方式来考察微观经济现象，即从多方面来观察同一事物，努力寻找事物的多因多果关系，以便更完整、更准确地反映客观事物。

（六）宏观经济报道应当找到有效的微观"落点"

宏观经济报道必须找到落点，进行"微观化处理"，才能使中央的声音与下面的情况有效地嫁接起来，起到政策指导作用。从一定意义上讲，宏观经济报道就应该从复杂的经济现象中，抓住一件具体的事件或者一个

具体的经济现象，去思考、分析宏观上的经济问题，进而从宏观上反映这一具体事件或者具体经济现象的时代意义和新闻价值。宏观问题从"小"处切入，就是要做到小事情反映大主题，具体现象表现宏观问题。大致可以采取这样一些办法。

第一，顺藤摸瓜，沿着宏观调控的政策脉络，找出地方的政策调控"末端"，并对其进行重点关注。新一轮宏观调控政策主要是运用货币信贷手段，防止部分行业的过热。所以，银行的行为就成为宏观调控最主要的一只"手"。这样，我们就不难找出地方的政策调控"末端"，那便是地方的银行监管部门、地方的各级金融机构。

第二，由此及彼，抓住宏观调控的核心问题，确定报道的主方向。既然宏观调控借用的手段是货币信贷，那么紧缩之下的融资问题自然是地方媒体应予以关注的焦点。近几年的宏观调控，主要是针对过热的行业而言。因此，报道时对"度"的把握很要紧，毕竟不是每个地方都有过热行业。

第三，深入挖掘，寻找鲜活新闻，以小的切口，报道宏观调控背景下的地方经济。而对这种"脉动"的报道，可以从最"微观"的层面，"解说"宏观经济。当然，"小"必须有针对性，具体必须有普遍性，要做到抓住经济发展的时代特点，把握经济发展的本质特点和规律性的东西。要做到站在一个宏观的高度上来审视微观领域里的经济现象，在报道中从一个具体的经济现象中阐述带有普遍意义的道理，通过微观透视宏观问题。

第四节　财经基础知识：有关宏观经济的基本概念

一　什么是"经济景气"

（一）经济景气的概念及历史

经济景气（Economic Prosperity or Boom），类似于气象员对天气晴好程度的判断，反映经济作为一个生物体的健康活力。西方学者对经济景气的研究始于19世纪末20世纪初。法国、英国的统计学者、经济学者借鉴数学、生物学方法对经济波动进行测定，制定经济晴雨表。1909年美国统计学家巴布森编制经济活动指数，1915年美国哈佛大学珀森斯编制美国一般商情指数（哈佛指数）。20世纪60年代以后，美国商务部采纳NBER（全国经济研究局）景气监测系统，主要有 4 个指标：非农业就业量、个人收入、工业生产指数、工商业销售额。中国的经济景气测定研究始于 80 年代中期。目前影响较大的当数卡斯特经济评价中心（CAST），自 1993 年开始每月在《经济日报》《中国经济时报》等媒体发布总量、行业、地区、消费者信心评价等景气指标，至今已有 10 年历史。

（二）经济景气衡量指标

经济指标的确定因不同国家、不同地区有很大差异，这主要取决于一个国家或一个地区的特有经济结构、经济优势与劣势。宏观经济景气分析选取的是一种经济周期分析方法，经济波动分为繁荣、衰退、萧条、复苏四个阶段，它的变化是有一定规律性的，而且必然会通过一定的经济指标的变化反映出来。这些指标称为敏感性指标，通常按周期循环的时间性区分为三类，即领先指标、一致同步指标与滞后指标。

（三）景气度的确定及描绘

不同的指标其景气范围是不同的，有的指标（例如瓶颈产业）是越高越景气，有的指标（例如通货膨胀率、失业率）是越低越景气，有的指标（例如地区差距）是不高不低时最景气。在各个指标的景气度确定之后，可以应用加权法综合得到总的景气度。描绘经济景气常用的方法主要有以下两种。

计分法：对各个反映景气的指标进行打分，然后进行加总。如卡斯特经济评价中心将景气分为 5 个分数段：24 分以下为很不景气、24~30 分为不太景气、30~42 分为景气、42~48 分为过于景气（偏热）、48~60 分为过度景气（热）。卡斯特经济评价中心采用的是 60 分制，实际上也可以使用百分制。

信号灯法：借鉴交通信号灯的颜色设计景气的表现方式。一般把景气分为 5 个信号区：红灯区（经济过热）、黄灯区（热）、绿灯区（经济基本稳定）、浅蓝灯区（经济正常）、蓝灯区（经济冷缩）。例如，GDP 增长率可据此分段为：红灯区（≥15%）、黄灯区（12%~14%）、绿灯区（9%~11%）、浅蓝灯区（5%~8%）、蓝灯区（≤4%）。

二 绿色 GDP 与对其的理解

（一）对 GDP 的理解

有人讲了一个关于 GDP 的笑话，聪明人听了一笑，而愚蠢的人竟然拿它当真，用来嘲讽 GDP，这就会贻笑大方。话说有两个经济学博士在路上发现一堆狗屎。甲对乙打赌说，如果你老兄敢把这堆东西吃了，我给你 1 万美元。乙一想觉得值，便硬着头皮把它给吃了，于是他赢得了 1 万美元。后来，他们又发现了另一堆狗屎。这次乙对甲打赌说，如果你老兄也吃了它，我同样可以给你 1 万美元。甲也一算，结论也是吃了值，于是他也吃了狗屎，又赢回这 1 万美元。两位老兄越想越后悔，一分钱没有挣到，白白吃了堆狗屎。他们告知了自己的导师，孰料，导师竟连声赞叹："你们吃了两堆狗屎，就为国家增加了 2 万美元的 GDP，你们了不起呀！"

令人恶心的狗屎，竟然创造了令人兴奋的 GDP！真是可笑。我们知道，GDP 是在某一既定时期一个国家（或地区）生产的所有最终物品和劳务的市场价值。它是我们生活的物质依赖，同时它也与我们的幸福密切挂钩。但是吃狗屎无论如何不是一件快乐的事。我们不妨对此进行一番分析。

第一，如果他们两人只是进行一种赌博，赌博本身不是"生产"，赌博只是一种"零和游戏"。我赢的钱财就是你输掉的钱财，并未能增加社会价值。而由于长期来看每个人总是有输有赢，从心理学来讲，赢钱所带来的快乐（正效用）一般要小于输钱所带来的痛苦（负效用），所以，赌博甚至是"负和游戏"，因而在许多国家，赌博不合法。不合法的收入不能计入 GDP。

第二，GDP 一定能给消费者带来效用，消费者会用货币购买商品和劳务。一般人并不会从看别人吃狗屎的样子中获得如此大的满足，以至于他们愿意为此而付出如此大的代价。当然生活中不排除有变态心理的怪人，但这样的人很少，而且他们要想获得看别人吃狗屎的快乐，他得花大力气为别人服务先赚这 1 万美元才行。

第三，如果这两位经济学博士是为对方进行了清扫的劳务活动而获得报酬，这也是可以计入 GDP 的。但问题是"购买"这个劳务的人，为什么要出这么一大笔钱搞卫生呢？这本来是只要花少量的钱就能搞定的事。再说提供这项劳务的人，用扫帚就能解决的问题，为何要用嘴巴舔吃呢？经济学认定人都是理性的经济人，不计成本而做事的人不是经济人。

这个笑话带来的启示，不只是 GDP 指标本身存在的局限性。更重要的是，GDP 作为一个市场经济体制下的宏观经济统计指标，它必须以市场作为自己的微观基础，而市场必须以双方有效率的自愿交易为前提。只有当每一个市场交易行为都有效率，总体上加总而得到的 GDP 才是真实的、有益的。GDP 只是市场运行的结果，而不是指挥经济运行的，我们不能为了追求表面的 GDP 而放弃真正意义上的 GDP。

（二）什么是绿色 GDP

绿色 GDP 的概念是衡量一国可持续发展能力的指标。1993 年，联合国经济和社会事务部统计处在修改后的《国民经济核算体系》中，首次提出这一新的统计概念。绿色 GDP 是在传统 GDP 概念的基础上，考虑外部影响和自然资源等因素后得出的新 GDP 数值，它反映一国经济发展所带来的综合福利水平，也被称为可持续发展的国内生产总值。其计算方法可以表示为：绿色 GDP = GDP − 环境成本。

在上述等式中，环境成本包括环境污染带来的价值损失和生态破坏带来的价值损失。按照这一计算方法，当绿色 GDP 的增长快于 GDP 时，意味着自然资源得到节约、环境条件得到改善，这种发展方式具有可持续性，有利于福利水平的不断提高；反之，当 GDP 的增长快于绿色 GDP 时，则意味着经济的发展是以自然资源过度消耗、环境条件不断恶化为条件的，这种发展方式是不可持续的，不利于福利水平的提高。

绿色 GDP 经过了环境因素的调整，能够更真实、科学地反映国民福利水平的变化。但是，当前绿色 GDP 核算体系的制定仍然存在一些技术上的难题，如人们很难为环境恶化和由自然资源消耗造成的生态破坏确定一个合理的价格，因此难以准确地统计绿色 GDP 的数值。可以肯定地说，采用绿色 GDP 的指标是发展的必然趋势。在我国，一旦实施新核算体系，必将带来干部考核体系的重大变革。

（三）GDP 不是万能的，但没有 GDP 是万万不能的

GDP 只是用来衡量那些易于度量的经济活动的营业额，不能全面反映经济增长的质量。越来越多的人，包括非常著名的学者，对 GDP 衡量经济增长的重要性产生了怀疑。斯蒂格利茨曾经指出，如果一对夫妇留在家中打扫卫生和做饭，这将不会被列入 GDP 的统计之内。假如这对夫妇外出工作，另外雇人做清洁和烹调工作，那么这对夫妇和保姆的经济活动都会被计入 GDP。说得更明白一些，如果一名男士雇一名保姆，保姆的工资也将计入 GDP。如果这位男士与保姆结婚，不给保姆发工资了，GDP 就会减少。

需要进一步指出的是，国内生产总值所包括的外资企业，虽然在我国境内从统计学的意义上给我国创造了 GDP，但利润却是汇回自己的国家的。一句话，它们把 GDP 留给了我们，把利润转回了自己的国家，这就如同在天津打工的安徽民工把 GDP 留给了天津，把挣的钱汇回了安徽一样。看来，GDP 只是一个"营业额"，不能反映环境污染的程度，不能反映资源的浪费程度，看不出支撑 GDP 的"物质"内容。

由上述分析不难看出，目前在评价经济状况、经济增长趋势及社会财富的表现时，使用最为广泛的国民经济核算所提供的 GDP 指标，不能完全反映自然与环境之间的平衡，不能完全反映经济增长的质量。这些缺陷使传统的国民经济核算体系不仅无法衡量环境污染和生态破坏导致的经济损失，而且还助长了一些部门和地区为追求高的 GDP 增长而破坏环境、耗竭式使用自然资源的行为。可以肯定的是，目前 GDP 数字里有相当一部分是靠牺牲后代的资源来获得的。有些 GDP 的增量用科学的发展观去衡量和评价，不但不是业绩，反而是一种破坏。我们要加快发展、加速发展，但不能盲目发展。

尽管 GDP 存在种种缺陷，但这个世界上本来就不存在一种包罗万象、反映一切的经济指标。在我们现在使用的所有描述和衡量一国经济发展状况的指标体系中，GDP 无疑是最重要的一个指标。所以说，GDP 不是万能的，但没有 GDP 是万万不能的。

参考文献

金梦玉：《专业新闻报道教程》，中国广播电视出版社，2005。

王华庆：《经济新闻采访与写作》，中国广播电视出版社，2003。

程道才：《专业新闻写作概论》，中国广播电视出版社，2002。

杨自强：《增强经济报道的亲和力》，《新闻战线》2001 年第 4 期。

程道才、严三九：《经济新闻写作概说》，中国广播电视出版社，2001。

萨空了：《科学的新闻学概论》，香港文化供应社，1946。

邝云妙：《当代新闻编辑学》，暨南大学出版社，2000。

林坚、杨安义：《传媒造势——中国信息传播业气象万千》，北京邮电大学出版社，2000。

张雷：《注意力的经济观》，《国际新闻界》2000 年第 4 期。

樊凡、时统宇：《经济新闻范文评析》，新华出版社，2001。

孙燕君：《报业中国》，中国三峡出版社，2002。

吴飞：《大众传媒经济学》，浙江大学出版社，2003。

唐润华：《傲视财富：世界顶尖财经媒体透视》，南方日报出版社，2002。

孙燕君等：《期刊中国》，中国社会科学出版社，2003。

〔英〕尼尔·T. 加文：《经济、媒体与公众知识》，陈国雄等译，江西教育出版社，1999。

宋辅良：《核心·全局·风险》，《新闻战线》1999 年第 5 期。

张静：《从办刊理念到排行榜——〈财富〉〈福布斯〉〈商业周刊〉之争》，《中国记者》2005 年第 2 期。

陈辅：《〈财富〉造财富：一本美国杂志的中国生意经》，《东亚经济评论》2005 年第 10 期。

万晓冰：《怎样让电视经济新闻走近观众》，《新闻传播》2004 年第 1 期。

杨宇东：《新竞争环境下证券报的财经报道刍议》，《新闻记者》2005 年第 8 期。

张健：《需要财经大视野——新形势下经济报道的新特点分析》，《新闻传播》2005 年第 2 期。

佘晓敏：《经济新闻采写的专业化与通俗化》，《新闻传播》2004 年第 1 期。

吴飞：《大众传媒经济学》，浙江大学出版社，2003。

赵曙光、禹建强、张小争：《中国著名媒体经典案例剖析》，新华出版社，2002。

吴山、颜伟：《三"国"鼎立——国内三大经济报纸解读》，《青年记者》2001 年第 6 期。

张猛：《美国：大众杂志和它们的读者》，《南方周末》2001 年 12 月 13 日。

王学成：《大众化还是专业化？——国外财经媒体的启示》，《新闻记者》2005 年第 5 期。

陆小华：《论财经媒体市场与财经媒体的竞争力》，《新闻记者》2002 年第 4 期。

王英霞：《跨媒体集团的核心优势何在》，《中国经济时报》2003 年 5 月 9 日。

吴逸：《新财经报刊的忧患与出路》，《新闻战线》2004 年第 7 期。

刘燕：《〈华尔街日报〉三次改革的启示》，《新闻界》2005 年第 1 期。

〔美〕弗朗西斯·迪利：《华尔街日报》，张连康译，企业管理出版社，1998。

王彩平、池建新、李洁：《从彭博看国内财经频道的出路》，《中国广播影视》2005 年第 12 期。

徐明：《经济全球化背景下中国报刊经济报道的改革与发展》，硕士学位论文，天津师范大学，2007。

石长顺、徐运红：《财经频道运作的理性思考》，《电视研究》2004 年第 12 期。

周慧：《财经报道的发展趋势》，硕士学位论文，四川省社会科学院，2008。

高韵斐：《第一财经：跨媒体平台的战略设计》，《媒介》2005 年第 6 期。

张大鹏：《用故事报道财经》，《青年记者》2006 年第 8 期。

徐泉：《新颖　形象　思辨　典型——优质经济报道常见审美要素分析》，《新闻导刊》2005 年第 4 期。

李波：《大数据技术对新闻业务的影响分析》，《新闻传播》2017 年第 2 期。

杭敏：《传统媒体财经报道中的信息图像可视化——以华盛顿邮报为例》，《新闻与写作》2015 年第 1 期。

沈国麟、张志安：《刘洲伟：主流就是影响力》，《青年记者》2004 年第 6 期。

张霆、田园：《论主流媒体的财经报道要走好"亲民"路线》，《编辑之友》2013 年第 11 期。

喻国明、李彪、杨雅、李慧娟：《新闻传播的大数据时代》，中国人民大学出版社，2014。

杨绪、忠朱宇：《以数据利器提升财经新闻的影响力》，《新闻战线》2014 年第 3 期。

彭兰：《"信息是美的"：大数据时代信息图表的价值及运用》，《新闻记者》2013 年第 6 期。

袁诗鹏、奚宇、杨凯乘：《基于新媒体语境下泛财经新闻的思考》，《传播力研究》2018 年第 11 期。

李萍、杨欣如、白长燕：《我国主流媒体可视化数据新闻报道的创新——以〈南方都市报〉的实践为例》，《今传媒》2016 年第 10 期。

张晓玲：《财经新闻的发展趋势及优化策略》，《新闻战线》2016 年第 18 期。

贺宛男、佟琳、唐俊：《财经专业报道概论》，复旦大学出版社，2006。

蒋晓丽、谢太平：《变与不变：媒介裂变环境下的新闻业、新闻人才及新闻教育》，《湘潭大学学报》（哲学社会科学版）2014 年第 6 期。

宋南剑：《浅谈新媒体特点下财经新闻写作》，《活力》2017 年第 7 期。

沈爱国、姚晓玉：《用讲故事方式写活财经新闻——"华尔街日报体"的借鉴意义》，《新闻实践》2007 年第 2 期。

李冬梅：《改革开放以来经济新闻的发展与演变研究》，硕士学位论文，山西大学，2010。

金靖：《新媒体时代财经报道如何抓眼球》，《传媒评论》2017 年第 5 期。

裴毅然：《经济新闻学概论》，上海财经大学出版社，2003。

李宜昶、康子威、杨泽华：《"大数据"时代背景下财经新闻的转变》，《商业经济》2014 年第 2 期。

陈秋雷：《新媒体语境下经济新闻报道角度探究》，《边疆经济与文化》2017 年第 1 期。

皮致远：《我国财经报道中的问题及对策研究》，《西部广播电视》2017 年第 13 期。

《华尔街日报》网站（www. waj. com）和中文网络版（www. chinese. wsjhk. com）。

中国新闻传播学评论，http：//www. cjr. com. cn。

中国新闻研究中心，http：//www. cddc. net。

新华网，http：//www. xinhuanet. com。

《福布斯》中文网站，http：//www. forbes. com。

《财富》中文网站，http：//www. fortunechina. com。

《商业周刊》网站，http：//www. businessweek. com。

《华尔街日报》中文版，http：//wallstreet. bloghus. com。

英国《金融时报》，http：//zhongwen. ft. com/zhongwen。

《商业周刊》中文版，http：//www. businessweekchina. com/。

《财经杂志》，http：//www. caijing. com. cn。

媒中媒，http：//www. softkoo. com。

浙江在线，中国新闻传播学评论，http：//cjr. zjol. com. cn。

中国传媒资讯网，http：//www. cmni. com. cn。

中华传媒网，http：//academic. mediachina. net。

传播研究网，http：//www. mediaresearch. cn。

后　记

　　人生有许多不可预知的，但是冥冥之中又蕴含着许多注定要成就的事情，似乎早已命中注定，不以人的意志为转移。大学时代由于专业的原因，我曾经采访了因乡镇企业而闻名全国的"苏南"地区，之后又报道了因在全国展开姓"资"姓"社"思想大讨论而声名鹊起的"关广梅现象"。贸易经济专业出身的我似乎要与传媒结下不解之缘。1993年进入电视台，从事新闻工作，经济报道领域成为我的不二选择。每天忙着报选题忙着采访，日子一天天地逝去，回首，虽有遗憾，但更多的是欣慰。因为我见证了中国改革开放迅猛发展的40年，亲历了中国从计划经济向社会主义市场经济转轨过程中所发生的巨大变化，以自己的作品为伟大的改革开放历程"鼓"与"呼"，无愧于自己十多年的记者人生。较早在全国摄制了反映"民营经济"的专题片《私营经济　撑起一方天》，反映国有大中型企业转型的《为了新世纪的辉煌——来自优化资本结构的思考》，反映职工下岗再就业的《明天的早餐在哪里》以及反映国有企业破产重组的《"南风"启示录》等。这些作品均获得年度专题类新闻作品评比一等奖，记录了历史，记录了时代。

　　随着记者生涯的深入，思考也随之加深；经济新闻与财经报道之间的区别在哪？是否仅仅是词语的简单转换？但是自己的实践工作告诉了我：二者的不同不仅体现在名词转变上，更体现在新闻的传播理念、报道手法、报道的选题等方面。因为，担任国际财经新闻的策划编辑的时候，选择什么样的题材、怎么样报道、如何编排等问题需要你立即做出判断，因为媒体的播出时间所迫。担任频道策划的时候，哪些类型的栏目适合于这家全国播出媒体？哪些新闻报道更有利于频道的传播效果的提升？等等，同样需要你把关。可以说，一线实践的经验为我日后的财经新闻研究奠定了坚实基础，也为我提供了丰富的研究资料。当然，中国经济的发展在不断加快，财经报道也会与时俱进，财经新闻理论研究也自然要不断继续与完善。书稿的完成也得益于近十年学生们在使用过程中提出的好的意见与建议。如今，望着眼前打印出来的厚厚的书稿，心中却没有预想中如释重负的感觉，倒颇有点惶恐不安。由于水平有限，书稿距离理想中的模样还有不小差距，错漏之处一定不少。诚请各位专家同行不吝指正。值此书出版之际，谨向在此书的写作和出版过程中给予支持和帮助的老师、同事、朋友表示衷心的感谢。本书引用了一些中外学者的观点和许多一线记者编辑作品，并承蒙社会科学文献出版社蔡继辉副总编辑及责任编辑的帮助，在此对他们深表谢意！

孙凤毅
己亥年仲夏于学院南路青年公寓311室

图书在版编目（CIP）数据

财经报道研究／孙凤毅著. -- 北京：社会科学文
献出版社，2020.2
ISBN 978 - 7 - 5201 - 5631 - 8

Ⅰ.①财… Ⅱ.①孙… Ⅲ.①经济工作－新闻报道－
研究－中国 Ⅳ.①G212.2

中国版本图书馆 CIP 数据核字（2019）第 219012 号

财经报道研究

著　　者／孙凤毅

出 版 人／谢寿光
组稿编辑／蔡继辉
责任编辑／吴　丹　孙　娜
文稿编辑／李肖肖

出　　版／社会科学文献出版社（010）59367031
　　　　　　地址：北京市北三环中路甲 29 号院华龙大厦　邮编：100029
　　　　　　网址：www. ssap. com. cn
发　　行／市场营销中心（010）59367081　59367083
印　　装／三河市龙林印务有限公司

规　　格／开　本：787mm × 1092mm　1/16
　　　　　　印　张：19.5　字　数：324 千字
版　　次／2020 年 2 月第 1 版　2020 年 2 月第 1 次印刷
书　　号／ISBN 978 - 7 - 5201 - 5631 - 8
定　　价／99.00 元

本书如有印装质量问题，请与读者服务中心（010 - 59367028）联系